# 智慧之源

## 從哲學到神經科學的探索

# Wisdom

## *From Philosophy to Neuroscience*

史蒂芬・霍爾——著
Stephen S. Hall

許瑞宋——譯

獻給

Robert S. Hall

(1926–2008)

「給你個忠告……」

與

Anne Friedberg

(1952–2009)

“人有兩扇窗通往自己的心靈：透過其中一扇窗，他可以看到真實的自己；透過另一扇窗，他可以看到自己應該是怎樣的。我們應該分別分析和探索人的身體、大腦和心靈，但如果我們就此止步，則儘管我們擁有科學知識，還是得不到任何好處。我們有必要了解不義、邪惡、虛榮等東西的惡果，以及三者同時出現造成的災難。光有知識是不夠的，還應該有適當的行動。道德觀念就像建築師的設計圖。”

——甘地

目次

## 第一部 智慧的定義（某種意義上）



## 第二部 智慧的八個神經支柱

## 第三部 獲得智慧

# 第一部

# 智慧的定義（某種意義上）

朋友，你對智慧、真理、靈魂的昇華如此不在乎，從不曾重視或注意它們，你不感到羞愧嗎？

——蘇格拉底，受審時自辯

# 第1章 什麼是智慧？

約十年前一個美好的秋日早晨，一如之前和之後的數百個早晨，我送我的一個孩子到學校。[1]米凱拉當時五歲，剛上一年級，操場上孩子之間和家長之間的閒聊都夾雜著緊張的陌生感和熟人重見的欣慰，這是學年開始的標誌。我在學校操場徘徊，直到米凱拉與同學和老師排好隊。她穿著我母親剛寄給她的漂亮的紫色連衣裙、白色襪子和粉紅色白色交錯格紋運動鞋。一個髮圈使她露出滿帶希望、熱切神情的美麗面孔。在她走進大樓消失之前，我偷偷給她最後一個擁抱，就像激動的父親常做的那樣。當時大概是上午八點四十分。

我離開學校操場，走向地鐵站，打算搭車回布魯克林的家，此時天上傳來雷鳴般的陌生巨響。隨著那聲音越來越大、越來越近，我本能地蹲下不動，就像我們常讀到的關於恐懼的科學實驗中的老鼠那樣。我很想知道那聲音從何而來，但只知道它是不祥和異常的。過了一會，一個長著一對金屬翅膀的巨大影子從我頭上直接掠過，就像某種史前猛禽。我立即認出這是一架雙引擎大型商用客機，但我的經驗中沒有任何東西能使我對接下來發生的事有所準備。我看著這隻閃亮的人造鳥直接衝向我眼前數個街口之外的那棟高樓。一……二……三……四，那幾秒鐘彷彿無限長，然後一架三十九萬五千磅重的飛機就在我眼前消失。幾乎同一時間，黑煙開始從機翼在摩天大樓外牆上劃出的猙獰切口中裊裊冒起。

當生活的常規劇本突然不再適用，當我們腳下的土地因為實際或比喻上的地震而移動，我們會因為意外的衝擊而感受到腎上腺素激增下的恐懼。但除了這種感覺，我們很快就會努力去理解看似沒道理的一切，試著明白剛發生的事及其意義，以便我們知道如何看待突然顯得不確定和不可預料的未來。事實上，未來**總是**不可預料的，而這正是為什麼這些震撼時刻以不尋常的迫切性提醒我們，我們持續需要智慧（儘管我們經常沒有意識到這種需求）。

雖然我們現在都知道那個可怕的早上確切發生了什麼事，但在二〇〇一年九月十一日上午八點四十五分，曼哈頓下城的現場情況模糊得多。智慧之所以與「單純的」智力大不相同，在於它的這個特徵：智慧使人能夠在知識不完整的情況下作出良好的判斷。簡而言之，智慧使人能夠做對的事——在道德上、社會上、面對熟人時，以至個人層面上。有時候，就像在那天，我們必須在有意識和無意識的強烈衝動交集下，仔細考慮這些決定。在某意義上，我在第一條相關新聞播出前，早就確切知道發生了什麼事。但在另一意義上，在非洲廷巴克圖（Timbuktu）看電視的人很快就比我更了解大局。這個例子或許比較誇張，但我們正是經常被迫在這種混亂模糊的情況下作決定。那麼，當時我做了什麼事？

我去了附近一家商店，買了一杯咖啡。

很久之後，我才意識到這大概就是我當時所作的決定——或許是個愚蠢的決定，而且無疑不是個顯而易見的決定。但是，如果我那天真的發揮了一點智慧，那就是在於我如何看待眼前的情況和認為什麼東西最重要。奇怪的是，儘管我如此接近災難現場，但我幾乎完全不覺得自己面臨人身威脅；在某些方面，相對於親身在場，當天的事件在電視上看起來可怕得多。即使在當時，我最關注的是這樣一場災難可能對年幼的孩子造成怎樣的長期心理影響，以及為人父母者可以做些什麼（如果有的話）去盡量減輕這種影響。我當時其實還沒意識到那將是我當天的任務，但我站在街上喝咖啡，就是不知如何地迅速作了決定，選擇留在接近我女兒的地方，保持冷靜，並在無法再冷靜時，逼真地裝出為人父母者的沉著，使女兒相信我們有能力處理眼前的情況。

但她不需要看整齣戲。那天我目睹一些人體像紙鎮天使一樣從那棟大樓的高層墜落，我不認為年幼的孩子看到這種景象是好事。更重要的是，我不認為年幼的孩子被成年人臉上的恐慌和絕望感染是好事；那天所有成年人都開始明白，他們所認識的世界，甚至只是幾分鐘前那個世界，已經突然改變，不可逆轉地脫離了他們（哪怕只是非常虛幻）的控制。

如果你認為我正在講一個自鳴得意的關於如何明智育兒的小故事，請別擔心。我們這些凡人沒那麼容易得到智慧，而那天之後我多次被提醒，我那天很可能沒什麼智慧可言。那天早上我所作的許多選擇受到我太太、我的朋友，甚至是我女兒質疑。確切而言，我那個減輕米凱拉所受情感衝擊的小計畫，因為五十萬噸的金屬、混凝土和玻璃崩塌而被粗暴地打斷了。就在老師們開始從學校疏散學生的時候，世貿中心南塔倒下，發出沒有孩子應該聽到的末日般轟鳴巨響，破瓦殘礫像巨大的火山碎屑流那樣沿著格林威治街向我們湧來。我無法確定我們是否會被這朵瓦礫雲淹沒，但當時不是可以沉思的時候。我抱起米凱拉，跟一大群人一起跑離現場。我把她抱在懷裡，在驚慌失措的魚群中往上游游去，她被迫向後看，看著驟然來臨的黑暗時代洶湧逼近。但是，即使到了今天，關於那次疏散，米凱拉記得最清楚的是她的同學連恩因為沒看路而撞到一個路牌。

有關我在九一一那天的表現是否有智慧，我要到很久之後才會知道（如果有這麼一天的話）。事實上，我要到寫這段文字時才意識到，我那天所作的最重要決定甚至不是有意識的抉擇。我幾乎是想都沒想就「決定」，在那個早上，我必須先當一名家長，而不是一名記者。在某個層面上，這是理所當然的選擇；在另一個層面上，我親眼目睹一生中最重大的事件但沒有善加利用，違背了我的自身利益和職業身分，不利於我的事業發展。當時我在想什麼？

在某種意義上，這正是我想在本書中探討的：我們是怎麼作複雜的決定和人生抉擇的？是什麼使某些抉擇顯然明智，以致我們全都直覺地認為那是人類展現智慧的時刻，儘管可能只是一瞬間？我們努力保持耐心和審慎時，我們的大腦發生了什麼事？是否有辦法可以增強這些好素質？另一方面，我們做蠢事時，是我們的大腦使我們那麼做嗎？此外，時間的流逝，以及死亡的逼近，如何改變我們的思考過程，可能使我們比較容易順從智慧的指引？

面臨異乎尋常的挑戰和不確定性時，我們往往會問：這是怎麼發生的？我們可以做什麼去防止這種可怕的情況？我現在意識到，這其實是換個方式說我們一直在尋找智慧，但我們太常在後視鏡中尋找智慧，希望從過去發生的事中找到線索，了解什麼是看待未來的更好方式。

我們渴求智慧（敬重別人的智慧、希望自己的孩子有智慧、自己也尋求智慧），正是因為智慧有助我們在數日子之際過有意義的生活，因為我們希望智慧能在我們謹慎步入總是不確定的未來時指導我們的行動。面臨挑戰和不確定性時，似乎沒什麼比智慧更重要；我們需要經濟智慧、道德智慧、政治智慧，以至閉門情況下的個人智慧，後者使我們能夠向我們的孩子傳達環境變化的嚴重性，但不會使他們害怕變化本身。

似乎沒什麼比這更重要，但也沒什麼比這更超出我們的掌控，直到我們在認為自己需要智慧之前開始思考智慧。

有關智慧，我不是專家（在最重要的意義上，我們全都不是）。我只是一名記者，多年來一直在寫關於科學的文章，而在某些圈子裡，這甚至使我更沒有資格談論智慧，因為那些圈子的人認為像我這樣的人談論智慧，說不出任何有價值的話。但是，我們所有人都會遇到需要智慧的情況，而且我們不需要類似九一一的事件或災難性的經濟崩潰來突顯我們對智慧的渴求。一場車禍、失業、突發疾病、重要的關係遇到困難、與父母或子女出現嚴重分歧——任何常見的普通危機都足以使我們意識到自己渴求智慧。

我們都渴望擁有智慧。這未必是因為擁有智慧可以保證我們的生活變得更快樂、更滿足、更美好（雖然幾乎打從哲學家開始思考相關問題起，它們就一直是值得追求的目標），而是因為智慧**作為一種過程**可以提供指引，幫助我們在人生重要關頭作盡可能好的決定。加上一種額外、隱含（有時明確）的死亡色彩，它可以使我們放慢腳步，有足夠的時間去思考行動和後果。它可以幫助我們以不同的框架看問題，使我們得以看到意想不到的解決方案。它可以幫助我們把我們所做的好事極大化——並非僅限於家人和朋友的親近社群，還包括更大的社群，它們界定我們作為鄰居、居民、公民、教徒和地球守護者的社會身分。

許多這種決定是多年計畫和準備的結果，例如選擇配偶或選擇職業。有些決定是在被劫持的飛機的轟鳴聲中或醫師突然來電的情況下作出的。與此同時，我們不能將這些十字路口時刻與「運載工具」分開，那是將我們帶到十字路口的一生經歷。這個運載工具保養得宜嗎？它是否曾在各種情緒天氣、各種情境地形下通過考驗？智慧並非僅存在於決定本身，而是正如偉大哲學家孔子敏銳地認識到，也存在於決定之前的生活方式——而孔子最重視的是仁。[2]

決策是智慧的核心，但不是全部。作那些重要決定有賴智力、情感和社會天賦的微妙交集——當事人必須蒐集資訊，識別假象背後的事實（尤其是在事關人性時），評估和編輯累積的知識，傾聽自己的心和腦以識別道德和社會層面的對錯，考慮自己之餘也顧及他人，考慮此時此地之餘也顧及未來。但是，即使在危機時期，智慧有時也要求我們拒絕為行動而行動——那種「無論如何做點什麼」的強烈衝動，社會科學家有時稱之為「行動偏誤」（action bias）。法國散文家和哲學家蒙田（Michel de Montaigne）就注意到：「一些最有智慧和最虔誠的人，在生活中避免所有引人注意的行動。」[3]

如果智慧不重要，根本不會有人費心去爭論它的定義。關鍵就在於智慧確實重要，而因為我們都在過生活，並且希望生活盡可能地美好，我們每一個人在某程度上都是智慧的專家，即使我們在這方面的知識是基於需要而非真的擁有（我們幾乎所有人都無疑是這樣）。我們所有人對智慧的含義以及何謂明智的行為都有某種直覺。套用美國最高法院大法官波特．史都華（Potter Stewart）關於何謂色情的著名見解，在粗略和非學術的意義上，即使我們無法定義智慧，我們看到時就知道是。[4]

以個人哲學而言，這種隨意的方式或許足以滿足需要，但這種含糊不清的定義通常不利於科學研究，而本書在許多方面是關於科學對哲學最重視的其中一個課題看似不大可行的探索（或甚至是占據）。在現代實驗室裡，沒有人會說智慧是個容易駕馭的研究課題；許多科學家合理地認為，如果有人暗示他們的科學實驗與這樣一個模糊的主題有關，那幾乎就是針對他們的學術誹謗。甚至社會科學家也對此小心翼翼；保羅．巴爾特斯（Paul B. Baltes）對智慧的研究在現代心理學家當中很可能是最深入和實證上最嚴謹的，而他談到智慧的「模糊地帶」——在那裡，人類的專門知識從未達到理解人類境況的理想水準。[5]

但是，定義智慧的努力嵌入其哲學、心理學和文化歷史的紋理中。每次我們思考這問題，每次我們努力停下來思考智慧對我們的言行的潛在作用，我們就參與了這種崇高的努力，並向達成目標邁進一步。嘗試定義智慧並非只是枯燥的學術活動。在根本的意義上，我們這麼做是與自己對話，討論如何過盡可能美好的生活。我們是在與自己對話，討論我們完成人生旅程時，如《詩篇》第九十篇所講「如飛而去」時，我們想成為怎樣的人。

智慧始於覺察，對自我和自我以外的世界之覺察；智慧隨著我們對內在的「我」與外部世界的固有張力的覺察增強而加深。

《紐約時報雜誌》邀請我寫一篇關於智慧相關研究的文章時，我開始意識到這一點；那篇文章在那期雜誌封面上的標題是：「科學能告訴我們誰會變得更有智慧嗎？」[6]一如我很快發現，我們不缺智慧的定義，也不缺對這些定義的爭論；在一九九〇年出版、書名為《智慧：其本質、起源和發展》（*Wisdom: Its Nature, Origins, and Development*）的學術文集中，十三章分別由多位知名心理學家撰寫，每位提出他們對智慧的不同定義。[7]正如羅伯．史登堡（Robert J. Sternberg）簡要地指出：「充分和正確理解智慧所需要的智慧，可能超出我們任何一個人所擁有的。」[8]

但**思考**智慧使我們更接近智慧本身。每次我遇到智慧的新定義，或心理學文獻中的相關論點，我都發現我會思考自己的人生：我的各種決定、我的價值觀、我的缺點，以及我面對實務和道德難題時所作的抉擇。如果有心理學家認為情感上不偏不倚是智慧的一個構成要素，我會停下來思考自己的情感行為，例如什麼東西使我情緒激動？當我不得不處理與專業同事之間令人沮喪的情況或我的孩子在不方便的時候提出情感索求時，我作了怎樣的決定——說了什麼話、做了什麼事、語氣和肢體語言如何？如果有人認為憐憫是智慧的核心要素，我會被迫思考自身行為的局限和不一致。我閱讀巴爾特斯的著作時，發現他認為處理模糊性和不確定性是現代智慧的一個核心面向，此時我意識到，面對模糊和不確定的情況往往是我們生活中最大壓力和最困難的事。（這種自我覺察使我想起我以前寫健康醫療相關文章時對疾病的著迷，但這比較像一種哲學形式的疑病症，沒那麼可怕，而且啟發性大得多。）我意識到，每一個新問題都使我不知不覺地展開即興的心理鍛鍊，投入一種非正式的自我覺察健身操。

隨著我比較深入探索關於智慧的文獻，我發現自己每次遇到問題或困境時，都會一再對自己默念這問題：現在最有智慧的做法是什麼？我不會說我行事有智慧——正如巴爾特斯和許多人指出，智慧主要是一種理想的願望，而不是我們常有的一種精神狀態或行為模式。但是，光是以這種方式形塑決策，就足以在知性上和情感上令人振奮。為《紐約時報雜誌》撰稿的那次經驗使我發現，一旦你面對智慧的定義，無論那定義是多麼初步、試驗性、有爭議或不恰當，你都不得不透過你自己的歷史和經驗的稜鏡來看這個定義。這也就是說，我們所有人頭腦裡都有個智慧的操作性定義（working definition），但我們很少被迫考慮它、諮詢它、質疑它或修正它，遑論在日常生活中應用某種智慧標準來衡量我們自己的行為和決定。

簡而言之，思考智慧迫使你思考你的生活方式，一如（我認為）閱讀有關智慧的文獻迫使你深思智慧的意思和涵義。你可能會像我一樣，將這種鍛鍊視為一種開明的自我覺察，近乎空想的正念或冥想，必然為我們的行動提供參考。另一關鍵是：將智慧與行動分開，是生活中的一種不當做法。希臘哲學家普魯塔克寫道：「我們尋求美德，不應該只是為了思考它，而是還要從實踐中得益。」[9]

很快，每次我面臨挑戰——處理兄弟姊妹間的爭執，面對與親人或朋友的人際摩擦，被要求處理引發巨大阻力的事，甚至是權衡有關憐憫的瑣碎問題，例如是否要給某個窮人一些零錢——我都察覺到自己放慢了腳步，有足夠時間問自己這個問題：現在最有智慧的做法是什麼？我知道，相對於在加爾各答貧民窟工作的德蕾莎修女或在塞爾瑪遊行的馬丁．路德．金恩面對的問題，我的那些事真的微不足道，而且我不會說我持續不斷地如此思考——有良知有智慧的人可能很容易經歷一種思索存在意義而陷入的「屍僵」狀態（rigor mortis），因為連續的深思而癱瘓。

但我發現這種鍛鍊令人振奮。它迫使我看清楚選擇。它使迫切性時鐘慢了下來；我們難以作出決定時，似乎都在與迫切性時鐘賽跑。它使我得以走到自我之外，暫時抑制自己固有的自私衝動（我認為我的自私衝動不比任何人弱，但也很可能與其他人差不多），得到更多時間夠讓我看到較大的局面。它有一種古老但熟悉的自我監督特質。因為找不到一個更恰當的詞，我會說它使我覺得**負責**——不是別人要求我們負責任那個意思，而是指我們提高了對自己的期望。

但我所說的智慧確切是什麼意思？

智慧的許多定義集中在一些一再出現的共同要素上，例如謙遜、耐心、對人性和人類的困境有清醒和冷靜的看法、情緒韌性、應對逆境的能力，以及對模糊性和知識的局限近乎哲學性的認知。一如許多大觀念，它也受許多矛盾困擾。智慧以知識為基礎，但智慧的部分物理卻是不確定性塑造的。行動很重要，但明智的無為也很重要。情感對智慧至為重要，但情感上的超脫又是不可或缺的。某種情況下的明智行為，在另一種情況下可能非常愚蠢。

這些內在矛盾並沒有帶給智慧的潛在定義致命的困擾，它們反而嵌入其中。事實上，思考智慧的最好方式之一，就是試著找出能夠調和這些矛盾並仍然體現智慧的罕見人物。這些活生生（或曾經活生生）的人向我們展現智慧的定義，而因為他們是人，這些定義並不完美，但它們也比較不抽象，比較像是有血有肉的智慧。關於智慧，我們可以從它過去和現在的模範身上學到很多東西。

幾年前，加拿大一些心理學家做了一項研究，要求受訪者提出他們認為特別有智慧的歷史或現代人物。[10]這種所謂的問卷調查研究有很多問題，首先是受訪者往往是大學本科生，樣本可能有代表性不足和智慧不夠成熟的問題。儘管如此，我們還是來看調查結果：受訪者提出的智者依序為聖雄甘地、孔子、耶穌基督、馬丁·路德·金恩、蘇格拉底、德蕾莎修女、所羅門、佛陀、教宗、歐普拉·溫弗瑞（Oprah Winfrey）、邱吉爾、達賴喇嘛、安·蘭德斯（Ann Landers）、曼德拉（Nelson Mandela），以及英女王伊莉莎白二世。絕大多數是歷史人物（現代智慧的少數在世模範之一是一名脫口秀主持人，這針對當代文化說明了什麼？），主要是男性，社運人士意外多，但以一張公認多孔的文化網而言，捕獲這些人也算是相當有智慧的表現。一如智慧本身，我們似乎都能在看到智者時認出他們。

智者名單上有那麼多歷史人物，說明了人類文化持續關注這話題——智慧這個題目永不過時，智者帶給我們的啟示超越他們所處的時代、地方和環境。另一方面，曼德拉和歐普拉這樣的當代人物入選，則令人欣慰，證明智慧對現代世界仍有強大的文化影響力，並提醒我們，智慧的一個核心要素是對促進社會正義和公共利益的承擔。許多人可能會對這個智者名單上的一些名字有異議（事實上，如果你在晚宴上討論這些人的相對優點，可能會引起非常有趣的談話），但我們多數人會同意，他們代表一群相當崇高的有思想的人，有明智行事的能力，至少在部分時間裡是這樣。

但是，這個名單也暴露了一些驚人的事實。其一是堅持有智慧的行為可能非常危險：在一個深刻的意義上，我們現在認為智慧出眾的人往往與他們所處社會的主流價值觀嚴重對立。事實上，古希臘智者畢達哥拉斯當年住在克羅頓，與當地民眾的關係惡劣到當地人燒毀他的房子，屠殺了畢達哥拉斯學派的許多追隨者，迫使「創造」哲學一詞（philosophy，字面意思為「熱愛智慧」）的畢達哥拉斯為了保住性命逃離當地（畢達哥拉斯指出三種不同的「生活方式」——貪得型、競爭型和沉思型，並認為沉思型——東方的習慣說法是「覺醒型」——是最好的，遠勝其他生活方式）。[11]畢達哥拉斯的遭遇預告了蘇格拉底的悲劇，而我們可以從中看到，在許多文化中，智者也是容易成為攻擊目標的人。上述名單上的許多智者必須放棄傳統的生活和思想模式，才培養出他們現在受讚揚的思維習慣（這些習慣往往導致他們堅持宣講社會大眾不想聽到的東西）；當中許多人在世時被排斥或遭放逐，還有一些直接遭處決或暗殺。曼德拉和甘地遭囚禁；孔子求仕無門；蘇格拉底遭處死；而根據哲學家卡爾．雅斯培（Karl Jaspers）的說法，甚至耶穌基督最親近的朋友也視他為瘋子。[12]在特定的時與地，智慧不但使人不安，還往往在社會上顯得危險。

令人驚訝、同時令人不安的另一點，是智者名單上女性相當少。名單上這麼多男性並非只是性別上的異常現象，還揭露了我們關於智慧的操作性定義有重大問題。智慧顯然不是男性Y染色體上某個基因賦予的特質。世上有所羅門（Solomon），也有撒拉（Sarah）和以斯帖（Esther）；有伯里克利（Pericles），也有阿斯帕西亞（Aspasia）——後者是前者鮮為人知的情婦，而根據普魯塔克的說法，她是希臘文明最有智慧的時代裡最有智慧的人之一。世上有耶穌，也有抹大拉的馬利亞；有曼德拉，也有翁山蘇姬。在《希伯來聖經》中，智慧是個陰性詞。

那麼，為什麼智者名單上女性那麼少？我不認為世上有女性智慧不足的問題，問題僅在於有關智慧的文化觀念演變速度慢得令人苦惱，而且在許多個世紀裡，女性被剝奪了在公共領域展現智慧的權利，這種現象同樣漫長和令人苦惱。在古希臘文化中，雅典娜是智慧女神，但與此同時，雅典的女性不是公民，不能在議會裡發言或投票，不能加入陪審團，不能選擇自己的結婚對象或結婚年齡。她們是否因此就喪失智慧？當然不會。一如題為「女性崇拜：古典雅典的儀式與現實」的藝術展覽清楚顯示，雅典的女神——雅典娜、阿提米斯、狄蜜特、愛芙羅黛蒂——都是私人、家庭、近乎神祕的智慧領域的模範。[13] 藝評家霍蘭．科特（Holland Cotter）完全正確地指出：「出生和死亡——以存在而言僅有的民主經歷——都掌握在女性手上。」[14] 利西翠妲（Lysistrata）為了終止戰爭而率領女性同胞「性罷工」，作為雅典智慧的模範媲美蘇格拉底；莎孚（Sappho）視情感為思想的一部分，進而解放情感，比柏拉圖更接近現代神經科學。

因此，智者名單上女性較少並非天意如此，而是人類有問題：我們必須願意放眼更多地方尋找智慧。我並不是說我們應該捨棄所有常見經典著作中所有常見的男性老白人；他們是很好的夥伴。我們可以在柏拉圖的對話、《聖經》的箴言和聖奧古斯丁的悲歎中找到關於智慧意義的有益啟發；蒙田睿智但常帶焦躁的洞見更是如此，他曾經宣稱：「智慧最明顯的標誌是持續的愉悅。」[15]如果他是指對未來保持樂觀，神經科學家會認為他是有道理的，因為他們已經開始找到支持該觀點的證據。

但是，正如最有名的其中一名老白人觀察到（以窮漢理查謙卑的老生常談語氣說出）：「有些人默默無聞，但靈魂與最有名的傑出人物一樣偉大。」[16]事實是，智慧並非只能在巴特農神殿的臺階上找到，也可以在家庭餐桌上找到；並非只能在人人叢書（Everyman's Library）的經典著作中找到，也可以在好笑的東西中找到（在漫畫家查爾斯·舒茲的傳記中，作家大衛·麥可里斯捕捉到《花生》漫畫的極簡智慧：他說《花生》漫畫是「關於人們如何有效應對日常生活的內部問題但從未真正解決它們」[17]）。事實是，歷史上女性一直在公眾視線之外發揮她們豐富的智慧，「默默無聞」，但力量和影響力並不遜色。

事實上，我將論證，正是在這個私人、家庭、家族的領域，智慧對人的終身影響最大。母親的聖潔塑造了甘地的人格，父親的務實睿智成就了班傑明·富蘭克林；孔子的勤奮植根於他的單親童年，蘇格拉底頑強的哲學可能與他父親當石匠、母親當助產士有關。此外，這些人全都有老師和導師。在重大歷史關頭的偉大領袖宣言中，智慧顯而易見，但在父母與孩子日常分享的安慰和建議中，智慧也並不罕見（我可以補充一點：這種智慧是雙向暢通的）。我們可以在家裡，在工作中，在獨處或置身於人群時，在禮拜場所，有時甚至在更衣室裡找到智慧（體育記者早就認識到，落敗者比勝出者更有智慧並不稀奇）。

因此，智慧可能藏在許多不同的所在，取決於歷史時期、文化環境以及所面臨的個人或社會困境的性質，而且受正與這些困境搏鬥的人的氣質影響。在理性的時代，思想似乎是智慧最受尊崇的夥伴。在感性的時代，情感似乎才是最有智慧的嚮導。極端一點，在基本生存至為重要的時期，一如我們眼下的日子，非常務實的智慧比較可能造就美好的生活（事實上，在史前時代，粗糙的社會實用性可能被視為原始智慧）。而在科學時代，人類大腦的內部運作似乎能使我們得以窺見智慧的生物學原理。

二

二〇〇八年一月的一個週末，背景異常多元的一群跨學科研究人員在紐約大學開會。[18]他們有些是經濟學家，有些是動物行為學家，也就是研究動物（通常是靈長類）行為的科學家。此外也有心理學家和神經科學家。他們參加的是兩年一度的「神經經濟學：決策與大腦」（Neuroeconomics: Decision Making and the Brain）第九屆研討會。一如無數的科普著作所述，神經經濟學是個相對新穎但快速發展的領域，對人類經濟決策的研究已經遍及大腦的每一個角落。[19]必須趕快補充的是：它仍有一些問題有待克服。正如一名「行為財務學」專家指出：「決策理論在受控情況下非常有效，但在現實世界中表現很差，而人類在現實世界中可以運作得非常好。」[20]明智的人應該注意這個差距。

在這個為期三天的會議裡，你會遇到大量統計數據，足以引發數學造成的偏頭痛，而大腦掃描影像也多到足以使你想到數位顱相學（phrenology）。此外也有一些聲稱要捕捉人類行為的複雜公式，一如象形文字那麼晦澀難懂，而受吹噓的「雙曲型折現曲線」（hyperbolic discount curve）也多次出現。它是個簡單的圖表，試圖解釋人類的衝動、急躁和愚蠢——為什麼我們即使意識到自己的愚蠢，仍往往未能抑制某些行為以保護我們較為崇高的長期目標？[21]

但是，每一場討論，無論內容多麼技術性，至少都提及許多意外熟悉的詞語，是從蘇格拉底到你的隔壁鄰居都認識的常用詞，例如耐心、延遲獎勵、深思、反省、決策、注意力、利他、懲罰、情感在驅動欲望方面的作用，以及思想在抑制欲望方面的作用。我聽了許多此類討論，在努力理解它們的涵義時突然想到：這些人正在談論智慧，而他們甚至不知道（不幸的是，發言者以男性科學家為主）。

這個世界不需要另一本關於神經經濟學的著作，而本書也不打算成為這種著作。但是，神經經濟學和廣義的社會神經科學（包括認知神經科學、行為心理學、道德哲學等相關領域）近年的大量研究使我覺得，這個領域可以發掘出關於智慧本質的大量新見解。過去半個世紀裡，促進生物學知識發展最成功的策略是化約法（reductionism）——將一個科學問題或自然奧祕拆解為它比較小的組成部分，然後設計實驗來探索其生物學原理。利用這種策略，細菌可以告訴我們基因如何運作；果蠅可以告訴我們記憶如何運作；老鼠可以告訴我們幹細胞如何運作；而現在大學本科生已經成為社會神經科學的主要研究對象，（某程度上）正在告訴我們大腦如何運作。

在隱喻的意義上，我將針對智慧這個題目應用同樣的化約法。我試著把這個很大的概念拆解為它最突出的幾個認知和情感要素（我視之為「智慧的神經支柱」，將在本書第二部分專門討論），然後拜訪在這些領域做研究的科學家。這種做法是完全揣測性的，而且欠缺權威支持（至少並未得到我將討論其研究的科學家支持），但又不斷給予我們啟迪。如果你向科學家詢問「智慧的科學」，你會看到他們表情茫然或翻白眼。但如果你問到智慧較為「化約」的某個具體面向，例如情緒調節、延遲滿足或道德選擇，突然就會有很多東西可以討論和思考，而且往往還會有很多東西可以爭論。

不過，在我看來，化約法恰恰也是促進生物學知識最令人沮喪的策略。我們把一個大概念精簡為它的組成部分時，總是無法確定是否作了致命的簡化（一些神經科學家承認這一點），也總是無法確定我們捨棄了什麼。（過去被視為「垃圾DNA」的東西，現在被視為塞滿了遺傳控制元素和演化記號的染色體櫃子。）我必須先承認，我把智慧化約為它的一些突出特質，偶爾會忽略了這個概念本身豐富的、難以言喻、整體的本質。化約法的問題在於你最終會想把所有部分重新組合起來，也必須這麼做。但以化約法處理智慧這個概念，我就沒辦法這麼做，而且其實是沒有人做得到。我最多只能尊重其本質神祕性，同時帶大家一窺它的一些神經機制。

而且，沒錯，一些科學家和組織已經開始討論智慧的神經要素。二〇〇八年，芝加哥大學的認知與社會神經科學中心和坦伯頓基金會合作，發起一個名為「定義智慧」、兩百萬美元的研究計畫，邀請年輕的神經科學家、歷史學家、神學家和其他學術研究人員提案申請補助；該計畫後來發出二十三項競爭性補助，支持關於智慧各個方面的研究。[22]連哈佛大學心理學系主任史蒂芬．柯斯林（Stephen M. Kosslyn）如此有原則的神經科學中堅人物，也願意參與研究大腦功能與智慧的關係，這使我印象深刻。「智慧想必與記憶和推理有關係，而我們對這兩者的理解近年都發生了巨大的變化，」他告訴我。「記憶並非只有一種，而是有許多不同的類型，而某些類型的智慧可能倚賴我們以前甚至不知道的記憶類型。推理方面，我們現在知道情緒對我們如何推理有重大影響，而智慧可能與知道情緒何時有益、何時有害有很大關係。」[23]柯斯林還提到認知心理學相對新的「框架」（framing）概念，它是指我們如何將問題概念化。[24]他說：「有智慧的人懂得停下來，退後一步，重新設定框架，而許多智慧很可能與換個方式看問題和重新設定框架有關。」

我來概述似乎經常與明智行為有關的若干一般原則。智慧要求我們對世界（尤其是人性的世界）有基於經驗的了解。它要求我們精神集中，以便有能力分析和辨別所獲得的知識中最重要的方面，幾乎是在個案基礎上知道什麼該用、什麼該棄（換句話說，它要求我們知道何時應該遵守規則以及常規何時不再適用）。它要求我們在經常衝突的情感與理性、狹隘的自身利益與較廣泛的社會利益、即時報酬與未來收益之間調解和仲裁。此外，它利用一種堅持著眼社會的互動行為詞彙表達自己：一種基本的正義感（有時被描述為一種天生的道德，一種明辨是非的意識），對超越自我的社會（以及遺傳）單位的福祉的承擔，以及延遲滿足以帶給最多人最大好處的能力。

不同意嗎？很好。這是我首度嘗試界定智慧，這個有所不足的簡短定義暗示，智慧最吸引人的地方之一是它能激發較高層次的自我覺察。我考慮情感上不偏不倚的重要性時，立即想到我與自己孩子的日常互動（一如多數父母）。我考慮「社會情感選擇理論」時（該理論描述一個人情感上的優先事項如何隨著他們認為未來的日子減少而改變；認為來日減少可能是因為當事人變老、患病，或受九一一悲劇那種令人不安的外部事件影響），不禁想到自己在生命中的位置：一名五十多歲的嬰兒潮世代的人，上有年老患病的父母，下有易受影響的年幼孩子。

再說一次：思考智慧幾乎一定促使你思考自己以及你與世界的關係。如果你勤奮（又有運氣），它甚至可能促使你思考如何使兩者都變得更好。

是否可能有一門關於智慧的「科學」？如果有，目前除了關於相關神經活動的模糊知識（疊加在人類美德的含糊定義上），這門科學還能對我們有何貢獻？它是否可以闡明我們每一個人處理個人重大創傷的過程？它能否指導我們為自己和所愛的人作最好的決定，並在相關利益衝突時幫助我們找到正確的道路？它是否甚至有可能提示我們如何訓練自己的心和腦，使自己更有可能實現這個崇高的目標？

我投入這項研究時，對自己有機會找到這些問題的答案非常感恩，但也很害怕自己將徒勞一場。正如英國免疫學家、諾貝爾獎得主彼得·梅達華（Peter Medawar）曾說，科學是想像力與批判思考的罕見平衡，而這種平衡產生「矯正」情節，告訴我們一個聽起來不錯的故事是否達到**真實**的標準。[25]智慧的故事聽起來總是很好，但是否有東西可以矯正這個概念：智慧具有一種特定的生物學原理、一種科學事實、一種自然史？

保羅·巴爾特斯曾以一種略帶諷刺的輕描淡寫方式，將智慧描述為「一個處於若干學科之間的題目，包括哲學、社會學、神學、心理學、政治學和文學，僅舉幾例。」[26]站在所有這些學科的十字路口，我有點不知該從哪裡開始。雖然科學記者覺得寫科學最自在，但科學似乎不是最好的起點。我想從或許可視為所有科學之母的哲學談起。

如果說蘇格拉底或佛陀設計了社會神經科學當代實驗的程序，那是太誇張了，但如果說許多最激動人心的現代實驗是建立在一套經驗詞彙上，而這套詞彙在過去兩千五百年裡經歷了定義、修訂、辯論、爭論、壓制和復活的過程，那就一點也不誇張。這套關於人類永恆美德的詞彙——耐心、道德判斷、憐憫、情感自制、利他之類——構成我所說的智慧八大神經支柱的基礎，而本書後面將討論當中的科學。

但在討論關於智慧與大腦的問題之前，我們必須為這趟旅程準備一些東西。我們必須知道——至少是初步了解——智慧的原始含義。然後我們必須簡要拜訪這課題的一些先驅研究者，包括創造智慧的哲學家，以及率先發明研究智慧的實證方法的心理學家。

第2章

# 世上最有智慧的人——智慧的哲學根源

> 尋求智慧的人，像我所做的那樣：向內心詢問。
>
> ——赫拉克利特（Heraclitus），《殘篇》（*Fragments*）

公元前五世紀末某一天，著名的雅典人凱勒豐（Chaerephon）來到希臘德爾菲城，向古代世界著名的神諭者提出一個不尋常的問題。[1]凱勒豐與蘇格拉底從小就是朋友，後來成為這位哲學家的追隨者；事實上，他們兩人都被阿里斯托芬（Aristophanes）在其喜劇《雲》中嘲笑為哲學騙子，而兩人對對話、辯論，以及堅定和往往不智地追求真理有許多共同想法。凱勒豐問神諭者，是否有人比他從小就認識的老朋友更有智慧？神諭者答道，沒有人的智慧超過蘇格拉底。

在公元前三九九年那場著名的審訊中，蘇格拉底為他受攻擊的名譽辯護時，向由雅典同胞組成的陪審團講了這個故事——事實上，他還開玩笑地傳召德爾菲的神諭者作為辯方證人。雖然蘇格拉底受到的正式指控是腐化年輕人和拒絕信仰雅典諸神，但真正受審的可說是他對智慧的畢生追求。不過，他最大的罪行——或者應該說是他在社會判斷方面的最大失誤——很可能是他對人巧妙、冷靜的詰問；藉由這種詰問，蘇格拉底確定他的許多法官和陪審員並不像他們以為的那麼有智慧。法庭上的沙漏顯示他最後的自由時光即將結束，此時蘇格拉底承認，德爾菲神諭事件助長了關於他的智慧的「虛假惡名」，但他接著承認：「先生們，我贏得這種名聲，恰恰是拜一種智慧所賜。哪一種智慧呢？我想，是人類的智慧。在這個有限的意義上，我似乎真的有智慧。」[2]

**人類的**智慧？還有其他類型嗎？

嗯，有的。例如有神聖智慧，也就是在蘇格拉底受審前的多個世紀裡盛行，並在中世紀轟轟烈烈地捲土重來的那種智慧。[3]也有務實的智慧，那種因為格言和諺語而不朽的智慧。甚至還有國家支持的智慧，柏拉圖率先（但肯定不是最後一個）強加於同胞的那種智慧。「人類的智慧」，一個簡單到令人很容易忽略其重大意義的詞組（如果你像我一樣，你甚至很可能在第一次閱讀時沒有注意到它），蘇格拉底利用它說出了人類思想史上具里程碑意義的話：智慧是**人類的**一種美德，一如所有美德是靠努力贏得——以智慧而言，是靠經驗、犯錯、直覺、超然，以及最重要的批判思考。它是反直覺、對抗性、不感情用事和去神話的，一點也不傳統。最重要的是，蘇格拉底的智慧是**世俗的**，可能是凡人在沒有諸神（或上帝）幫助下所能達到的人類最高形式的卓越。

令人困惑的神諭驅使蘇格拉底展開他所謂的「循環工作」，以了解德爾菲之神的確切意思。[4]這名哲學家對指控他的人說：「我非常清楚，無論是大智慧還是小智慧，我都沒有。那麼，他斷言我是世上最有智慧的人，會是什麼意思呢？」[5]在神祕的德爾菲神諭驅使下，蘇格拉底展開了一種哲學路演（對他的智慧概念和我們的現代智慧概念都有重大意義）。

在他即興的「智慧之旅」中，蘇格拉底針對蘇格拉底智慧悖論，成功地疏遠、羞辱、啟發和教育了他的同胞。他首先拜訪某個著名的雅典政治家（他在法庭上說那是「一個以智慧出眾著稱的人」[6]），並誘使他陷入典型的蘇格拉底陷阱。蘇格拉底說，他自己這個「遲鈍的老人」像揮舞萬用刀那樣藉由提問，有條不紊地指出那名政治家的邏輯錯誤，藉此放大其陳腐論點中的漏洞，使他同時喪失理據和尊嚴。這位哲學家因此大感失望（「雖然在許多人看來，尤其是在他自己看來，他似乎很有智慧，但實際上並非如此」[7]）。蘇格拉底冒失地指出這一點，結果只是激起這名政治家及其有權勢的朋友的怨恨，最終導致他被起訴。蘇格拉底對此事的總結是：「這名從政者以為自己知道某些東西，但其實不知道，而我卻清楚意識到自己的無知。無論如何，就這小小的一點而言，我似乎比他有智慧，因為我不認為我知道自己並不知道的事。」[8]藉由這句話，蘇格拉底指出了真正的智慧基本且深刻的一個方面：認識到自身知識的極限。

同樣的模式在隨後的每一次談話中都出現。當他轉向詩人時，蘇格拉底確信，在這些高級人才面前，他這個石匠與助產士所生、貧窮且醜陋的兒子將會顯得「比較無知」。[9]但是，這些文名響亮的人在蘇格拉底的嚴密詰問下同樣表現不濟，以至於蘇格拉底總結道，隨便一名旁觀者「都可以比原作者更好地解釋那些詩」。[10]這位哲學家轉為注意雅典的專業工匠，在我們可視為勞工階級基於經驗的實務知識中尋找智慧。蘇格拉底承認，那些工匠的技術專長遠遠超過他的知識，而這種專長形同一種智慧。但是一如詩人和從政者，這些工匠未能避免裝模作樣的問題；蘇格拉底意識到：「基於他們熟練的技術，他們聲稱自己對所有其他問題都有透徹的理解，無論是多麼重要的問題；我覺得這種錯誤使他們的正面智慧黯然失色。」[11]同樣地，源自有限專業知識的傲慢無可避免地導致愚蠢。

在他尋找智慧的旅程結束時，蘇格拉底決定審問自己。他在雅典的法庭上說：「我把自己當成神諭的發言人，問自己想做現在的自己，既沒有那些人的智慧，也沒有他們的無知，還是想跟他們一樣兩者皆有。我透過自己答覆神諭：對我來說，做我自己是最好的。」[12]針對此言，雖然其假裝的謙遜或許可疑，但它將智慧置於接近其源頭之處，而源頭就是那種使人類得以擁有美德的自我覺察。

‖

關於蘇格拉底所受的審訊，世人已經寫了無數的著作和評論，但它最驚人的特點之一卻往往沒人注意。任何一個世紀的「世紀大審」如此大量公開討論智慧的含義，上一次是什麼時候？舉國討論智慧這種難以捉摸的美德的特質，事情成為其時代和文化的主要話題，上一次是什麼時候？整個社會投入辯論智慧的定義和重要性，彷彿這是生死攸關的問題（對蘇格拉底來說確實如此），上一次是什麼時候？

蘇格拉底讓我們經久不衰的智者文化形象有了肉體——那是個多肉的身體，因為他身材並不苗條。[13]他年老（受審時已經七十歲）、矮胖、大肚、頭正變禿，有個與他好鬥的詰問作風很相襯的獅鼻，深邃的眼睛如猛禽雙眼一樣不動感情。在柏拉圖所寫的《自辯》中（蘇格拉底完全沒有留下自己的文字），他容易動怒、才華橫溢、頑固、自誇、高傲，調侃他的主要控告者梅勒圖斯（Meletus）時甚至有時露出虐待狂的神情。換句話說，這個「世上最有智慧的人」絕不是悠閒的尤達大師（Yoda）。從字裡行間可以看到，我們文化觀念中蘇格拉底式智者的原型是個令人非常不舒服的討厭鬼，有「頑固乖戾」的特質。[14]

這些不光彩的細節，這些有點八卦和不討好的身體描述，暗示了智慧最基本的矛盾之一：它植根於性格、個人經歷和人性體驗，但又大於任何一個個人。它既是雄偉建築又是霧氣，既不朽又短暫，存在於人類關於何謂美好生活的某種廣泛共識中。儘管如此，在智慧事物中，有些人比其他人更重要，而有些人以獨特的方式佐證了我們在人類行為中尋找智慧的渴求。

數年前，一個朋友送我一本極好（和當然已經絕版）的小書，是哲學家雅斯培的著作，書名是《蘇格拉底、佛陀、孔子、耶穌：典範人物》（*Socrates, Buddha, Confucius, Jesus: The Paradigmatic Individuals*）。雅斯培創造了「軸心時代」（Axial Age）這個著名詞組，用來界定約從公元前八百年到公元前二百年的那個非凡歷史時期，當時東方和西方的文明都圍繞著一些「典範人物」轉，他們代表一些新的思維模式和獨特的人類智慧道路：古希臘的代表當然是蘇格拉底，此外還有中國封建時代的孔子，以及亞洲次大陸的佛陀（耶穌顯然是較晚登場）。[15] 如果一如蘇格拉底所言，智慧本質上是一種人類美德，那麼我們就幾乎不可能將一個人的具體生平事跡與闡明這種人生的哲學分開。這正是雅斯培在他那本書中的主張，它啟發我將智慧的歷史當作一系列的拜訪——我承認，在我而言有時是第一次拜訪。

蘇格拉底在受審時和後來的臨終省思（如柏拉圖的《斐多》所述）中提出的論點，標誌著哲學對智慧研究宏大和近乎戲劇性的併吞，帶著它的種種棘手矛盾和不可解決的悖論。我們認為與智慧有關的許多基本要素，在蘇格拉底的審訊中被視為「罪證」，包括謙遜，尤其是承認自身知識和專長的極限；利用堅持不懈、令人不快的批判思考和識別力揭示真相（通常是藉由在對話中提問）；識別和追求美德；以及重要性常被低估的這一點：接受真正的智慧在某些層面上往往是與社會敵對的。蘇格拉底在法庭上說：「任何人如果憑良心反對諸位或任何其他有組織的民主制度，並斷然阻止大量不對的事和非法行為在他所屬的國家發生，都不可能保住性命。真正的正義鬥士，如果他想生存，哪怕只是活很短的時間，就必須把自己限制在私人生活裡並遠離政治。」[16]

這種追求經仔細審視的美好生活的蘇格拉底式理想，為智慧的定義打上了文化烙印，心理學或科學數千年來都無法解除。但做這種事的並非只有蘇格拉底。在古代史上的同一個非凡時期，在文明世界的每一個重要角落，同樣可敬的不同哲學流派開始綻放，每一個都有自己的智慧定義。當時在中國的魯國，中層官僚孔子（一名小官的兒子）開始為一個非常實用的公共行為綱要奠下基礎，而該綱要作為社會官僚的智慧指南流傳後世。在南亞，出身優越、教養良好的年輕人悉達多．喬達摩（Siddhartha Gautama）放棄了世俗財產，開始傳授日後將界定佛教的要義。

一如著名的盲人摸象故事，蘇格拉底、孔子和佛陀當年摸到了智慧這同一頭巨獸不同的部位並加以描述；而在我看來，與那個盲人不同的是，他們的思想非常敏銳、直觀和靈活，我們因此可以看到同一頭巨獸的輪廓從他們非常不同的哲學中浮現出來，這也正是雅斯培在他那本小書提到的一點。他寫道：「他們關注的不是單純的知識，而是人的思想和內心活動的轉變。」[17]

雖然我們永遠無法借助磁振造影（MRI）機器窺視蘇格拉底和佛陀不可思議的頭腦，但他們所確認的許多智慧核心特質，事實上可以利用掃描機器進行研究。我們感興趣的不是圖片，雖然它們很美；我們感興趣的是關於那些智慧特質的詞彙，它們由這些典範人物創造，如今被寫進了二十一世紀的神經科學實驗程序。雖然還有很長的路要走，但這些實驗將來確實可能告訴我們，我們的頭腦提升至智慧這種人類美德的模範水準時是如何運作的。這門科學甚至初步告訴我們，怎樣的做法和習慣有望在我們尋求智慧時提升我們的思想品質。

蘇格拉底、佛陀、孔子及其同代者的故事，隱藏著關於智慧發展和壯大（或相反）的文化背景發人深省的重要教訓。佛陀一貧如洗的流浪生活啟發了無數人，但他卻沒有明智地指定繼承人，而此一疏忽是引發佛教多個世紀的分裂和爭執的原因之一。[18]在他生命的最後十年裡，孔子周遊中國各地求仕，但沒有人願意聘用他；哲學史學家告訴我們，孔子去世時覺得自己的人生是失敗的。[19]而儘管蘇格拉底的哲學（經由柏拉圖的著作）被當成評估智慧的模板，但蘇格拉底遭受的審判提醒我們，即使在他那個時代，在構成他的陪審團的數百名雅典同胞當中，智慧也可能激發強烈的社會和政治反彈。蒙田寫道：「因為只有蘇格拉底一個人認真地領會了他的神的訓誡——認識自己，而且因此學會輕視自己，所以只有他才被視為配得上智慧之名。誰要是這樣認識自己，就讓他大膽地親口使自己為人所知。」[20]

＝

追求智慧既需要體力，也需要智力。它往往需要風景的變化，受商業助長（商業往往促進思想交流），並且通常涉及旅行。無論是蘇格拉底巡遊雅典以詰問從政者和詩人，佛陀漫遊印度東北部的鹿野苑以傳播他的覺醒訊息，還是孔子暮年周遊各地求仕，早期的智慧史都是在旅途上展開的。

一些哲學史學家認為，[21]早在公元前九世紀，荷馬（在《奧德賽》這本終極旅程著作中）與海希奧德（在《神譜》中）就以敘述上一個簡單但意義重大的遺漏，開始邁向思想上一項深刻和根本的「突變」。[22]他們的史詩不歡迎魔法，其故事中的動詞多數與人類主體而非神的行為有關。華萊士・馬特森（Wallace Matson）在他生氣勃勃的《新哲學史》（*A New History of Philosophy*）中寫道：「荷馬與海希奧德僅以個人能動性解釋一切。」[23]雖然這看似普通的學術觀察，但這種思想獨立性標誌著智慧的文化演化的一個重大轉變。

人類從神奇力量和反覆無常的神靈手上獲得革命性的解放，就像所有的解放一樣，既是幸事，但也帶來負擔。我們擁有為自己思考和作決定的自由是幸事，但我們的行動及其後果衍生的責任則帶來負擔。如果我們人類控制自己的活動，我們自然要為自己的行為負責，而同樣重要的是，我們也要負責制裁做出**不當行為**的人。這種社會正義——和不義——的概念，完全稱得上是將智慧制度化的最初嘗試；它要為辨別對與錯、公平與不公平、自私與無私創建一種政治和法律結構，而這種結構很可能源於人類在史前時期分配食物、衣物、原始岩洞中接近溫暖爐灶的位置的安排。因此，二十世紀的心理學家開始思考智慧的本質時，特別關注《希伯來聖經》和早期民間文本中關於古代國王和法官的描述，就絕非偶然。正如愛德華．吉朋（Edward Gibbon）指出，多數羅馬地方法官是哲學家；因此，智慧、人類判斷與社會正義的這種重疊一直延續至基督教時代。

此外還有赫拉克利特：他的《殘篇》保留了他一些聰穎、耀眼、詩意的哲思，從中可以看到他視偶然性和變化為智慧的基本挑戰。對赫拉克利特來說，知識是流動的（他將它比喻為火）。沒有什麼是不變的；一切都在變化。赫拉克利特式智慧始於這個事實：現實是動態的；我們進入未來時，我們過去所認識的世界肯定已經有所不同。它在變化，我們也在變化。因此，在他最著名的比喻中，當我們把腳趾伸進河裡時，這條河與瞬間之前已經有所不同：

你剛剛
涉足的
那條河

已經消失了——
那些河水換成了這些，
現在又換成這些。[24]

在公元前四七九年打敗波斯之後與公元前四三二年伯羅奔尼撒戰爭開始之前，雅典經歷了一段罕見的相對和平時期，期間商業、公共建築、藝術，當然還有最高水準的哲學實踐，都在和平時期蓬勃發展。[25]雅典將自己改造成智慧的城市聖地，興建了偉大的巴特農神殿，供奉這座城市的守護神暨智慧女神雅典娜。哲學在公民和文化生活中發揮核心作用；正如蘇格拉底在他的審訊中對陪審團表示，雅典人「屬於一個因其智慧和力量而堪稱世上最偉大和最著名的城市」。[26]

在紀念雅典與斯巴達戰爭早期陣亡將士的一次著名演講中，雅典將軍暨政治家伯里克利詳細談到雅典在公元前五世紀巔峰時期的偉大之處，他的評論記錄了兩千五百年前希臘文明高峰時期的公民智慧典範。他談到雅典人在審議和決策方面的獨特才能，這種才能在公共領域和家庭之中都建立了一種智慧實踐模式，一種我們很可能會因為覺得相當現代而精神振奮的模式。伯里克利說：「我們雅典人即使不能提出創見，也總是能夠做出適當的判斷，而且在我們看來，討論不是行動的絆腳石，而是任何明智行動不可或缺的預備。此外，在我們的事業中，我們呈現大膽冒險又深思熟慮的奇跡，兩者皆達到極致，而且結合在同一個人身上；儘管作決定往往是無知所致，猶豫卻是反思所致。」[27]

在伯里克利的表述中，智慧是深思熟慮的、判斷的、集體的、反思的、具有深刻的社會性，植根於對話和辯論，由批判思考引導。所有這些元素，以不同的比例，構成一種相當有效的決策方式；即使在今天，我們也很可能會認為它是明智的。這些元素也開始提供一套詞彙，一種高尚的哲學術語，後來用於研究人類判斷和決策的現代實驗。

儘管雅典以開明著稱，但它沒有開明到其公民能夠拒絕將世上最有智慧的人處死。柏拉圖利用蘇格拉底在世上的最後時光，（在他的對話錄《斐多》中）重申他的這個信念：追求智慧是人類的最高使命，而如果不受肉體欲望干擾，這個使命可能比較容易達成。

在一個令人難忘的段落中，蘇格拉底悲歎道：「肉體使我們充滿了愛、欲望、恐懼、各種幻想和大量的荒謬念頭，結果是我們根本沒有機會去思考任何東西……由此可見，這正是我們沒什麼時間去研究哲學的原因。最糟的是，我們偶爾擺脫肉體的需索，有點閒暇去探究某些東西，此時肉體就會再度介入，打斷、干擾我們的研究，分散我們注意力，使我們無法窺見真理。事實上，我們確信，如果我們要對任何事物有純粹的認識，我們就得擺脫肉體，全靠靈魂去思索。從我們的論證看來，我們渴望的智慧，我們聲稱熱愛的智慧，在我們活著的時候是得不到的，要等死了才能得到。」[28]

我們現在讀到這段話，很難不認出其心理邏輯中一個存在了多個世紀的致命缺陷。根據柏拉圖的記述，蘇格拉底實質上將情感妖魔化，並將它當作智慧的敵人加以放逐，貶低其重要性，視其為干擾和煩惱，為一個將持續超過一千年的哲學開墾計畫奠定基礎。我們現在讀到這段話，也很難不想到神經科學提出的「具身性」（embodiedness）概念，即肉體感覺與其說是與心靈競爭，不如說是成為心靈的衛星前哨，不但為心靈提供訊息，還是心靈的一部分。[29]

無論如何，蘇格拉底說完那些話之後不久，一名獄卒為他送來一杯毒芹汁，而他平靜地喝下了。在弟子簇擁下，這位詰問哲學之王提出他最後的問題：「一個真心熱愛智慧的人，如果堅信他只能在下一個世界才有可能獲得名副其實的智慧，他會為死亡感到悲傷嗎？他難道不會歡喜上路嗎？」[30]即使死亡在即，蘇格拉底仍可以把智慧變成一趟旅程。

---

雖然在標準的歷史敘述中，哲學誕生於公元前六世紀的希臘，但軸心時代的曙光首先出現於東方。在古希臘文明興盛於米利都之前至少一個世紀，東方的宗教和信仰體系已經開始圍繞著一種有所不同但仍預告了當代智慧概念的知識觀念凝聚起來。《奧義書》（The Upanishads）——公元前約八百至五百年間才以書面形式出現，與荷馬和海希奧德大致同期——彙集了詩歌和故事，反映聖人和賢人在沒那麼物質、幾乎不可言傳的知識層面上的集體智慧。詹姆斯．比倫（James Birren）和謝麗爾．史文森（Cheryl Svensson）觀察到：「智慧因此從我們所生活的可知的感官世界，轉移到對生死的本質較為廣闊和直觀的理解。」[31]這種比較直觀的智慧在孔子和後來佛陀的學說中特別蓬勃，而孔子是中國有史以來影響力最大的哲學家。

孔子出生於公元前六世紀，成年後大部分時間生活於中國中北部沿海地區，但晚年曾周遊各地，不斷求仕以期實踐抱負，但基本上不成功！他父親是位階不高的軍官，七十歲時才生下孔子，並在孔子三歲時去世。孔子年少時好學不倦，十九歲結婚，有個名為孔鯉的兒子。孔子不曾富有，但總是很勤奮，而且有雄心壯志，做文書和畜牧管理工作時仍潛心學習。[32]他晚年留下名言：「（吾）三十而立，四十而不惑，五十而知天命，六十而耳順，七十而從心所欲，不逾矩。」[33]

很早以前，中國人的智慧就已經出現務實、謹慎、重視常識、近乎官僚的傾向，因為中國人追求穩定與和平。孔子在世時，歷時數百年的西周王朝已經崩潰告終，中國正經歷嚴重的政治動盪，社會非常不穩定，軍事衝突頻繁。隨著民間秩序在這個冷漠的封建時代瓦解，孔子目睹巨大的人類苦難。英國作家保羅．史查森（Paul Strathern）寫道：「這種日常恐怖背景對年輕的孔子產生了深刻的影響。他的思想因此具有一種很少消失的堅韌和務實特質。」[34]孔子這種理直氣壯的務實特質提醒我們，我們的智慧定義是獨特的當地歷史和文化狀況塑造出來的，也可能受這些狀況限制。但是，正是由於智慧的力量，生活於二十一世紀的人可以毫不費力地對孕育於封建中國的孔子洞見立即產生共鳴。

在記錄孔子言論的《論語》中，孔子一再重申他認為美好生活應遵循的三個基本原則。當中最重要的是仁，而它可說是已經成為文明史上人類行為最有力的指路明燈之一。[35]在孔子的美德層級中，連智慧和勇氣都沒有仁那麼重要。

但是，孔子之所以偉大和具有持久影響力，是因為他認識到，為了減少他目睹的巨大人類苦難，社會需要改變，尤其是必須重新組織社會目標，以尋求大眾利益而不是少數人的安樂。他明白，這種轉變最好是靠公務人員的政治和實務行為來達成。因此，孔子學說看起來往往像是關於公民利他精神或公共行為（或較具體而言，在公共領域上展現的美德或道德）的官僚教義問答。

孔子學說的許多元素預告了西方哲學隨後的發展——例如希臘社會對社會正義的承擔（孔子曾說：「見義不為，無勇也」[36]），以及基督教的慈愛精神（顯然與孔子學說基於公共德性的道德主義相通）。史查森寫道：「對孔子來說，道德的關鍵在於**參與**社會。」[37]孔子也強調情感（表現在憐憫和直覺中）高於理性，以及個人道德行為與政治秩序的結合。這正是為什麼直到現在，政府官僚或職場中人仍可以在孔子的學說中找到一些非常精明的行為建議。

雖然孔子具有持久的影響力，但一如蘇格拉底，他並未得到同時代者的厚愛。魯國國君任命中年的孔子出任掌管刑獄事務的官員，但他最後使魯國出現類似恐怖統治的狀況。據說孔子在杜絕犯罪方面非常成功，[38]但他的熱情有時超過了他的智慧——據說他會把發明「奇裝異服」的人判處死刑。[39]這種強加智慧於他人的不幸做法，使人想起柏拉圖曾同樣熱心地提議禁制荷馬史詩和戲劇，並禁止兒童接觸緩慢的音樂。不過，遇到這些令人困惑的愚蠢表現時，我意識到，即使是世上歷來最有智慧的人，也可能做出非常不智的事，尤其是在他們試圖將他們所認為的智慧強加給他人時。渴求智慧的人必須被吸引去主動尋求智慧，而不是靠政府法規、精神宣言或哲學煽動去告訴他們何謂可接受和高尚的思想，被動地接收「智慧」。

孔子這個造成分化的人最後遭解除職務，五十多歲時失業，隨後十年漫遊中國各地，希望找到工作以實踐抱負，但不成功。雖然在歷史上，孔子被譽為有史以來最有智慧的人之一，但與他同時代的人都不願意任用他，而孔子也認為自己是個失敗者。公元前四七九年，孔子去世，遺言據說是：「太山壞乎！梁柱摧乎！哲人萎乎！」[40]

特別是在早期的東方哲學中，對人類容易犯錯的敏銳認識，成為了關於人類狀況的一個基本概念。孔子曾說：「知之為知之，不知為不知，是知也。」[41]這句話與蘇格拉底在近一個世紀後受審時向陪審團提出的觀點幾乎完全相通。

||

這種對局限和不確定性的接受，在佛陀的教誨中變得更深刻、豐富，甚至更讓人得到解脫。悉達多．喬達摩王子快三十歲時捨棄了悠閒和尊貴的生活，[42]去到印度東部一個森林，在一棵菩提樹下的「金剛座」草蒲團上盤腿坐下並矢言：「不滅汙穢，誓不起座。」[43]不過，這些最初的誓

願可能是逆境造就的；喬達摩是在被一群苦修者排斥後退到森林裡的，那些人認為他是個「倒退者」，對專注冥想的決心相當可疑。[44]這位王子被鄙視為「生活奢侈，懈怠修行，重陷奢華」，[45]他因此獨自努力，後來經歷了人類已知的最令人震撼的其中一次靈性覺醒。

喬達摩幾乎與孔子完全同時代（精確程度受限於古代紀錄的準確性），比蘇格拉底早一個世紀。他出生於公元前五六三年左右，死於公元前四八三年左右。悉達多王子走的是一條不同的智慧道路。佛陀教導的覺悟方式強調經由個人體驗認識事物，抑制感官衝動，以及培養無私精神。關於佛陀傳授的著名的四聖諦，心理學家比倫和史文森的理解是：「智慧在於平息一切欲望。」[46]雅斯培則說，佛陀「努力藉由消除存在的意志來廢止世界。」[47]

雖然佛教重視的是「覺醒」，而不是智慧本身，但伴隨著這種覺醒的精神回報可以很好地轉化為我們認為與智慧息息相關的生活藝術，包括泰然面對答案不可知的情況、掌控欲望、抑制自私的物質欲望，以及面對不確定性仍有能力茁壯成長。不過，在更大的意義上，佛教與古希臘哲學都有一個至關重要的觀念轉變。這兩種哲學都捨棄以神性權威作為知識來源，都讚美人類對現實本質的洞察。無論在東方還是西方，真正的智慧都始於個人。

喬達摩在菩提樹下覺醒之後，說出驚人之語：「征服者是那些像我一樣消除了慣性欲望的人。」[48]此一見解很可能使現在的行為心理學研究者震撼不已，因為這個領域的實驗經常著眼於人的習慣和欲望。佛陀前往印度東北部瓦拉那西附近的鹿野苑，在那裡重遇之前唾棄他的五名修行者。根據著名的《轉法輪經》，喬達摩向這五名修行者講述了介於「執著於從感官事物獲得感官滿足」與「苦行折磨肉體」之間的「中道」。[49]他在另一部經文中解釋，這種平衡伴隨著「完全的專注」，使人能夠超脫生、死、衰老、存在以及所有的渴望和貪欲。[50]他說：「我因此能夠注意到以前不曾聽聞的事物，具有了直接的知識、透徹的洞察力、智慧，以及清晰的視力。」[51]

在接下來的四十五年裡，這個「幸運者」流浪於印度東部，無家可歸但泰然自若，快樂地傳播他的覺醒訊息。佛陀的教誨在隨後幾個世紀以口述方式流傳，直到公元十七年左右，由斯里蘭卡的僧侶謄寫在樺樹皮上，至今仍是無與倫比（雖然並非無可爭議）的東方智慧寶庫。許多佛經描述應該受「智者譴責」的行為，[52]包括痴迷、敵意、妄想，它們使人「取他人不曾給與的東西、投入有害的性關係、說妄語，以及煽動他人做同樣的壞事。」

在《卡拉瑪經》中，佛陀告訴卡拉瑪人：「卓越的修行者因此接受了有益的教誨，超脫了欲望、敵意和困惑，專心致志，心無旁騖，以充滿友愛的心逐漸彌漫整個世界。」[53]借用現代心理學術語（當代神經科學術語也越來越適用），佛陀描述了可用化約法分析和研究的認知與情感特質，包括情緒調節（去除敵意）、憐憫、專注，以及被稱為正念（mindfulness）的認知專注的高級狀態。本書後面有一章將提到，神經科學家過去幾年測量了佛教僧侶冥想時的大腦活動，發現他們的神經活動確實與眾不同——但這種差異究竟意味著什麼仍不大確定，一如佛陀的深層訊息。

雖然這些思想流派各不相同，但它們較深層的一致性開始圍繞著一個智慧概念接合起來；這個智慧概念經過時間考驗、文化層面上差異頗大、地域上十分遼闊，但卻有驚人的普遍性。無論是東方還是西方，這些思想派別都擁護社會正義，堅持一套公共道德規範，也都信奉造福大眾的利他精神。它們試圖將個人需求和欲望與公共利益分開，並認為人應該努力駕馭渴求即時感官滿足的情緒。孔子、蘇格拉底和佛陀選擇當別人的老師，都是以自己的方式確定了這件事：將自己積累的人生知識**分享**出去至為重要。這種分享知識的衝動最終使希臘出現第一間正式的學院——

我們或許可以合理地說，在這間學校，每一個人都主修智慧。

在某種程度上，智慧的自然史可視為神學力量與世俗化力量之間永無休止的鬥爭，是由上而下的、仁慈的、分配的、神性的智慧與由下而上的、有機的、努力得來的人類智慧之間的鬥爭。簡而言之，智慧是否為人類的一種特質，靠人類的智能和洞察力獲得？抑或智慧是一種天賜的禮物，由諸神（或上帝）賜予，而凡人如果不信奉世上某種宗教，就完全無法獲得？這個問題在最早版本的《希伯來聖經》中，在夏娃的蘋果和所羅門的夢中都有所體現，但隨著基督教興起，這個問題變得特別棘手，因為基督教恢復了一個權威、非人能動性（nonhuman agency）和宗教神祕主義的時代。在這種背景下，大智慧（Wisdom）來自上天，一般智慧（wisdom）則局限於家庭和社區事務等低下領域。

沒有人比聖奧古斯丁更能體現神學對智慧的重新掌握，因為他一手將世俗智慧貶至人類成就等級中較為低等的層次。奧古斯丁區分「智」（*sapientia*）與「識」（*scientia*），前者是上帝賜予的關於人類行為和道德完善的永恆智慧，後者則只是對物質世界的認識。[54]受奧古斯丁啟發，宗教權威越來越尖銳（和不寬容）地區分兩種智慧：一種是基於理性和知識的物質智慧，另一種是與信仰和教會權威有關的靈性智慧和知識。所羅門王的故事是彰顯這種分離的最著名例子。

畢竟，所羅門的標誌性智慧是他在夢中獲得的，是上帝賜給他的神聖禮物；對猶太人來說，智慧源自個人與上帝的關係。科學與智慧之間、人類察覺的物質真理與人類接收的普遍真理之間的這種重要分裂，在將近一千年的時間裡主導了哲學和宗教，至今仍是我們還在努力處理的一個問題。（事實上，坦伯頓基金會自稱是「在涉及生命最重大問題的領域促進研究發現的慈善組織」，而它已經開始資助關於智慧的科學和其他學術研究，這已導致一些科學家抱怨該基金會有意利用科學來發揚宗教信仰和價值觀〔包括智慧〕並使其顯得正當。）[55]

即使在今天，奧古斯丁那種智慧觀念仍使我們面臨一項根本挑戰。一方面是越來越多證據顯示（雖然許多科學家似乎對此不以為意），宗教恰恰促進了社會神經科學最熱衷研究的那些公共價值與互動，包括憐憫、利他，以及以他人為中心的思維。作為負責任的社會互動的促進者和調解者，宗教**文化**很容易被視為培養智慧的社會面向的一股力量。另一方面，宗教教義相對不靈活，本質上與智慧的脈絡靈活性（contextual suppleness）嚴重對立。這留給我們一個令人不安的問題：宗教最終是促進還是損害人類對智慧的渴望？這問題相當煩人，遠非本書所能解決。但德國心理學家、堪稱智慧研究方面最重要的科學學者保羅・巴爾特斯晚年大聲質疑：宗教因為堅持一套固定的價值觀，是否因此成為了智慧的「智性敵人」？[56]他承認，有組織的宗教使智慧在文化和精神上受重視，但他的結論是：「宗教限制了智慧的發展程度。事實上，或許過了某個點，宗教就會妨礙智慧的通則性（generalizability）或跨文化有效性。」

因此，猶太基督教（Judeo-Christian）智慧傳統留給我們一個矛盾。它顯然視智慧為天賜的禮物，但它也促進對人類行為的理解，並鼓勵人們利用這種理解來引導（或甚至是塑造）個人的行為，以及在文化意義上可能更重要的社會群體的行為，而這種群體可以是家庭、家族以至無關血統的大型社會組織。換句話說，以宗教為基礎的智慧的應用範圍遠遠超出蘇格拉底所講的「經審視的人生」，還包含了家庭、社群、族群和信仰團體（雖然蘇格拉底很有智慧，但他不像是個顧家的人）。《聖經》的《箴言》可視為人類最早的自助手冊之一。它被包裝成指導人類行為的智慧真言，一再重申禁止淫亂、不忠、輕率的商業事務，並提供諸如此類的實用建議；其敘述的修辭風格確立了傳遞智慧的標誌性模式之一：父親傳給兒子，或較普遍而言，父母傳給孩子，長輩傳給年輕人。在這裡，引導明智行為的是毫不掩飾的情緒，尤其是對犯罪可能激怒上帝之恐懼。

人類花了許多個世紀（而且很可能還犧牲了許多有智慧的逆眾者），才等到文藝復興時期的思想恢復了智慧的核心世俗重要性，以及它根本的顛覆性。在《文藝復興時期的智慧觀》（*The Renaissance Idea of Wisdom*）這本精彩的小書中，學者小尤金·賴斯（Eugene F. Rice, Jr.）寫道：「奧古斯丁以繩子將智（*sapientia*）與基督教綁在一起千年之久。文藝復興耐心地鬆開了那些繩結，使智慧恢復了它原來的自主性和純粹的人類尊嚴。」[57]

蒙田把他的筆變成了中世紀最大的鑽頭。他將智慧從人類接收物（received goods）這個領域中抓出來，把它變成一種高端工藝——個性化的，甚至是特立獨行的，私下驗證和認可的，並且本能地對掩蓋真相的層層詭計和權威保持戒心。本書將一再提到《蒙田隨筆》，它堪稱是以個人隨筆作為強大的文學顯微鏡的發明，一如伽利略後來發明的望遠鏡，可用來識別、審視和發現有關非常熟悉的事物的驚人新真理。

文藝復興時期的智者必須做哲學上的審慎調查，穿透事物的表面以真正認識它們，無論那是關於人性還是物質事實的某一方面。如果（任何時代的）傳統智慧代表一種權威，那麼這就是智慧作為一種顛覆性、反權威力量的重生。這種新發現的（較準確而言是重新發現的）以提問作為探究工具的熱忱，助長了一種挑戰思想、權威、當然還有傳統智慧的行為準則。

智慧一直是哲學正式關注的核心課題。伊曼努爾·康德（Immanuel Kant）寫道：「智慧觀念必須是哲學的基礎。」[58]但在他看來，這個基礎是建立在不穩固或甚至是看不見的支柱上。康德設想了兩種不同的、相互排斥的現實領域，而它們必然限制我們對智慧的掌握：一個領域是現象世界，「在那裡是有可能獲得知識的」；另一個領域是所謂的「本體」（the noumenal），「它是超驗和無法進入的」。[59]我們可以再次聽到東方哲學的回聲響徹康德在柯尼斯堡（Koenigsberg）的孤獨房間，因為東方哲學非常自覺地承認了人類的局限。康德也搶在（下一章將提到的）心理學家保羅・巴爾特斯之前指出，他認為智慧是一種理想，總是人類渴望的對象，但本質上是不可獲得的。康德認為，人類「並不擁有智慧，只是感受到對它的愛。」[60]

法國哲學家尚・方斯華・何維爾（Jean- François Revel）認為，哲學在十八世紀基本上放棄了以智慧作為一個值得追求的目標。在笛卡兒和斯賓諾莎之前，哲學將追求科學與追求智慧統一起來。何維爾說，斯賓諾莎代表「這種觀念的最後顯現：最高的知識與賢哲的喜悅是一致的，賢哲明白了現實如何運作，也就知道了何謂真正的幸福，最高的善。」他認為：「過去三個世紀裡，哲學已經放棄了它作為智慧來源的功能，而將自己局限於知識。」[61]事實上，藉由強調知識的重要性，從而強調成就知識，哲學成為了天文學、物理學、化學和生物學的助產士。

但是，哲學家和我們一般人至今還是無法拋下智慧。為什麼呢？當代哲學家羅伯・諾齊克（Robert Nozick）在一九八七年題為〈什麼是智慧？為什麼哲學家那麼熱愛智慧？〉（What is Wisdom, and Why Do Philosophers Love It So?）的文章中嘗試回答這問題。他的答案很簡單。他在文章的第一段就寫道：「智慧是明白什麼東西重要，而達到這種認識會讓（明智的）人知道如何思想或行動。」[62]然後一如哲學家常做的那樣，他用了十頁的篇幅來限定這個定義。

如果你覺得前面一些文字像是旋風式哲學名人巡禮，我在此表示歉意——某程度上。我這麼寫並不是希望本章內容詳盡到令人厭倦：無論如何，那是沒意義的，也不可能做到。我是希望以最簡潔的粗略引述方式，傳達出本書後面內容有非常悠長和豐富的知識譜系。各位剛剛看到的許多「智慧熱愛者」的名字，以出人意表的頻率出現在過去十年左右的科學文獻中，尤其是神經科學文獻。從安東尼奧・達馬西奧（Antonio Damasio）大受歡迎的著作如《笛卡兒的錯誤》（*Descartes' Error*）和《尋找斯賓諾莎》（*Looking for Spinoza*），到約書亞・格林（Joshua Greene）辛辣的文章〈康德靈魂的祕密玩笑〉（The Secret Joke of Kant's Soul），以至頂級期刊《科學》和《神經元》（*Neuron*）最近一些引述大衛・休謨（David Hume）（以及伊索）的文章，我們可以看到，那些傳統的「智慧熱愛者」和現代科學家對人類心智運作的尖端好奇心呈現會合的趨勢。我們可以毫不誇張地說，科學家正致力研究的許多認知過程，與思考智慧問題的這段悠長哲學史吻合。

但在我們開始研究是否存在智慧的**生物學**之前，我想邀請另一個領域加入對話。智慧研究的正式歷史的一個決定性轉折發生在一九五〇年代，當時精神分析學家艾瑞克・艾瑞克森（Erik Erikson）提出，智慧是人的發展的最後階段之一的決定性特徵。這個看似普通的見解——艾瑞克森第一次提到智慧，是在他關於人生八個階段的圖表中提到這個詞；他最初是在一九五〇年為白宮一個關於兒童發展的會議準備這個圖表的——最終產生了兩個重大意義。[63]其一是智慧成為心理學可以利用實驗來研究的一個課題。其二是智慧與人生的一個特定階段（即老年）正式聯結，無論這是多麼暫時。艾瑞克森稍稍打開智慧研究的大門之後，一些勇敢的心理學家就衝了進去。

第3章

# 心與腦

## ——智慧的心理根源

因此，關於智慧，關於所有人天生渴望以專注的心智努力去了解和追求的智慧，人們能知道的只是它高於所有的知識，因此是不可知的，無法用任何言語表達，無法為任何智力所理解，無法用任何尺度衡量，無法施加任何限制……無法用任何肯定來確認，無法用任何否定來否認，無法用任何懷疑來置疑，也無法對它有任何看法。

——庫薩的尼古拉（Nicholas of Cusa），《論智慧》（*De sapientia*）

智慧或許是實證研究的一個合宜課題，這想法可追溯至紐約市布魯克林區紐柯克大道（Newkirk Avenue）上靠近康尼島大道（Coney Island Avenue）的一棟公寓。一九五〇年代，在那裡，觀察力敏銳的女孩薇薇安．克萊頓（Vivian Clayton）深受她人生中兩個重要人物的一些模範特質吸引：一個是她父親、毛皮商人賽門．克萊頓（Simon Clayton），另一個是她外婆碧翠絲．多姆（Beatrice Domb）。這兩位長者為人處事的方式使他們有別於克萊頓所知道的其他人。

雖然教育程度有限，他們都有作出好決定的神奇能力；他們能在危機中保持冷靜，而且往往在面臨顯著的逆境或不確定性時，仍向人傳達一種相當明顯的情感滿足感。克萊頓發現，因為思考這些獨特的特質，她早在上大學之前就已經在思考智慧的本質了。

「我出生時，我父親四十一歲，」她後來解釋道。[1]「他比我所有朋友的父母都老得多，幾乎和我朋友的祖父母一樣年紀。他是從英格蘭移民到美國的，但他在英國經歷了第二次世界大戰，包括閃電戰。當時他必須照顧他垂死的母親，她因為病得很重，在倫敦遭受空襲時無法躲到防空洞。她住在倫敦東區，那裡有碼頭，總是受到轟炸。因此，在炸彈從天而降時，他會和她坐在一起，而轟炸結束時，她會說：『現在我們可以喝杯茶了！』他是個非常謙虛的人，非常清楚自己的局限，但他似乎總是能夠權衡輕重，然後作出照顧到家裡每一個人的正確決定。他知道什麼時候必須快速作出反應，什麼時候必須深思。」

克萊頓很早就對智慧著迷，可謂早熟，而當時外婆碧翠絲是她的另一個重要模範。她說：「我媽媽會貶低我外婆，說她是個頭腦簡單的人。但在我看來，外婆的單純是她對自己的生活深感滿足的標誌。她的教育程度還不到高中，但她是這個非常大的家庭的女主人。」

薇薇安．克萊頓著迷於她的母親與父親、祖母與祖父之間的差異。她記得自己一直在思考這些差異，無論是她在皇后區貝賽高中（Bayside High School）讀書時，還是在紐約州立大學水牛城分校攻讀心理學本科學位時，以至一九七〇年代初在南加州大學當研究生，與美國重要的老年心理學家詹姆斯．比倫合作時。克萊頓被普遍視為第一個（以隱約帶有科學性質的措辭）提出以下問題的心理學家：「智慧是什麼意思？年齡如何影響它？」[2]

雖然人們普遍認為是艾瑞克．艾瑞克森提出智慧可視為人的發展的一個階段，但他在一九五

○年代提出該主張之後，並沒有深入研究這個課題。不過，艾瑞克森有獨特的條件去把智慧視為人一生的情感成熟過程的高峰。一九三○年代從歐洲來到美國之後，他有幸參與加州大學開創性的柏克萊成長研究（Berkeley Growth Study），這是當時最早的心理學調查之一，追蹤同一群人從幼童階段到青年時期的發展。

根據精神病學家喬治・華倫特（George Vaillant）的說法，艾瑞克森因為在柏克萊參與關於人的發展的第一批重要的縱向研究而獲得初步經驗，然後「令人信服地論證了成年人會發展和成熟，一如兒童。」[3]正如華倫特在其著作《適應人生》（*Adaptation to Life*）中觀察到：「當然，這是以前莎士比亞就說過的，但關於人的發展的多數教科書，都把成年人性格的變化與外部事件聯繫起來。」值得注意的是，艾瑞克森似乎是第一個心理學家提出以下見解：智慧可以藉由一個逐步的、終身的自我實現過程獲得。

艾瑞克森視智慧為他所講的心理社會發展（psychosocial development）「第八階段」的核心特徵。[4]他認為有些人在人生中培養出足夠強的情感韌性（或「自我統整」〔ego integrity〕），得以克服隨著生命走到尾聲而出現的絕望。後來在一九六八年出版的《認同：青年與危機》（*Identity: Youth and Crisis*）中，艾瑞克森對這些見解有所闡述，雖然只是輕描淡寫。他寫道，智慧最有可能產生於「有意義的晚年」，也就是在積累了近乎整整一生的經驗但「可能的終極衰老」開始之前，當事人在這段時期可以帶著洞察力回顧整個人生。艾瑞克森寫道：「在這裡，力量表現為對以死亡為界限的人生超然但積極的關注，我們稱之為智慧，而它有許多涵義，包括成熟的『智力』（wits）、積累的知識、成熟的判斷和包容的理解。並不是每一個人都能為自己發展出智慧。對大多數人來說，活生生的『傳統』提供了智慧的精髓。」

這裡有幾個詞具有豐富的心理學（乃至神經科學）涵義，因此很關鍵。它們包括「超然」（與情緒調節有關）、「包容」（意味著智慧必須具有充分的社會性，以便我們能理解他人的觀點）、「傳統」（暗示儀式、文化、歷史和家庭都是智慧的寶庫），以及「以死亡為界限」（一個戲劇性的界限，提醒我們時間和即將來臨的死亡使任何智慧概念都帶有一種關鍵的時間動態）。艾瑞克森在一九五〇和六〇年代的幾本書中指出，智慧可能是人類心理社會發展的最高形式，因此打開了社會科學家正式研究智慧的大門，而薇薇安．克萊頓是率先投入這種研究的人。但是，艾瑞克森從未科學地定義智慧，而為了研究一種心理現象，心理學家必須將關鍵概念「操作化」，也就是找出量化研究的方法，而第一步是定義他們想要測量的東西。

克萊頓對智慧的現代研究始於一個巨大的偏差，但這個偏差是有益的，有助抵消一個在一九六〇和七〇年代扭曲關於老化的生物醫學文獻的同樣強大的偏差。半個世紀前，老年學家主導關於老年人的研究，通常是以醫院和輔助生活場所的老年病人為研究對象；雖然根據研究人員的說法，只有百分之五的老年人住在老人養護中心，但幾乎所有的老年學研究都是著眼於這個身體虛弱、生活艱難的機構化群體。[5]一如傳說中在街燈下尋找汽車鑰匙的醉漢，這些研究人員致力尋找但未能找到關於變老的任何好處。

比倫是推動以較為廣闊、平衡和全面的眼光看待老化過程的主要人物之一，當年他是南加州大學老年學中心一名開創性的心理學家。[6]在克萊頓開始她的博士學位研究的同時，比倫鼓勵他的其他研究生檢視老化混亂但重要的面向——不僅是智慧，還有愛和創造力之類。在這場堪稱心理學家與老年學家爭奪老化研究的靈魂的戰鬥中，比倫決心研究老化的積極面向，包括智慧，並很快有另一名傑出的社會科學家加入，那就是保羅．巴爾特斯。巴爾特斯當時是賓州州立大學的心理學家，[7]他幫忙開創了人生發展理論（life-span development theory）；這是一個有影響力的心理學思想流派，它認為要理解（例如）一個六十歲的人的心理狀態，必須考慮這個人的生物、心理和社會背景，以及他所經歷的文化和歷史事件。人生發展研究對時間在塑造人類行為方面的心理意義賦予新的和細緻的重視，而這對後來的人類選擇的概念（包括大腦掃描實驗）非常重要。它也承諾提供一套有系統的方法來研究艾瑞克森認為對智慧至為關鍵的那部分壽命，也就是人累積了一生的經驗、非常成熟但尚未衰老的那段時間。

薇薇安．克萊頓一九七〇年代初開始思考這課題時，心理學中還沒有「智慧文獻」。比倫叫她去查閱關於智慧的古代記述，這使她接觸到在許多方面堪稱這個領域最令人沮喪但又最迷人的問題：究竟該如何定義智慧？

克萊頓埋頭閱讀恰恰同樣那些代表人類智慧思想寶庫的非科學文獻，包括東方宗教、希臘哲學，以及可能是她覺得最有趣的《舊約》中的神聖「智慧文學」和希伯來傳統中有關智慧的寓言。讀完《摩西五經》和《聖經》中的經典「智慧書」（《箴言》、《約伯記》、《傳道書》、《德訓篇》、《所羅門之歌》）之後，她有所領悟，而這種領悟如今已經在心理學和神經科學中引起廣泛迴響。

在克萊頓看來，智慧與智力不同，必然超越單純的認知能力。她寫道，智力可定義為「邏輯思考、概念化和抽象於現實（abstract from reality）」的能力，[8]而智慧則將知識擴展至對人性、對自己和他人的理解，但根據「矛盾、對立和變化的原理」運作。簡而言之，智力代表一種固定的、非個人的、某種意義上古怪地非社會性的知識。相對之下，智慧所代表的知識則是具有深刻的社會性，是非常個人、適應性和直觀性的。借用一個相對新創的名詞，智慧包含**情緒**智力

（emotional intelligence）。[9]這就是克萊頓或多或少一手在其早期研究中形成的基本見解。

《列王紀上》記載了關於所羅門王智慧的著名故事：兩名婦人都聲稱自己是某個孩子的母親，所羅門王威脅要把孩子劈為兩半分給她們，藉此解決了這個爭端。[10]這個故事在許多層面上能使我們滿意：所羅門的決定相當精明；它揭示了對人性的深刻洞察（只有真母親會退卻以免孩子受到立即的傷害）；它防止了道德上錯誤的事；它解決了一個棘手的問題。我們都知道並欣賞故事的這些方面，但很少人認識到所羅門智慧的局限，以及這對智慧這種難以捉摸的美德的心理面向的啟示。

首先，所羅門的智慧是上帝在夢中賜給他的禮物。此外，他的故事提醒我們，明智的行動與當事人的品格不完全相關。一如我們稍後將較詳細探討，所羅門在崛起掌權過程中的決定和行動，使人想起的不是智慧，而是算計、無情、報復，以及最重要的虛榮。他取得父親大衛留下的王位之後，花在室內裝飾上的時間多到離譜，近乎得意揚揚地詳細描述他想建造的聖殿和宮殿。到了他生命的暮年，他的自我陶醉和放縱被許多學者視為與智慧背道而馳。所羅門的人生發展有個教訓：真正的智慧比任何寓言或道德故事所能表達的更加複雜和難以捉摸，而且一如較偏向物質形式的財富，你現在擁有它並不意味著你可以留住它。

希伯來敘事雖然與希臘的理性思維方向不同，但對思考智慧問題的人來說，仍是異常豐富的資料來源。[11]從《創世記》最初幾節開始，克萊頓開始勾勒出的智力與智慧之間的區別，就能在世界上最早的事件中找到對應。上帝不僅用智慧創造了世界；在某種意義上，祂將亞當和夏娃逐出伊甸園時，賦予了他們獲得人類智慧的可能。在他翻譯的《摩西五經》中，羅伯．奧爾特（Robert Alter）描述夏娃在摘取和吃下知識樹上的果子之前的好奇心，說那果子「悅人眼目」，而那棵樹則是「看起來很可愛」（lovely to look at）。[12]

但是，正如奧爾特在其譯註中指出，希伯來文中「看」的動詞 lehaskil 也可以譯為「使人有智慧」[13]——真是感官知覺與認知洞察力的奇妙結合。因此，蛇對夏娃說「因為上帝知道，你們吃它的那一天，眼就開了；你們會像上帝一樣能辨別善惡」，[14]這句話也許有另一種含義，與一般認為其所傳達的羞恥和放逐不同。在文化和傳統上被視為關於喪失純真的故事，也可能是一個關於獲得智慧的神話——事實上，是關於看清事物和變得有智慧的情感與心智代價。這個取代原罪的「原始智慧」版本暗示，「使人有智慧」的兩個必要條件是冷靜地收集知識（「眼開了」）和識別的能力（「辨別善惡」）。《舊約》中一再提到這種智慧，其來源是神聖的，但根植於對人性的理解。

在《創世記》的後面，《聖經》含蓄地記錄了我們在文化上一直接受的一個等式：智慧隨年老而來。[15]它出現在亞伯拉罕身上，猶太法典學者經常把他描述為《聖經》中第一個與年老有關的智慧模範。再後來，我們在「智慧文獻」中看到約伯，他是面對神的不公和無情的逆境時保持堅韌、忍耐和情感公正的典範。這個故事的教訓常被概括為「約伯的忍耐」，但借用現代心理學的用語，更好的說法或許是約伯具有一種堪稱典範的應對能力。

克萊頓對這個事實印象深刻：《聖經》中許多明智判斷的例子都是法官的判決，是關於他們如何辨別是非、確定有罪或無辜，然後給予有罪者合理的懲罰。一如在希臘哲學的黃金時代，這種智慧的運用隱含著一種廣泛的、社會強制的、道德上嚴格的社群正義感。法官往往被描述為古代環境中最有智慧的人，而他們的睿智不僅在於有能力識別真相（往往像所羅門王遇到的情況那樣，是被人性的外衣遮掩了一部分的真相），還在於能夠作出公平又有意義的裁判。克萊頓認識到，古代文化中的「智者」往往是法官，而且她注意到，古代文本中最開明的正義例子仰賴心與腦、理性與憐憫的微妙平衡——理性的頭腦評估情況以得出判斷，但在伸張正義時，感性的心會顧及情感。

克萊頓說：「這種分析得出的結果，是智慧意味著很多不同的東西。但它總是與知識有關，經常應用於人類的社會情境，涉及判斷和省思，而且幾乎總是嵌入憐憫的成分中。」[16] 智慧的希伯來文 chokhmah 暗示智慧同時存在於腦**和**心。事實上，這兩個古老的概念融合在一個詞裡，預示了現代神經科學一個極受關注的問題：心靈與身體、認知與情感在多大程度上也是融合的？注意，它們並非不相連的不同部分，而是融合在一起的。

一九七〇年代中期，比倫建議克萊頓停止埋首書堆，「變得比較科學」，把智慧當作一個定義明確到可以測量和研究的心理構念。因為克萊頓當年著迷於法官和判決，她和她在南加州大學的一些同事對當代智慧進行了短暫、事後看來或許短視的探索。他們想嘗試測量一群當代人的智慧，而他們選擇的對象是律師——這決定乍看似乎很可笑。

但是，克萊頓的做法是有合理邏輯的，而她在執行上獲得南加州大學法學院受人敬重的院長桃樂絲．尼爾森（Dorothy Nelson）幫忙。在一九七四年寫給研究參與者的信中，克萊頓這麼講述她的想法：

我們選擇以律師作為樣本，是在對古代文獻做了廣泛歷史分析之後的決定。我們的分析著眼於「智慧」一詞的使用脈絡，以及該詞最常用於描述哪些群體。我們一再看到的是智慧與正式的教育過程有關，這種教育教人如何寫作和學習國家的規則與法律。隨著年齡的增長，接受這種教育的人最終可能進入皇家法院成為法官。這些法官被視為有智慧的人，常被徵求意見。智慧因此是後天獲得的，並不是一種遺傳的特徵。一個人必須在年輕時經歷正規或非正規教育過程（父母的嚴格教導是非正規教育的例子），才可以在年長時成為智者。現今的法律教育似乎最接近上述的教育過程，它強調決策所需要的技能，教導個人如何提出適當的問題以得出最有效的解決方案，並且教導規則與法律。[17]

更有先見之明的是，克萊頓特別設計她的第一項智慧研究來檢驗處於三個不同「專業」階段的參與者，分別是法律系學生（平均年齡約為二十五歲）、法律系教授（平均年齡三十八歲），以及年長的執業律師（平均年齡六十八歲）。克萊頓說：「我們這項研究主要是想檢驗『智慧隨年老而來』這句箴言。」但是，一如至少從蘇格拉底時代以來的情況，問題中的智慧可能多於答案中的智慧：這項小型研究未能得出確定的結論。這項研究或許可以告訴我們的是：中年的法學教授群體比年長的律師群體更符合我們的智慧概念，後者顯得比較執拗，而且更需要別人的尊敬。但是，克萊頓這項研究最重要的意義，在於它破天荒為智慧心理學引進實證尺度，無論它們是多麼暫時性和不完善。

一九七六（她在這一年完成博士論文）至一九八二年間，克萊頓發表了幾篇開創性的論文，學術界如今普遍認為它們率先提出這個訊息：研究人員有望使關於智慧的研究具有某程度的實證嚴謹性。基於這些研究，對智慧至關重要的三個方面是認知、情感和省思。此外，年紀對智慧看來是重要的，但不是必要的；克萊頓認為，一個人經驗越多，越有可能具有智慧。

更重要的是，克萊頓把「應該」放回了智慧中，也就是為決策這個概念注入道德穩定力量。她在一九八二年的文章中明確區分了智力與智慧：「智力的功能主要著眼於**怎麼**做、**怎麼**完成維持生活的必要任務的問題；智慧的功能則主要在於促使個人考慮其行為對自己和他人的影響。因此，智慧引出個人是否**應該**去執行某個行動方案的問題。」[19]我們很快就會看到，「應該」這個概念也已經成為神經科學的一個戰場。

一九七〇年代末和一九八〇年代初，克萊頓開始在心理學會議上講述她關於智慧的研究，引起頗大的轟動。如今任職於塔夫斯大學的美國著名心理學家羅伯．史登堡（Robert J. Sternberg）表示，克萊頓的早期研究「意義重大，因為指出智慧是可以研究的東西，是一大突破。」[20]任職於密西根大學、長期研究智慧的賈姬．史密斯（Jacqui Smith）指克萊頓的早期研究「是影響巨大的開創性研究，引發隨後的所有研究。」[21]保羅．巴爾特斯是立即認識到這些研究的重要性的人之一，他當時是柏林普朗克人類發展研究所人生心理學中心（Center for Lifespan Psychology）的負責人。克萊頓記得巴爾特斯密切關注這些最初的智慧研究，並定期追問最新進展。她說：「我每次參加會議遇到他，我們都會一起吃午飯或晚餐。他總是問，我的智慧研究走到哪裡了？」

答案很快就變得明瞭：走到了盡頭。一九八二年，克萊頓發表了她關於智慧的最後一篇論文。當時她為了延續她的智慧研究而向美國國立老化研究所申請資助，但失敗了，而她也已經辭去哥倫比亞大學師範學院助理教授的職位，並永遠離開了學術界。她說，這一方面是因為她厭惡學術競爭的無情本質，另一方面是因為認識到她研究智慧如此巨大的課題面臨很大的局限。她承認：「我迷失於智慧的銀河，每一顆恆星似乎都一樣明亮。這就是我沒有繼續研究下去的最終原因。」

克萊頓最後一篇論文的結尾部分著眼於一則特別有意思的軼事，它捕捉到我們所認為的智慧難以捉摸的核心特質。克萊頓寫道，在一項關於老年人決策的早期研究中，心理學研究人員向一名老婦人提出岔路口的比喻，問她應該走右邊還是左邊的路。這名婦人想了一下，最後答道：「我會站在路口，問那些從這兩條路走過來的人，每一條路是怎樣的。」[22]

隨著克萊頓退出這個領域，智慧研究的道路穿過柏林，智慧的操作性定義也因此帶有明顯的德國特色。

‖

一如那個岔路口，智慧位於評估與抉擇的交會處——人以各種方式（生活經驗、「書本」學習、當學徒、在岔路口問人）集合知識，衡量所有資訊的相對價值，然後作出決定。心理學研究人員無法探究此一過程的神經機制；事實上，克萊頓明確指出，智慧的某些方面超出傳統認知測量的範圍。[23]但心理學家確實開始了解需要智慧的各種困境，以及此類決定可能多麼複雜、微妙，有時甚至是非常特殊。

例如，以下這個開放式假設性問題，是研究人員在柏林智慧範式（Berlin Wisdom Paradigm）的研究中用來評估個人智慧的：「有個十五歲的女孩希望馬上結婚。當事人／其他人應該考慮什麼和做什麼？」[24]

柏林研究團隊認為，有智慧的人會說這種話：「嗯，表面看來，這個問題似乎很簡單。一般而言，十五歲的女孩結婚不是好事。但在某些情況下，常理並不適用。或許這個例子涉及特殊的人生處境，例如那個女孩患了絕症，又或者她剛失去父母。此外，或許這個女孩身處另一種文化或另一個歷史時期，或許她是在與我們不同的價值體系下長大的。我們也必須思考如何與這個女孩充分溝通，並考慮她的情感面。」

欠缺智慧的答案則可能像這樣：「不，不可以，十五歲就結婚絕對是錯誤的。我們必須告訴這個女孩，不可以這麼早就結婚。這根本是個瘋狂的想法。」換句話說，答案是否有智慧，差別在於是否考慮脈絡和保持彈性。

一九八〇年代初，保羅・巴爾特斯與普朗克人類發展研究所的一系列合作者——最終包括賈姬・史密斯、娥蘇拉・施陶丁格（Ursula M. Staudinger）和烏特・昆茲曼（Ute Kunzmann）——展開一項雄心勃勃的計畫，名為「柏林智慧專案」（Berlin Wisdom Project），他們表示這是為了「將關於智慧的研究帶進實驗室。」[25]克萊頓和當時在耶魯大學的心理學家史登堡在之前的研究中，已經為相關實驗創造了學術空間；他們的研究明確區分智慧與智力，後者是數十年前就已經可以測量的一種能力（無論測量方法多麼不完善）。[26]柏林團隊「亟欲辨明和突顯社會與人類在自身和他人的發展方面所能取得的最佳成就。」[27]二十多年來，巴爾特斯除了發表了許多論文，還寫了一本書講述他的研究進展，發表在網路上；該書以「協調心靈與美德的智慧」（Wisdom as Orchestration of Mind and Virtue）為題，是最全面論述智慧的著作之一（可惜尚未出版）。[28]

歸根結柢，柏林智慧範式將智慧定義為「關於人生基本實務的專家知識系統」。[29]柏林智慧論深受人生心理學影響，認為擁有智慧需要具備對於事實與人性的專家知識；對一個人在其人生中的歷史、文化和生物狀況的認識；對價值觀和優先事項的「相對性」的理解；以及對思想和行動層面上的不確定性的認識。如他們所言，「實踐中的智慧」可能表現為明智的判斷、精明的建議、心理洞見、情緒調節和同理理解；它可能在家庭關係、正式的文章、學生與導師的關係或醫師與病人的關係中找到。雖然我們通常認為智慧是一種個人特質，但柏林團隊認為智慧不僅是個人的特質，也是群體、機構和社會的特質；而且智慧並非只是一種判斷或行動，還包括產生判斷的**過程**。但是，究其本質，智慧確實是一種烏托邦概念，幾乎無法實現。巴爾特斯與施陶丁格在一篇論文中指出：「智慧是一種集體鞏固的產物，個人本身只是智慧的『弱』載體。」[30]

但是，因為個人隨時必須與人生困境搏鬥，巴爾特斯團隊所開發的最有成效的研究方法之一，是藉由提出開放式「假設性人生問題」來衡量智慧，例如問研究對象怎麼看十五歲的女孩想要結婚。柏林團隊精明地利用許多人非常熟悉的那種現實困境來探究智慧，例如問受訪者應該如何處理陷入危機的關係、如何勸告考慮自殺的朋友、如何在雙職家庭中選擇工作，以及如何在面對不滿整個存在處境的情況下作人生決定。在每一種情況下，這些困境都有如人生路上的一個岔路口，要求我們明辨、評估和作出選擇。

是什麼引導這些抉擇？柏林團隊針對諺語展開廣泛的研究，因為他們認為這些格言至少捕捉到普遍真理和智慧的民間簡略版本。巴爾特斯在他未出版的書中寫了一篇諺語簡史，從公元前約兩千五百年最早的美索不達米亞和埃及諺語，談到《聖經．箴言》的智慧文獻。[31]前者的例子有父親對兒子的行為建議（「娶數個妻子是人的事，生很多孩子是神的事」[32]），後者的例子有對人如何過（敬畏上帝的）美好生活的建議（「愚妄人藐視父親的管教，領受責備的得著見識」[33]）。

最好的諺語和格言有如哲學俳句，有助人們快速領略普遍真理；但是，諺語和格言往往是反映傳統觀念的下酒花生，容易咀嚼但不是很好的長期營養來源。正如巴爾特斯指出，許多著名的格言是完全相互矛盾的。[34]但是，連這些矛盾也能告訴我們智慧的某些重要特質——巴爾特斯認為這暗示智慧是相對的，取決於脈絡，因此一鳥在手有時比二鳥在林有價值，但有時則相反，而罕見的智者不知如何就是懂得分辨。

一如任何一種專業次文化，巴爾特斯團隊發明了一套關於智慧研究的學術詞彙，而這套詞彙經常淪為心理學術語的語意流沙（至少對外行人來說是這樣），充斥著智慧的內隱理論、外顯理論、後設標準（meta-criteria）、操作化和「人生脈絡主義」（lifespan contextualisms）。他們發表的論文常用這種標題：「智慧：協調心智和美德以實現卓越的一種元捷思（實用方法）」（Wisdom: A Metaheuristic (Pragmatic) to Orchestrate Mind and Virtue Toward Excellence）。即使是這個領域的人，有時也會摸不著頭腦。（這或許是源於語言或文化觀的差異，但巴爾特斯的論文經常採用一種僵硬、無人情味的文字，有時似乎與它的主題不一致。）

儘管如此，柏林研究團隊積累的關於智慧的實證認識，是現代心理學研究團體當中最全面的，而巴爾特斯在他那本沒有出版的二〇〇四年著作中雄辯地概括了這些研究的意義和重要性。巴爾特斯給了智慧一個複雜但有彈性的定義：「智慧處理人生怎麼過和怎麼理解的困難問題，包含關於知識的局限和不確定性的知識，反映真正卓越的知識和忠告，是既深又廣且平衡並靈活應用於人生處境的知識，需要心智與性格的完美協力，是為自己和他人的福祉而應用的知識，而最後，雖然智慧非常難得，但出現時很容易認得。」[35]既然智慧的條件這麼多，柏林智慧專案的研究人員很早就得出這個如今廣為流傳的結論也就不足為奇：現實中沒有很多智慧。簡而言之，我們看到時都知道那是智慧，但我們就是不常看到。

但巴爾特斯認識到在現代研究智慧的核心重要性，因為越來越多人活到了老年。人在中年時期尤其渴望智慧，因為人在這個階段往往受代際問題困擾（上有年邁的父母，下有叛逆的孩子），生活上出現更多棘手的困難，而中年人也會在生活中尋找更深層的意義，此外或許最重要的是，他們的人生視角出現微妙但重大的轉變——他們考慮自己的人生時，不再著眼於出生至今過了多久，而是開始著眼於自己距離死亡還有多遠。巴爾特斯的結論是：「智慧可以作為一個原型，告訴我們老年時期有哪些可能以及我們所有人可以為之努力的目標。」[36]

二〇〇六年秋，巴爾特斯因癌症去世，享年六十七歲。他最後的其中一篇智慧相關論文是與賈姬．史密斯合作的，而史密斯告訴我，智慧相關研究仍受一個揮之不去的不尋常矛盾困擾：雖然人們對這個課題極有興趣，但它特有的複雜性和定義模糊性，使它在學術上瀕臨不受尊重。她說：「很可能只有那些擁有終身教職的人，才有著眼於這種研究的餘裕。」[37]不過，羅伯．史登堡認為柏林團隊的智慧研究「使這個領域突飛猛進」。他說：「巴爾特斯證明了你不但可以用實證方式研究智慧，還可以把研究做到相當精細。」[38]

但是，一些研究人員覺得柏林團隊的智慧研究抽象、費解、冰冷——過於強調客觀知識，不夠重視情緒智力。史丹佛大學心理學家蘿拉．卡斯滕森（Laura Carstensen）表示：「這是了不起的努力，他們比任何人都更仔細研究它。但我認為，正如已經有人批評的一點，他們忽略了情感。在我看來，如果沒有有效的情緒調節，就不可能有智慧。」[39]

或許更重要的一點是，研究智慧的心理學先驅開始為更嚴謹的關於智慧本質的神經科學研究奠定基礎。如果智慧有深刻的情感成分，那麼目前關於情感對判斷的影響和情感調節的重要性的研究，或許將能闡明我們如何偶爾會有明智的行為。而如果智慧代表一種專家知識，那也是適合做實證研究的。正如巴爾特斯和史密斯指出，智慧作為一種專家知識，「將古希臘哲學家提出的一些智慧要素轉化為二十世紀末心理學家的語言，後者研究複雜境地中的優異表現」，例如音樂家、西洋棋大師和醫療團隊的表現。[40]每一個人都同意，智慧相關知識的最佳預測指標不是智力，而是生活史、知識、人際情感技能（如同理心）與巴爾特斯所講的「認知風格」的結合。

此外，智慧難以量化的原因也是它如此有趣的原因。巴爾特斯和史密斯曾寫道，與智力測試不同，測量智慧時「沒有正確的答案」。[41]

‖

我們來看在智慧研究中出現的一個人物：「克萊爾」（Claire）年近七十，是七個孩子的母親，住在佛羅里達州蓋恩斯維爾市（Gainesville）。[42]她的人生不缺傷痛或悲劇。她出身貧寒，家境從不曾寬裕；她有個孩子已經不願意再和她說話，而她也曾多次捲入監護權爭奪戰以及與公婆的財務糾紛。更重要的是，她有個兒子出生時患有腦性麻痺；有些人勸她把這個孩子送到收容機構，但她堅持留他在家裡照顧，讓他在家人陪伴下長大。她在佛羅里達州對研究人員說：「真有必要，我會先把我健康的孩子送去收容機構，而不是把一個不能為自己說話的嬰兒送去那裡。」雖然多年艱辛（腦性麻痺的兒子十三歲時去世），總體而言她總是樂觀看待人生。她說：「我不會沒事一直想不好的事。我真的沒那個時間。生活中可以做的好事太多了。」

克萊爾不是她的真名，只是她在心理學文獻中的名字。她的話語中沒有任何東西會使人想起蘇格拉底的雄辯或蒙田的世故，但她可說是世上少數得到認證的智者之一——「認證」是指以蓋恩斯維爾佛羅里達大學社會學家莫妮卡．阿德爾特（Monika Ardelt）開發的「三維智慧量表」（Three-Dimensional Wisdom Scale）[43]衡量，她的智慧遠高於平均水準。

阿德爾特是認為巴爾特斯的智慧定義相對缺乏情感內容的研究者之一。一九九〇年，她在北卡羅來納大學當研究生時，發現了薇薇安．克萊頓的早期研究；那些研究視情感為智慧的核心組成要素，阿德爾特開始在克萊頓研究的基礎上建構一個比較精細的智慧研究框架。在成為佛羅里達大學的教師之後，她的導師提醒她：「我們沒有任何方法可以測量智慧。」她開始思考怎麼測量智慧時，意識到這問題非常棘手。她對我說：「你不能只是問人，以一分至五分為度量，你認為自己有多少智慧？智者是謙虛的！」[44]

一九九七年，阿德爾特及其同事獲得美國國家衛生院和國立老化研究所一筆資助，用於開發一個評估智慧的心理測驗。[45]她特別重視出現在智慧的許多定義中的一個特質：應對危機和逆境而不被壓倒的能力。她注意到：「成功地應對人生中的危機和困難，可能不僅是智者的標誌，還是通往智慧的途徑之一。」[46]因此，從那年十二月開始，阿德爾特及其同事開始拜訪佛羅里達州中北部的教會和社區團體，邀請老年人參與「個性與健康老化研究」（Personality and Aging Well Study）。

參與者（共一百八十人）不知道的是，這項研究的目的之一是要實際測試一系列用來評估一般智慧的題目。阿德爾特採用的智慧定義倚重並擴展了克萊頓的原始概念。智慧是平衡應對世事的三種獨立但互有關聯的方式：認知、省思，以及情感。因此就出現了一種「三維」智慧量表，而根據心理測驗的慣例，該量表的簡稱為其名稱的首字母縮寫 3D-WS。在這個量表中，認知部分包括理解人性、清楚地察覺處境，以及在混沌和不確定的情況下作決定的能力。智慧的省思部分涉及一個人從多種角度審視事件的能力——跳脫自己的立場，理解其他觀點的能力（經濟學家稱這種特質為「顧及他人」〔other-regarding〕，佛教徒通常稱之為「以他人為中心」〔other-centered」，但它是數個信仰體系中的一個關鍵行為特徵）。智慧的情感部分則主要關係到保持積極態度、盡可能減少負面感覺和情緒的能力。在研究的最初階段，參與者回答一百三十二條相關題目。後來，阿德爾特及其同事將題目縮減至三十九條，因為這些題目似乎已經可以捕捉到智慧這個難以捉摸的概念。

我們應該一開始就承認，試圖根據自我評估的測驗，要求研究對象對「人非善即惡」、「我總是試著考慮一個問題的所有方面」之類的陳述表示同意或不同意，藉此評估人類的智慧，是完全不切實際的。儘管如此，阿德爾特認為，3D-WS可以告訴我們，「相對於比較沒智慧的長者，比較有智慧的長者如何應對人生危機。」[47]佛羅里達大學的研究人員針對一些研究對象（包括「克萊爾」）做了深入的後續訪問之後，一種非常老練、務實、日常的智慧（或許可說是一種「小」智慧）就從他們的人生故事中浮現出來。

例如，「詹姆斯」（James）是七十七歲的非裔美國人，也經歷過不少逆境。[48]他高中時期代表學校參加四項運動競賽，然後從軍投入第二次世界大戰，經歷了恐怖的戰鬥，回到美國之後患了嚴重的憂鬱症。他取得一個高等學位，成為一名成功的學校管理人員，但他的婚姻失敗了。母親去世時，他受到極大的打擊。但是，他還是能夠表現出一種優雅和平靜，這似乎對他很有幫助。他告訴研究人員：「我遇到的壞事與好事一樣多，但我從不容許任何外部力量支配我的生活。每次遇到困難，我就去做一些有益身心的事來解決它。」他說，對他有益的事情之一是打保齡球。

在大眾的想像中，智者通常不是穿著保齡球衫，但在阿德爾特智慧量表上得分較高的長者（如「詹姆斯」）卻一再出現若干特質。他們從經驗中學習，尤其是負面的經驗。他們能夠跳脫自己的立場，藉由冷靜的思考評估令人不安的情況。他們把危機重塑為有待處理的問題、有待解決的難題。他們在自己能控制的情況下採取行動，在事情超出自己的控制能力時接受無能為力的事實。而且他們的態度幾乎是積極到令人尷尬：被問到最近發生在他們身上最不愉快的事情時，像「詹姆斯」這樣的人往往難以回答。他說：「我覺得生活很美好。」

阿德爾特沒有過度放大其研究的意義，我們也不應該這麼做。她承認：「我不認為我們對智慧已經有一個明確的定義。我喜歡我的定義，巴爾特斯團隊喜歡他們的定義，史登堡喜歡他的定義。有關智慧是什麼，大家沒有一致的看法，這是模糊的部分。我們還沒有解決這問題。」[49]

但是，這些近年的研究告訴我們的一件事，是智慧可以出現在神祕的地方，也可能以意想不到的方式出現。在阿德爾特的幫助下，我有機會與一些在她的智慧量表上排名前茅的人交談。原來「克萊爾」是在肯塔基州一個菸草農場長大的，從未完成高中學業，而且除了生孩子沒有更大的抱負。她對我說：「我們不是登山家，但我們**是**山裡人。」

---

逆境對智慧的塑造作用使我想起薇薇安·克萊頓的父親：在戰時的倫敦，德國的炸彈在周遭如雨點落下時，他坐在他虛弱的母親身邊，每次都以喝茶慶祝逃過大難。這使我對一九八二年從學術界消失的克萊頓感到好奇。我在網路上找到一筆簡短的資料，發現有個名為薇薇安·克萊頓的神經心理學家在北加州以養蜜蜂為嗜好。結果這正是我想找的人。她同意在二〇〇七年三月一個陽光明媚的早晨，在她位於奧林達市的辦公室和我見面，就在她會見她當天第一個病人的數小時前。

克萊頓原來是一位活潑的女性，熱情的嗓音令人心安。在思考智慧的抽象問題多年之後，她轉為以比較務實的方式幫助老年人；她成為一名老年神經心理學家，幫助家人和律師確認認知能力衰退的老年人的心智能力（事實上，加州律師公會關於怎麼做這種評估的手冊，就是她協助編寫的）。一九八二年之後，她對智慧相關學術研究不再有任何貢獻，雖然保羅．巴爾特斯在其餘生一直從柏林寄相關論文給她，而莫妮卡．阿德爾特有時也會徵求她的意見。我問她是否後悔沒有繼續做相關研究，她說一點也不後悔：「當年我走到了一個岔路口。智慧這概念是可以非常抽象的，而隨著年齡的增長，我轉向比較實用的做法。」[50]

我們談到當代文化欠缺智慧的問題，尤其是政治領域。克萊頓說：「在我們的文化中，以智慧為標準選擇領袖的最後遺風，很可能是美國原住民對待酋長的方式。」然後我們的話題轉到蜜蜂上。也許是巧合，但我們在智慧問題上向來重視的許多作家，例如亞里斯多德、馬可．奧理略和愛默生，似乎都喜歡談論蜜蜂，社會生物學家更是這樣，而且這現象甚至已經蔓延到社會科學界。心理學家強納森．海德特（Jonathan Haidt）以「蜂巢心理學」（hive psychology）描述人類「超社會」（ultrasocial）合作的積極面向。[51]

薇薇安．克萊頓說：「蜜蜂這種生物已經存在了三億五千萬年。當你照顧一個蜂巢，當你與那個蜂巢獨處時，你會聽到蜜蜂是多麼**滿足**，你會覺得宇宙的脈搏就寫在牠們的基因裡。我真的覺得智慧的概念也是這樣。就像蜜蜂那樣，我們不知如何天生就能識別人類有智慧的表現。但智慧是什麼，以及一個人如何才能掌握智慧，某程度上至今仍是個謎。」

# 第二部
# 智慧的八個神經支柱

科學，好的科學，當它完全無私時，就會成為一種智慧。

——尚・方斯華・何維爾

通往智慧的窄門在於科學。

——伊曼努爾・康德

第4章

# 情緒調節——應對的技藝

> 剛、毅、木、訥，近仁。
>
> ——孔子，《論語》

在加州帕羅奧多一個美麗的春日，紫色的迷迭香花怒放，微風帶著紫丁香香氣吹過喬丹樓（Jordan Hall）外的典雅柱廊，史丹佛大學心理學系的研究人員正忙著折磨南希・林恩・施密特（Nancy Lynne Schmitt）這個善良的白髮婦人。不是那種折磨，但他們使她經歷類似宗教審判的心理測量。在將近五個小時的時間裡，南希・林恩接受看似沒完沒了的認知、行為和情感評估，不時侷促不安；光是從旁觀察這個過程，我就覺得十分疲累。[1]

她反覆填寫問卷，衡量自己二十多種情緒的強度。她做了一個詞彙測試。她耐心完成令人疲憊的一系列任務，以便研究人員評估她的記憶品質。在為期兩天的測試完成之前，她還將接受大腦的功能性磁振造影（fMRI）。每隔一段時間，她甚至被要求咬著一塊棉花，直到它被唾液浸透（這是為了檢驗她的壓力荷爾蒙腎上腺皮質醇）。南希・林恩是個開朗和懂得自嘲的婦人，在她

（暫時）捐出她的大腦給科學研究事業那天，她穿著紅色長袖運動衫、藍色休閒褲和 Reebok 步行鞋，先是檢查那塊棉花，然後咀嚼它，彷彿它是開胃小菜。

一九九四年，南希．林恩五十四歲時，開始參與史丹佛大學的「呼叫器實驗」（beeper experiment）。這項研究十多年前開始以來，心理學家蘿拉．卡斯滕森及其史丹佛同事曾經三次要求南希和另外數百名北加州居民（無論老少）攜帶電子呼叫器。實驗參與者在日常活動中會聽到隨機發出的嗶嗶聲，一天最多五次，持續一週；他們同意在接收到呼叫時，無論正在做什麼，都停下來填一份問卷，描述他們在**那一刻**感受到的情緒，無論是快樂、悲傷、厭惡，還是憤怒——例如一名女性參與者告訴我，她曾在「做夫妻會做的事情時」接到呼叫，[2]難免因此生氣。

問卷調查是「呼叫器實驗」了解實驗參與者情感的重要手段，但也可能非常折騰人。對南希．林恩來說，某個星期二下午特別難過，因為她被要求做一個令人抓狂的數學測驗。她每一次犯錯時（她犯了不少錯誤），不苟言笑的工作人員就會說「錯了」，並要求她重新開始。她慌亂到身體扭曲，不斷說：「天哪，我簡直無法思考。」她事後坦言：「做完那些數學題後，我幾乎要哭了。」主持實驗的海倫．勞森（Helen Lawson）沉著地安撫南希，說她做得很好。南希完成當天最後一項任務時，已經克服了先前的沮喪，那項任務是要她為自己的情緒打分數：一分是最差，七分是最好。

「快樂是七分，」[3]她得意地笑著說，然後在問卷上最後一格打勾。「我可以走了！」

正如我們已經知道，人們對何謂人類的智慧有很多不同的看法，對於智慧是否隨年齡增長就更難有共識。但越來越多人認為，很多智慧始於有效的情緒調節。這種「才能」，可以這麼說，就是「泰山崩於前而色不變」和「麋鹿興於左而目不瞬」之類的陳詞濫調所強調的能力，但對我們多數人來說，它就像一種超人的能耐，即使在日常生活中面臨無數令人煩躁的事，也能保持心平氣和——例如在工作中受同事羞辱、開車時被粗暴超車、孩子吵鬧不休、爸媽哀聲歎氣、所愛的伴侶展現看似無藥可救的終身壞習慣，又或者只是一般的短暫挫折（就像南希．林恩做數學題那樣）敗壞了我們持續的好心情。

面對挑戰時審慎拿捏激情與超然，長期以來一直被視為與明智的行為和領導力有關的常備素質之一。這種素質需要平衡（赫拉克利特：「心平氣和是最大的美德」[4]）和自我覺察（窮漢理查：「能使自己平靜下來的人，比能寫書的人更有智慧」[5]）以支持情緒韌性。廣義而言，這正是史丹佛大學這項周全詳細的縱貫研究多年來釋出的訊息，而這項研究之所以不尋常，是因為它能夠比較年輕成年人與年長者的情緒彈性，並記錄他們的情況如何隨時間變化。

史丹佛研究人員分析他們的實驗室測試、腦部掃描、對身處現實世界的受試者的隨機呼叫檢查結果，發現雖然有充分的證據顯示認知能力衰退與年齡增長有關，但年長者一般似乎懂得如何以一種極其重要的方式管理好自己的情緒。[6]他們經歷負面情緒的頻率通常低於年輕人，對自身情緒的控制也比較好，而且一如南希．施密特在某次心理測驗中深感挫敗之後那樣，能夠運用一種複雜微妙的情緒恆溫器，使自己迅速從有害的情緒中恢復過來。簡而言之，他們可以泰然面對各種不如意的事，迅速回到平衡狀態。他們掌握了情緒平衡和自我覺察的能力，鍛鍊出情緒韌性，可說是精通應對的技藝。

但他們是如何做到的？祕訣是什麼？卡斯滕森及其同事認為，成功的情緒調節與當事人的時間感密切相關，而時間通常是（但並非總是）當事人的年齡和人生階段所反映的。卡斯滕森解釋道：「根據我們的理論，這不是年老本身產生的一種素質，而是與時程（time horizon）有關。當你的時程縮短到某個程度，例如當你意識到生命的終點已經不遠了，你通常會重視情感意義重大的目標。當你的時程還很長時，你會重視知識的獲取。」[7]根據卡斯滕森稱之為「社會情感選擇理論」（socioemotional selectivity theory）的這個假說，老化使人可以展望的餘生變短，鼓勵當事人專注於最重要的事物。長者在常遇到白內障和黃斑部退化問題的人生階段，非常清楚地看到真正重要的東西。

‖

長期以來，在關於智慧和心理學的文獻中，情緒韌性一直是一種很受矚目的素質。許多研究人員都熟悉一個關於情感逆境的經典案例，其主角是一名中年農夫，他遭受了一系列的毀滅性身心挫折。這個人被偷獵者和盜賊搶走了所有的牲口；不久之後，一場怪異的龍捲風吹擊其長子的家，他的十名兒女剛好全都在那裡聚會，因此同時罹難；不久之後，他患了罕見的皮膚病，全身長滿毒瘡，體無完膚。他失去了味覺，然後是食慾，最後連生存的欲望也失去。他悲痛不已，也產生「為什麼是我？」這種常見的受害者意識，此時連他最親密的朋友也拋棄了他，認為他的不幸要怪自己。這個農夫當然就是約伯，而他的苦難是關於人類苦難最豐富的敘事之一。[8]

在文化神話的市場，約伯的故事通常被包裝成一個關於忍耐的故事，但這誤解了（實際上淡化了）約伯激情悲歎的宏大意義。[9]約伯本身對忍耐這想法嗤之以鼻（他曾經大喊「為什麼我不能不耐煩？」[10]），他也憤怒地控訴神的不公正，而這種控訴有時是苦澀、不解、哀傷、尖刻、理性和幻滅的。他對上帝的抱怨被他昔日的同伴斥為愚蠢。憤怒的年輕人以利戶對約伯說：「不是老人就有智慧，也不是老人就明白什麼是對的。」[11]

但是，約伯在他受折磨的整個過程中，最突出的素質無疑是他的情緒韌性。這種素質不但使他能夠忍受上帝的不公正，還賦予他勇氣對終極權力說出真話。他低頭，但從不屈膝；他承認自己極其悲痛，但總是回到情感平衡和勇敢自重的設定點。他曾說：「我持定我的義，必不放鬆；在世的日子，我心必不責備我。」[12]約伯能在《聖經》的智慧文獻中占一個崇高的位置，正是因為這種韌性，而不是因為忍耐，而這也是他的故事對我們的現代智慧觀念有意義的原因。他這麼總結這一切：「忿怒害死愚妄人。」[13]

情感在智慧中的作用似乎顯而易見，但事實上，智慧「屬於」哲學的範疇至少二十四個世紀之久，而這意味著理性思維至高無上的概念受精細理論的宏廈支撐；除了若干值得注意的例外（尤其是十八世紀英國哲學家大衛．休謨），情感／情緒向來不被視為可以提供有用的訊息，而是被視為無關緊要，甚至更常被視為會破壞純粹的理性。

但是，在十九世紀後半葉，在威廉．詹姆士（William James）著名的心理學著作中，以及在查爾斯．達爾文（Charles Darwin）整理的情感自然史中，情感開始被視為人類行為更具體的、生理的、具有深刻生物學意義的一面。在他開創性的一八八四年的文章〈情緒是什麼？〉（What Is an Emotion?）中，詹姆士提出，憤怒和恐懼之類的感覺本質上是藏在身體的「感覺」（sensorial）器官中，而當時這些感覺正被追溯至大腦。[14]十多年前，達爾文則處理了「表達」問題，也就是厭惡、悲傷和憤怒等情緒在動物和人類身體上的表現，而他認為這些情緒不但是動物行為的重要方面，還藉由顯而易見的面部表情反映神經系統處於某種興奮狀態。[15]

這正是為什麼心理學開始比較正式地評估智慧時，薇薇安．克萊頓的研究具有那麼大的影響力。從一開始，她就堅持認為無論如何定義智慧，都不能忽略情感的重要作用。她還強調，同情（另一章的主題）是明智行為的基石之一。另一方面，安東尼奧・達馬西奧、約瑟夫・李竇（Joseph Ledoux）和強納森・海德特等科學家普及了日益鞏固的科學共識：情感不但影響我們的感知和決策，還似乎在神經迴路的層面，深深嵌入思想機器，在難以察覺的潛意識層面產生影響，影響程度之大遠遠超出人們以前的想像。[16]一如李竇曾經告訴我：「意識是奇特的東西，很不尋常。」[17]

心理學家詹姆斯・葛羅斯（James J. Gross）的辦公室與卡斯滕森的辦公室在史丹佛大學的同一棟大樓裡，他指出，自從佛洛伊德提出他的防衛機制概念以來，情緒調節一直是心理學界很有興趣的一個領域。但神經科學開始視它為可以研究的東西，只有十年左右的歷史〔譯註：本書原著二〇一〇年初版〕。[18]在最新的《情緒學手冊》（*Handbook of Emotions*）的其中一章裡，葛羅斯描述了五種不同的情緒調節策略，各有不同的後果，並指出「關鍵」問題是弄清楚哪一種策略對達成自己的目標最有利（還有什麼比這更好地概括了情緒智慧？）。[19]葛羅斯及其同事近年來做了一系列的迷人實驗，確認了我們調節情緒的一些神經機制。例如在一項研究中，他們證明了經歷負面情緒的人可以藉由葛羅斯稱為「再評估」（reappraisal）的過程減輕其影響——進行這種活動時，大腦認知區（前額葉皮質）的活動增強，處理情緒時活躍的杏仁核和腦島則受抑制。[20]

在葛羅斯看來，「再評估」發生得非常快，是幾秒鐘的事。但是，它需要認知的干預，而如果我們擴大視野，或可視之為一個與反思或沉思有關的過程。事實上，心理學家開始認識到，雖然情緒系統以閃電般的速度運作，大腦的認知部分可以在幾秒之內介入以鈍化情緒的影響，並且可以在很長一段時間裡繼續調節情緒。葛羅斯指出，「反芻思考」（rumination）——一直繞著某個念頭打轉——過去在心理學文獻中的含義是完全負面的，是憂鬱和焦慮的一個風險因素。他某次受訪時表示：「現在出現了一種新的想法，認為反芻思考有兩種。一種是不好的，也就是你一再思考和沉思一些事情，還有一種是好的或健康的，叫做反思。反思與你把注意力放在哪裡比較有關，再評估與你在哪裡投入認知努力以影響過去、現在和未來比較有關。」[21]葛羅斯說，這些控制情緒的認知策略的時間尺度可以短至幾秒鐘或幾分鐘，也可以長至「以週、月或甚至年計」。他補充說，智慧「歸根究柢，與熟練地以各種方式運用這些情緒控制策略有關。」

神經科學基本上尚未以量化或學術上有力的方式處理的一個問題，是情緒調節在人的一生中可能如何改變，我們如何有望隨著年齡增長而變得比較不偏不倚（如果不是更有智慧的話）。這正是人生發展心理學（life-span developmental psychology）可以為我們提供很多啟示的地方。

蘿拉．卡斯滕森在這一點上的專業頓悟，來自一個證實錯誤的常見假設。當年她在西維吉尼亞大學寫論文時（她在保羅．巴爾特斯手下工作，後來曾在柏林團隊當研究員），決定專注研究老年人的社交孤立問題。一如所有人，她開始這項研究時確信孤立對老年人有害。

但是，脈絡至關緊要（在關於智慧的問題上尤其如此），而當她針對養老院的居住者進行研究時，她對這些人的評估顛覆了上述想法。因為具有老年學的理論背景，而老年學假定社交孤立者有病，她一直在想：這些人出了什麼問題？答案是沒有問題。事實上，在養老院與社交對象互動最少的人，在神經學評估中得分最高。

卡斯滕森在她擔任主任的史丹佛長壽中心（Stanford Center on Longevity）的辦公室回憶起當年的情況：「我記得在一項研究中，我們請護理師告訴我們哪些人社交孤立和哪些人比較活躍，然後追蹤他們，觀察他們，記下他們做些什麼，並安排他們做一些認知測驗。結果發現，與人互動最少的人認知功能最好，他們最不願意參與養老院裡的社交互動。」

這些發現引起她強烈的興趣，她因此開始問那些人：「為什麼你不多出去？」那些人會說類似這樣的話：「我不想和那些人說話。你出去過嗎？你看到外面發生什麼事嗎？」在卡斯滕森追問之下，「他們開始談到時間，並說『嗯，我沒有時間陪那些人』之類的話。一段時間之後，我逐漸不再像這個領域多數人那樣在養老院做研究，但受訪者仍經常談到時間。我終於明白，他們不是在講一天中的時間。他們是在講人生餘下的時間。然後，很多事情開始可以理解了。」

她停了一下之後說：「這不是年齡的問題，而是時間的問題。」

---

年長體弱、失去親友、時間緊迫和死亡逼近可能影響一個人的情緒平衡感，這想法不像是什麼驚天動地的見解，但關於時光流逝的重要性，心理學和哲學方面有關智慧的文獻（以及莎士比亞、詩人鄧恩和濟慈，以至蘭迪．鮑許〔Randy Pausch〕的作品）重視的程度遠高於當代神經科學。

巴爾特斯特別提醒我們注意，人到中年時，世界觀會發生重大的概念轉變，這是一種時間觀念上的分水嶺。他寫道：「隨著我們接近老年階段，與死亡的距離會成為我們的時間觀念一個更有力的組成部分。當我們對『生命時間』（lifetime）的概念產生這樣的變化，當我們更常計算自己還有多少年可以活而不是已經活了多少年，我們會有更大的壓力去設定優先事項和重新評估自己的人生意義。」[23] 當代哲學方面，約翰．凱克斯（John Kekes）指出，人在一生中的生理和生物變化，是塑造我們的智慧概念的關鍵限度之一。他寫道：「智慧提醒我們許多常見事物的意義，死亡只是其中之一。影響智慧概念的其他限度源自個人的身體能力、健康、氣質、情感範圍、天賦，以及所處的社會、文化和歷史時期之類。有智慧就是在建構自己的模式時意識到這些限度，而愚蠢則是對它們視而不見。

「我不是個有智慧的人，」[24]卡斯滕森覺得有必要告訴我。但她欣然同意，年長者體現的許多情緒調節要素，與心理學家和哲學家長期以來視為明智行為核心成分的特質「絕對一致」。她說：「我們認為，人們因為某些事情而意識到生命脆弱時，就能更好地看到什麼東西重要和什麼東西不重要。他們非常清楚地看到這一點，因為他們知道什麼是現在重要的東西。對多數人來說，那是一些情感上意義重大的目標。」

這條思路可能最令人驚訝的科學結果，是情緒調節的生物學基礎——我們如何應對各種狀況、如何保持情緒平衡——或許可以在大腦實驗中窺見。[25]過去十五年間，卡斯滕森做了大量研究，將傳統的心理學與行為資料跟神經生理學測量與大腦掃描結合。她的研究團隊已經證明，專注於情緒控制的能力與個人的時間感密切相關。年輕人通常有未來無窮盡的感覺，往往追求卡斯滕森所講的「知識軌跡」；他們對職業發展和資訊獲取很有興趣（而大腦研究顯示，他們似乎較難放開負面情緒）。老年人則通常有時日無多的感覺。面對自己、家人和親友必有的一死，他們通常追求一種重視情感富足和社會聯繫的路線。而這些差異與大腦活動和整體健康的重要特徵相關。

例如「呼叫器實驗」的結果就證實，年長者情感上通常比較平和（卡斯滕森有時使用poignant一詞，嘗試捕捉他們生活中樂觀與失落的苦樂平衡）。在某種意義上，卡斯滕森的研究顛覆了莎士比亞。那些十四行詩不都是致力宣揚及時行樂、活在當下的觀念，視之為任性年輕人的天賦權利？大量的研究，包括呼叫器實驗的最新研究結果，都認為隨著時程縮短，年長者才是及時行樂的真正高手。他們已經學會如何從生活中獲得最大的情感滿足，同時盡可能減少浪費能量在負面情緒上。

卡斯滕森說：「年輕人在日常生活中比年長者消極得多，但年長者更有可能經歷混合的情緒，例如同時感到自豪和悲傷。相對於極端的情緒，混合的情緒對調節情緒狀態比較有幫助。人生中的許多損失與衰老有關，而如果你將這些損失化為品味日常經歷的動力，它可以使你變得比較積極。體會到生命脆弱有助你品味生活。」

卡斯滕森的洞見在人生心理學的知識土壤裡扎根絕非偶然，因為人生心理學也是著眼於時間。卡斯滕森還是研究生的時候，西維吉尼亞大學心理學系的教職員包括巴爾特斯、華納・沙依（Warner Schaie，薇薇安・克萊頓早年一些智慧研究項目的合作者）和約翰・尼瑟爾羅德（John Nesselroade），他們都是人生心理學的奠基者。這賦予卡斯滕森一個框架去審視時程如何改變一個人的情感世界觀鏡片，就像精神驗光師開出新指示那樣，而時程長短顯然取決於年齡，但也取決於沒那麼顯而易見的變數，例如生活境遇、健康，以至具有歷史意義的創傷性公共事件，例如大蕭條或第二次世界大戰。卡斯滕森發現，情感上不偏不倚與時程縮短相隨，但她很快補充道，她不認為她的研究屬於被稱為正向心理學的研究趨勢，該趨勢將積極的態度和美德與情感幸福聯繫起來。她指出，巴爾特斯就一直堅持認為，不斷變化的情感得失是成長的必要條件。

卡斯滕森說：「當未來看似廣闊和無止境時，人們必須為未來做準備以適應這種時間背景，而這意味著你會致力蒐集——你蒐集人脈，蒐集經驗，蒐集資訊，並把它們存起來，因為未來某個時候可能派上用場，即使它們現在是不相關的。重要的是人們所處的這種準備狀態。在這種狀態下，資訊非常有價值，任何資訊都是有價值的。你必須能夠消化它，認識它，記住它，把它編碼，以它為基礎建立一些東西，即使這可能損害你的情感幸福。」

可能損害情感幸福是真的。卡斯滕森舉了一個例子：是否參加某個派對是考驗年輕人情感勇氣的典型事件之一。她說，年輕人經常覺得有必要參加社交聚會，原因包括希望認識新朋友和有趣的人，擴大社交圈子，以至遇到可能成為伴侶的人。但參加派對也涉及很大的情感風險，包括可能遇到十分尷尬或打擊自尊的事（例如你可能會看到你的意中人與其他人親熱）。

卡斯滕森說：「有很多負面情緒與這種進入世界的行為有關。但你必須做這些事，因為你在做準備，而那是你的世界，你必須了解它。至於那些覺得來日無多的人，他們就不必再做那些事了。對他們來說，未來就是此時此地。你未來需要的東西就是你現在擁有的。你不需要再蒐集那些可能不相關的資訊或人脈。你知道什麼相關；你知道什麼不相關。你會著眼於當下，此時此地。當你這麼做時，你在此時此地的感覺至為重要。事情變得清楚得多，因為你讓自己的感覺引導你的行為，決定自己與誰相處和生活中的各種選擇。重要的是**現在**。所以我認為，人們年輕時，與知識有關的目標會長期啟動，而隨著時間的推移，他們的注意力轉移到與情感有關的目標上，換成這些目標長期啟動。這兩種情況都可能逆轉。年輕人有時會專注於現在，老年人有時會專注於未來。但如果沒有強大的反向力量，人們會傾向朝這些方向發展。」

在研究中，卡斯滕森和他的同事實際上看到了這種與年齡有關的不同的情緒處理方式。[26]在一項關於大腦如何預料損失的腦成像研究中，該研究團隊證明了預料到金錢損失時的前腦島警醒程度，可以預測一個人學習如何在未來避免損失的能力。在另一項研究中，卡斯滕森、利斯貝斯·尼爾森（Lisbeth Nielsen）和布萊恩·努森（Brian Knutson）著眼於人對金錢輸贏的態度，結果顯示較為年輕的成年人在玩金錢遊戲時，無論是預料到贏還是輸，情緒波動都相當大；年長者的情緒能量則多數耗費在預料將贏錢時，預料將輸錢時不會有很多情緒。研究人員認為，年長者可能

「正是為了避免情緒波動」而盡可能減少對損失的預期，而且「事實上，研究結果使人很想如此推斷：準確的情感性預測（也就是既不誇大也不抑制對未來的情緒預測）可能是智慧的一個核心特徵。」這些結果補充了之前呼叫器實驗當中的大腦掃描實驗；那些實驗顯示，年輕人在可能損失金錢時，杏仁核會閃現神經「關注」，年長者則幾乎完全不會因為預料到損失而受刺激。這就像是年輕人會因為未來可能出現負面結果而緊張不安，年長者則已經學會避免揮霍情感資本在所有**可能**出錯的事情上。

卡斯滕森說：「這與積極性非常一致，與情緒調節非常一致。」這種活在當下效應似乎在一個人的時程改變時就會發生，而且並非必然與年齡有關——例如研究顯示，年輕人如果接觸到改變生活的公共事件，譬如美國的九一一攻擊和亞洲的 SARS 瘟疫，也可能出現這種效應。[27]

這些發現鞏固了神經經濟學領域普遍接受的這個信念（雖然它欠缺科學證據）：年輕人和老年人作決定的方式往往不同，至少作經濟決定時是這樣。年輕人的時間折扣（temporal discount）往往很大（也就是說，他們希望立即得到現金之類的報酬，不想等待未來可能更豐厚的報酬），比較願意承擔風險，而且不大喜歡模糊性；相對而言，一般人認為老年人的時間折扣明顯較小，比較厭惡風險，但沒那麼厭惡模糊性。[28]神經經濟學家如紐約大學的保羅．格萊齊（Paul Glimcher）認為，情緒調節是這種與年齡有關的觀點差異的一個關鍵要素。他說：「毫無疑問，人在情緒激動時，時間折扣非常大，也比較厭惡損失。他們具有這些有趣的特徵。你實際上可以教人如何冥想，以避免陷入這種狀態。」[29]事實上，紐約大學著名神經科學家伊莉莎白．菲爾普斯（Elizabeth A. Phelps）的一項實驗證明，採用情緒調節認知策略的成年人能夠克服他們天生對損失的厭惡，在涉及經濟抉擇的決策任務中表現得更好。研究人員說，他們學會了「像交易員一樣思考。」[30]

老化對情感成熟以至情緒調節的影響，近年在神經科學中相對遭忽視，因為神經科學研究者幾乎僅著眼於大學生年紀的實驗受試者，但這種情況看來很可能將會改變。美國國立老化研究所嘗試資助比較老年人與年輕人反應的神經經濟學研究。負責監督該專案（以及與卡斯滕森合作進行一項研究）的利斯貝斯．尼爾森淡然指出：「我們在經濟上真正重要的決定，不是我們在上大學時做的。」[31]

但是，關於智慧，這些有效調節自身情緒、總是能夠著眼於積極面並且盡可能減輕消極因素影響的人，對我們是否有啟示？尼爾森說：「這些人似乎**知道**他們不會因為未來的負面結果而激動，這表示他們知道自己的人生是**如何**轉變著。這與智慧有什麼關係，目前還不確定。智慧可能只是以這種令人滿意、不會使人心煩意亂的方式管理你的生活，幸福則來自保持良好的社會關係。」

就像在暴風雨中顛簸的船隻的壓艙物，情緒調節不能阻止我們在生活中遇到危機時會經歷的起伏，但它大有可能使我們更快恢復情緒平衡，因此似乎有助我們駕馭生活中的日常動盪。從蒙田（「我確實曾在急躁時發脾氣，但我不曾失態到口不擇言，隨意說出各種侮辱人的話」[32]）到《聖經．箴言》一二：一八的匿名作者（「說話浮躁的，如刀刺人，智慧人的舌頭，卻為醫人的良藥」），許多人都注意到這種界限和平衡感，知道守住分際非常重要。但這些哲學和神學的直覺如今得到科學發現的支持。例如喬治亞理工學院的費達．布蘭查德費爾茲（Fredda Blanchard-Fields）就已經完成令人印象深刻的一系列研究，證明了情緒平衡使年長者能比年輕人更靈巧地解決人際關係難題（本書關於智慧與老化的章節將詳細介紹她的研究）。[33]卡斯滕森對我說：「她不會說這是關於智慧的研究，但我會。」

威斯康辛大學的神經科學家理查．大衛森（Richard J. Davidson）長期以來對評估人們調節情緒的方式有興趣，他的探索觸及大腦，使用功能性磁振造影（fMRI）和訂做的精細腦電波儀（有盤繞的電線和電極連接到頭皮上，就像美杜莎的蛇髮），測量大腦活動的微細變化。例如在一項研究中，大衛森及其同事著眼於與最佳情緒調節有關的大腦活動模式，研究對象是參與威斯康辛縱貫研究（Wisconsin Longitudinal Study）的一小群老年人[34]（那項長期研究追蹤一批隨機樣本，由超過一萬名一九五七年從威斯康辛州的高中畢業的男性和女性構成，著眼於他們在人口統計資料和心理上的變化）。

在二〇〇六年發表的一篇論文中，威斯康辛研究團隊指出，那些能有效調節自身情緒的年長者（平均年齡為六十四歲）的大腦活動形態，與情緒調節能力不佳的人明顯不同。事實上，這種形態似乎揭示了大腦不同部分之間的對話，而大腦活動朝某個方向傾斜時，就會使焦慮、恐懼和厭惡等負面情緒受到抑制。這些心平氣和的人——大衛森指他們具有「情緒韌性」——顯然是利用他們的前額葉皮質抑制杏仁核的活動；前額葉皮質是大腦前面的部分，負責推理和執行控制功能，杏仁核則是大腦深處兩個杏仁狀的東西，負責處理情緒。至於無法有效調節情緒的人，他們的杏仁核比較活躍，腎上腺皮質醇（壓力荷爾蒙）的分泌呈現一種與健康狀況不佳有關的形態。大衛森說：「善於調節負面情緒的人能夠自發地利用認知策略重新評估所受的刺激，使得杏仁核減少被激活。」[35]他補充說，這種調節很可能來自「至少隱性訓練了多年的能力」。換句話說，這些人已經以某種方式**學會了**調節他們的情緒。

請記住這個特別的神經活動軸，記住前額葉皮質與杏仁核之間的這種持續對話，因為其意義一再出現在近年有關情緒調節的研究中。數年前，卡斯滕森和她的同事，包括任職於麻省理工的神經科學家約翰·加布里埃利（John Gabrielli），對年輕人和老年人做了 fMRI 研究，看他們調節情緒的能力（或無能）是否在杏仁核留下痕跡。[36] 大腦掃描顯示，受試者看到呈現暴力或痛苦場景的負面圖像時，年輕人和老年人的反應一如預期，杏仁核的警醒程度急升。但從神經學的角度而言，年輕人受負面刺激影響的時間往往比較久，他們的杏仁核保持警醒的時間較長。老年人看來比較有能力擺脫負面刺激，將注意力轉移到正面的圖像上。在某種意義上，這種對正面事物的選擇性關注是一種情感引導的選擇，而它也呼應一些非常古老的關於智慧的想法。採用現代神經科學的說法，智慧可能某程度上是認知注意力的一種功能。保持情緒平衡的能力，以及忽略不相干或干擾情緒的資訊的能力，似乎與經常伴隨著沉思或反思的專注力密切相關。

史丹佛大學的詹姆斯·葛羅斯甚至將這種研究帶到性別領域，致力探索男性與女性在情緒調節方面是否顯著有別。他的團隊在二〇〇八年發表報告指出，男性在管理負面情緒方面耗費的認知努力比較少（可能是因為他們傾向自動調節情緒），而女性比較仰賴利用正面情緒重新評估（也就是在認知上處理和調節）負面的感覺。[37] 但是，這項研究規模不大（只有二十五名受試者），而且僅限於十八至二十二歲的人，所以我們還不能說「女人來自金星，男人來自火星」的文化隱喻已經在分子的層面找到證據。

還有其他耐人尋味的實驗結果支持某種「積極性」效應，而一項神經科學研究甚至指出，情緒在人類的想像力中有其角色。這是一項典型小規模但相當令人驚訝的實驗，它研究情緒如何影響我們對未來的想像[38]——我們將在稍後一章看到，這是意志力和智慧的一個關鍵組成部分。

過去三十年裡，心理學家記錄了他們所講的「樂觀偏誤」（optimism bias）。心理學研究一再證明，人們對自身壽命、健康、職業發展、免於離婚的可能性的預期，比實際數據所顯示的來得樂觀。事實上，研究人員指出，很多這種對未來的預期根本不準確，但這種偏向樂觀的傾向——可說是一種令人振奮和精力充沛的妄想——相當普遍。塔利・夏洛特（Tali Sharot）、伊莉莎白・菲爾普斯和她們在紐約大學的同事知道情緒與過去事件的記憶密切相關，但她們想了解情緒是否影響我們對未來事件的想像。

菲爾普斯說，這個關於樂觀傾向的實驗（結果發表在二〇〇七年十一月的《自然》期刊上），始於一項試驗研究；在該研究中，夏洛特要求自願參與者想像幾十個虛構的未來事件，例如參觀博物館或結束一段關係，然後給予這個想像的未來事件一個情緒值（正面、負面或中性）。[39]令夏洛特驚訝的是，幾乎所有這些想像事件都傾向引起正面的感覺，連那些表面看來負面的事件——例如結束一段關係——也不例外。一些參與者認為分手是正面的事件，因為它創造了接下來出現一段更好關係的可能性。基於這些意想不到的發現，紐約大學的研究人員規劃了一項比較正式的研究，要求一小群年輕的自願參與者（十五名年輕人，平均年齡二十三歲）思考過去發生或未來可能發生的事件，同時為他們做大腦掃描。

他們發現，對未來事件的「適度樂觀幻想」——不是盲目樂觀，也不是過度悲觀，而是「恰到好處」的樂觀——可以成為實現未來目標的健康動力（就身體和精神健康而言）。事實上，他們利用 fMRI 掃描，在受試者的大腦中檢測到這種樂觀精神的殘餘。這種前瞻性樂觀精神的迴路涉及大腦中杏仁核與前扣帶迴皮質的互動，前者是強大的情緒處理中心，後者位於額葉皮質的內褶深處。那些對未來事件提出最生動想像的人，大腦這兩個區域的活躍程度最高。從這些發現看來，大腦在構造上可能總是略為偏向樂觀。這在行為和演化上可能都有意義，因為相信今天的行動可能在未來產生好結果，是人們付諸行動的強大動力。

這種研究結果使人很想假定這個大腦迴路嵌入了傳統的智慧元素（我就不會抗拒這個誘惑）。如果正如菲爾普斯的研究所暗示，將情感與過去事件的記憶綁在一起的神經機制也被用於想像未來的事件，我們就可以看到一生中好壞情感經歷的記憶庫如何影響我們對未來的看法（使我們傾向樂觀或悲觀）。而如果我們對未來的想法因為它們「不受現實限制」（菲爾普斯及其同事巧妙地如此形容）而偏向樂觀，[40]我們可以看到對未來保持適度樂觀的智慧。但這裡的「適度」是個關鍵詞，因為正如紐約大學的研究人員指出，極端的樂觀可能相當危險，因為它可能使我們無法看清風險並驅使我們草率計畫，正如極端的悲觀可能誇大風險並限制可能性。或許基於同樣的道理，適度的悲觀可以使我們對人性保持清醒的懷疑，而這一直是智慧的一個標誌。

總體而言，「適度的樂觀幻想」對我們這個物種可能具有演化上的價值。正如菲爾普斯及其同事在《自然》期刊的文章中寫道：「期望正面事件，並產生這種事件令人信服的心像，可能激發我們現在付諸行動，為實現未來的目標努力，因此發揮一種適應功能。」[41]換句話說，正面的想像賦予我們早上起床的動力，推動我們為實現夢想努力。或許這正是約伯在經歷了種種磨難之後，每天還是起來繼續與上帝較量的原因。

我們思考智慧的自然史時，最終不得不問關於演化的問題。比較成熟的成年人顯然能夠達到情感上不偏不倚的狀態，這是否具有演化上的價值？情感支持和關懷是否能提高一個人的基因存活率？蘿拉．卡斯滕森和科琳娜．洛肯霍夫（Corinna Lockenhoff）正是在研究這些問題，尤其是考慮到有據可查的老年認知困難。[42]

卡斯滕森說：「資訊處理能力在成年期會降低，但知識會增加。所以人還是會學到更多東西。你的學習效率會降低，但只要你活著，你還是會學到更多東西。你會看到，許多人即使到了七十歲或八十歲，詞彙量仍會增加，對世界的知識也會增加。就演化而言，你成年之後，就不會有很多新東西必須學，因此也許沒有**處理**資訊的選擇力量。但是知道怎麼**做**事有很大的生存價值。因此，如果你的群體中的年長者很有知識、不偏不倚，而且有選擇性，也就是懂得專注於人生中最重要的人事物，這三個條件加起來真的可以提高這個人的基因在群體中的存活率。」[43]簡而言之，情緒調節有助我們專注於真正重要的東西，而這對智慧和生存都至關重要。

達爾文在《物種起源》中有此名言：「個體若擁有相對於其他個體的某種優勢，無論優勢多麼微小，都會有更大的機會生存和繁衍。」[44]那麼，這對我們這些嬰兒潮世代和已經過了生育年齡的同路老人意味著什麼？卡斯滕森和洛肯霍夫指出，天擇並不在乎生命後期的新資訊獲取。他們認為，年長者必須對年輕**親族**的繁衍有貢獻，才具有演化上的價值。

但現實中祖父母正是以無數種方式做出這種貢獻。根據著名的「祖父母假說」（grandparent hypothesis），年長親屬傳遞他們的世界知識和利用他們較高層次的認知技能提高孫輩的生活水準，藉此做出這種貢獻。[45]換句話說，他們**照顧**他們的血親，而這種繫於情感的對下一代的關注——艾瑞克．艾瑞克森等心理學家稱之為「生成性」（generativity）——似乎貢獻了生存價值。

順帶一提，並非只有人類是這樣。針對猴子的兩項研究顯示，「祖母」的存在會提高年輕親族的繁殖成功率。

在一段智慧與生物學觀察似乎同樣豐富的文字中，卡斯滕森和洛肯霍夫寫道：「演化選擇（evolutionary selection）應該青睞那些幫助年長者幫助其他人的技能。從這個角度來看，以下發現並不矛盾：老年的特徵是累積了對世界和日常生活的大量知識，以及對年輕親族的社會和情感投資。過了生育年齡的成年人如果情緒平衡、對社會關係和整個世界有見識，並對社會凝聚有所投入，就有望提高其後代的生存機會。」[46]

呼應之前的一句話：卡斯滕森可能不會說這是智慧，但我們肯定可以這麼說。專業知識、情緒控制力、社會關懷和人性洞察力的終身積累，可說是提高了我們作為血親（經由長輩的照顧）和一個物種的生存機率。情緒調節可能是人類心理學中最強大的鏡片；它由時間打磨，由死亡的訊號賦予曲度，使我們得以看到生命中真正重要的東西。

第5章

# 知道什麼重要——確立價值和作出判斷的神經機制

判斷是一種適用於所有主題的工具，到處都能派上用場……它選擇它認為最好的道路，藉此發揮它的作用；在一千條道路中，它會說這條或那條是最明智的選擇。

——蒙田，〈論德謨克利特和赫拉克利特〉

保羅．格萊齊是個聰明、合群、非常可親、看起來很健康的人，具有典型的多重人格。他堅持認為自己是三個不同的人，每一個都對人類的思考和決策方式有獨特的看法，而這些看法有時互相矛盾。這三個保羅有一個是經濟學家，第二個是心理學家，而第三個是神經科學家，受訓於普林斯頓和賓州大學，現為紐約大學神經經濟學中心的負責人。格萊齊的症狀包括幻聽：他承認會聽到有人對他說話（通常是諾貝爾經濟學獎得主米爾頓．傅利曼），在他耳邊低聲說出悅耳的言語，提醒他關於人類偏好和人類決策的自由意志主義觀點。

格萊齊並不聲稱自己是智慧方面的專家，但他是新興的神經經濟學領域的主要實驗者之一。[1]

他在紐約大學的實驗室，有一個分支專門研究動物作決定涉及的神經元，另一個分支歡迎源源不斷的人類小白鼠到華盛頓廣場附近做 fMRI 掃描，研究我們作決定時大腦發生什麼事，並且是這方面研究的先驅。我必須補充的是，格萊齊研究的選擇不一定是好的或**明智**的決定，但他的研究是著眼於判斷機制的全球研究工作的一部分，因此使我們得以初步窺見明智決策的基本機制。

我對他的「多重人格」觀察當然是開玩笑，但也是有啟發性的，因為格萊齊談到人類如何作選擇時（在他的實驗中，通常是關於少量經濟報酬的快速選擇），會坦率承認他以經濟學家、心理學家和神經科學家的身分去思考這些問題時感受到的緊張。重要的是，這種緊張大有意義，有助非科學家的人釐清這些實驗針對識別、估價、反思、判斷能夠和不能夠告訴我們些什麼；我們在作決定之前，往往無意識和極快地經歷識別、估價、反思和判斷這些無形的過程，權衡不同行動方案的相對價值。

格萊齊的實驗室探索一個類型的實驗，它在科學界（以及科學媒體）如今已變得老套。舉個例子，這種實驗會要求受試者選擇現在就收下二十美元，又或者兩個月後拿到四十美元，然後測量受試者處理這個小型經濟衝突時的大腦活動。在較大的意義上，他的研究是在找出我們權衡資訊、評估可能的選擇、作決定之前審慎考慮的過程所涉及的具體神經迴路。這一切背後藏著一個後設問題：是什麼使判斷變得精明、良好或甚至明智？而我們的選擇真的反映我們的「選擇」嗎，抑或它們只是神經過程的必然結果，而這些神經過程相當於嵌入神經元的關於什麼東西「重要」的非常精確、基於生理的演算法？

這種研究有很多問題有待解答——並非只是明智判斷的神經基礎如此宏大的問題，還有自由意志、有意識的選擇等問題，甚至是我們是否有可能操控現正開始（必須強調是開始）成為焦點的神經迴路，訓練我們的大腦以提升它優化決策能力的效率。因此，這些簡單到近乎厚顏的經濟實驗承載著對人類相當重要的意義。而一些科學發現可能把我們帶到一個人文貧瘠的地方——貧瘠不是因為科學家對大腦運作的內在奧祕非常冷漠無情，而是因為那些運作挑戰我們最珍視的關於沉思、反思和判斷的一些想法。

因此，我想帶著一個重要的警告和一個瑣屑但發人深省的大眾文化類比，展開這趟可能令人幻滅的旅程。先講警告：儘管格萊齊的實驗室和美國、歐洲及日本的許多其他實驗室近年來在認識決策涉及的神經器官方面已經取得巨大進展，但使我們得以在作決定**之前**確定各個選項的價值的補充機制仍非常不清楚，而且幾乎肯定會帶給我們更多意外（這個補充機制實際上就是使我們得以在我們小小的神經投票間作出選擇之前，在自己的頭腦中確定什麼是最重要的）。儘管你在書本、報紙和部落格看到很多東西，判斷和決策涉及的神經迴路仍有許多謎團未解。但它是逐漸成熟的一門科學的一部分，而正如哲學家喬琪蘭（Patricia Smith Churchland）二十多年前在她的著作《神經哲學》（*Neurophilosophy*）中正確預測道，這門科學將帶來歷史性的變革：「就其推翻民間知識的『永恆真理』的力量而言，這場革命的意義至少將與哥白尼和達爾文革命相當。」[2]

現在我們從哥白尼和達爾文跳到漢納巴伯拉（動畫製作公司）。我去格萊齊的辦公室時，他告訴我：「我是看《摩登原始人》（*The Flintstones*）長大的。在戲中，如果弗萊德和班尼的車壞了，他們會打開引擎蓋，然後把裡面幾塊東西扔出來。你記得這個嗎？然後他們會蓋上引擎蓋，把車開走。那輛車少了他們扔掉的東西，還是可以運作。」他停了一會，緊張地笑了笑，然後說：「我發現自己好像遇到了這種情況。我們正在建立一個在神經生物學層面預測人類行為的模型，然後發現似乎不需要自由意志這塊東西。我的意思是，似乎沒有令人信服的證據顯示我們需要這塊東西。」

我們暫且撇開自由意志、智慧和其他問題，來看人類決策的引擎蓋下還有什麼東西。無論決定是否明智，我們作選擇涉及怎樣的基本神經迴路？我們如何評估兩個不可兼得的選項以作出最佳決定？而這些公認簡化和人為的實驗室實驗，對我們在現實生活中所作的比較重大的決定，例如選擇大學或職業，是否可以提供啟示？

‖

二〇〇六年秋和二〇〇七年春，十幾名年輕的大學生——當代神經科學的實驗室老鼠——多次造訪曼哈頓格林尼治村一棟大樓的地下室，接受fMRI掃描；該大樓是紐約大學心理學系的所在地，而那些大學生參與了一種已成經典的神經科學實驗。[3]這些學生在大腦接受掃描時評估一系列的經濟選項，然後作出選擇，例如可以選擇立即領取二十美元的獎勵（錢是真的，會立即存入他們的銀行帳戶），又或者在未來某個時候領取比較多的金錢獎勵。在一些實驗中，他們只要願意等待六小時，就可以拿到二〇．二五美元；如果願意等待一百八十天，更是可以拿到一百一十美元。（這種MRI掃描之所以是「功能性」的，在於它即時測量受試者大腦各區域的富氧血液變化，假定正努力處理特定問題的大腦區域的新陳代謝比較活躍，因此需要更多氧氣；關於MRI的更多資料，包括一些注意事項，請參見註釋。[4]）這些受試者權衡這些不可兼得的選項的價值時，MRI機器實際上記錄了他們大腦的狀態。

在某程度上，你可以說紐約大學的研究人員正使用一台價值兩百萬美元的機器，為我們提供令人驚歎的關於愚蠢的詳細神經快照。在這些實驗中，多數參與者都選擇立即領取獎勵，即使純粹考慮經濟因素，明智的決定幾乎總是等待領取更大的獎勵。

「真的很奇怪，」格萊齊搖搖頭說。「這個孩子來到實驗室，我們讓他選擇兩個月後拿四十美元或現在拿二十美元，然後他選擇現在拿二十美元。我給了他什麼選擇呢？我實際上讓他可以在兩個月內得到百分之百的利息。這是**百分之六百**的年報酬率，而他竟然不要！現在如果我戴上經濟學家的帽子，就會覺得：這些人難道不知道有銀行這東西？實際上你只需要向自己借二十美元，然後兩個月後就能拿到百分之百的利息。不管怎樣你都應該等待領取後面更多的錢。但事實是幾乎沒有人這麼做。這個發現非常可靠。許許多多實驗室利用不同的實驗設計證明了這一點。如果你向人解釋，他們可以學會作正確的選擇。當然，金融機構都知道什麼是正確的選擇。」（或者說，格萊齊說這些話的時候，似乎是這樣；幾個月後〔二〇〇八年金融危機爆發〕，我們發現許多銀行顯然錯得離譜。）

格萊齊及其同事約瑟夫．凱寶（Joseph W. Kable）二〇〇七年十二月在《自然神經科學》（*Nature Neuroscience*）期刊上發表了相關實驗結果，主要發現是參與實驗的每一個人似乎都有一種獨特的（實驗者稱之為「有個人特質的」〔idiosyncratic〕[5]）方式，讓主觀價值對即時與未來的報酬產生影響；個人的時間感是影響這種估算的基本因素，它涉及衝動與審慎之類的人類行為基本特徵（我將在關於耐心的那一章詳述時間的影響和所謂的「時間折扣」）。雖然可能會有人說，記錄愚蠢決策的神經運作只能有限地間接告訴我們智慧是怎麼一回事，但我在這裡希望更集中著眼於神經選擇的具體機制。當我們的大腦在評估多項選擇時（你也可以說是在**辨識**不可兼得的多個選項的相對價值時），確切發生了什麼事？

至少在一個最基本的意義上，研究人員現在對此已經有相當好的概念。「人類和其他靈長類動物作決定，有賴一種兩階段的機制；我認為這是現在已經沒有疑問的事，事實上我認為這是我們所有人都同意的，」格萊齊解釋道。「第一階段被大致視為估價階段，我們在這個階段為眼前的選項設定價值。第二階段以此為輸入，從當前的選項中選擇最好的一個。」二〇〇七年實驗和所有類似實驗的結果已經清楚顯示，這個初步估價階段是主觀和有個人特質的，而且以明智經濟選擇的標準衡量，往往有嚴重的錯誤。但是，這個過程看來大致代表了我們的大腦在評估、思考、衡量無論大小的**任何**類型的問題時的神經運作，而它為我們發揮判斷力提供依據。那麼，它是怎麼運作的呢？

認識大腦如何權衡選項的道路始於一九八〇年代末和一九九〇年代初，當時神經生物學家發現了一種美妙的細胞機制，它似乎支撐我們的學習和獎勵感。[6]它被稱為「強化學習」（reinforcement learning），而驅動它的是多巴胺，一種極其敏銳、令人非常滿足的分子。多巴胺常被說成是一種快樂分子，但它實際上更像一個影評人，在我們尋求獎勵時評估我們的行為是否成功，並在整個大腦中廣播其見解。當我們感受到獎勵時，無論那是來自飲食、金錢、性、海洛因、別人的稱讚還是陌生人的一句好話，多巴胺這種神經傳導物質就會在我們中腦的核心釋放出來，為我們提供對事情的快速評估。「強化學習」一詞將人類生物學中截然不同的部分結合起來（「強化」發生在大腦的情感核心，也就是所謂的酬償中樞〔reward center〕；「學習」則發生在認知、蒐集資訊的部分），而如果你願意在此發揮一點想像力，你會發現這個系統深深涉入習慣、激勵、拖延、辨別、忍耐、適應變化、自我滿足感，以及最重要的評估事物價值（這是非哲學家決定什麼東西重要的一種方式）的神經機制，以致我認為在二十一世紀思考智慧問題，至少要承認這個神經管道網絡的基本原理。我應該補充的是，這不是完整的故事，而是這個故事的神經生理學**框架**。

這裡有個例子說明它如何運作，源自格萊齊的學生羅伯．拉特利奇（Robb Rutledge）開發並應用於實驗的一個電腦遊戲。我玩過這個抓螃蟹遊戲。[7] 電腦螢幕上有兩個浮標，右邊那個是紅色的，左邊那個是綠色的。你點擊其中一個浮標，就會有蟹籠浮出水面，裡面可能空空如也，也可能滿是螃蟹。你的任務是任何漁民都明白的，就是找出螃蟹的位置，盡可能抓到最多螃蟹。

起初你反覆試驗，從錯誤中學習，在兩個浮標之間游移，找出捕捉螃蟹的最佳位置；當你發現許多螃蟹聚集在某個浮標周遭時，你對自己的表現非常滿意。這種愉悅有它的神經生物學基礎：你達到一個目標時，會稱讚自己——不是拍一下自己的頭，而是大腦裡釋出多巴胺，它給予你的決定好評。你的中腦迅速釋出分量可觀的多巴胺，獎勵你堅持學習如何抓到最多螃蟹。

直到這裡，一切都很好，但這個系統實際上比一次性的滿足來得複雜（在我看來也更有趣）。你一次又一次從那個豐收的浮標抓到螃蟹時，不會得到最初那樣的多巴胺刺激。你仍滿意自己的抓蟹能力，並繼續由多巴胺引導你的抉擇，但你的成功已經毫無驚喜可言。你的獎勵感已經發生了微妙的變化——驅動你的行為和抉擇的不再是抓到螃蟹，而是對抓到螃蟹的**預期**。換句話說，多巴胺神經元發射的時間點從得到獎勵變成了對獎勵的**預期**。如果你每次都成功，預期中的多巴胺刺激將會逐漸減弱，最後完全消失。一旦結果變得完全可預料，不再有任何意外，多巴胺水龍頭實際上會自行關閉，此時我們就處於神經上無聊的狀態。

但我們並不是生活在靜態和可預料的世界裡，而我們的大腦生來就有從意外情況中學習的能力。回到抓蟹的例子，假設你回去那個豐收的浮標，預期可以抓到螃蟹但一隻都抓不到（格萊齊的研究人員為他們的電子螃蟹設計了多種逃脫可能，以便引出受試者大腦對抓蟹失敗的失望的反應）。你的大腦對這種情況有什麼反應？令人驚訝的是——德國科學家沃芙藍．舒茲（Wolfram Schultz）一九九六年首次指出這種情況時，人們真的非常驚訝——釋出多巴胺的神經元在它們的預測出錯時會抓狂。這個系統實際上就是懂得偵測錯誤或意外的結果，而大腦正是在偵測到錯誤或意外時真正注意到情況。

說來奇怪，你的大腦對學習的渴望特別容易受到失敗的刺激，因為預測出錯會激勵你尋找新的解決方案。當年在索爾克研究所（Salk Institute）的幾位擅長計算的神經科學家——彼得．達揚（Peter Dayan）、雷德．蒙泰格（Read Montague）和特里．塞諾夫斯基（Terry Sejnowski）——認識到，這些「失望的」多巴胺神經元在中腦發射的模式與設計來模仿決策和選擇的電腦演算法相合。因此，當你繼續尋找最佳捕蟹位置，跟上那些擅長躲藏的螃蟹時，你的策略漸漸地被適時釋出的多巴胺塑造。在這個意義上，強化學習只是以分子的方式表達從**經驗**中學習的意思。我們可以這麼簡單概括這種神經管道的涵義：成功滋生習慣，失敗造就學習。我們生來就懂得從錯誤、誤差、意外結果中學習。大腦在需要學習新東西時，會打開內部灑水器，給自己澆上神經化學物質的雞尾酒，藉此助長對更多、更好的知識的追求。

格萊齊說：「這真的很酷，因為強化學習的手段就是利用試誤法去認識事物的價值並表現這些價值的手段。我們由此立即看到這種可能：多巴胺系統的目標，至少是透過試誤法去認識事物價值的許多系統的其中一個。」

分泌多巴胺的神經元特別密集分布於大腦內部演化上「較為古老」的部分，包括基底核（basal ganglia）、腹側紋狀體（ventral striatum）和中前額葉皮質（medial prefrontal cortex）（基底核是大腦中部的一個神經組織結；腹側紋狀體約與耳垂底部同一高度，幾乎就在大腦的中心位置；中前額葉皮質則像捧著紋狀體的一雙手）。多巴胺系統有幾個迷人的方面。其一是大腦特別熱衷於注意意外情況，這正是真正刺激多巴胺系統的東西。而大腦抓住意外情況作為動力，則創造了非常強大的學習引擎。

因此，藉由學習，多巴胺系統——在獲得新資訊之前——實際上會將事物的價值編碼，並將這些價值預測傳給負責作決定的神經迴路。在神經意義上，這種決定幾乎涵蓋所有可能，包括為自己的手臂抓癢或摸摸狗狗的耳朵後面；回頭再看一眼日落或回頭看蛾摩拉城毀滅；說從「我愛你」到「把鹽遞給我」的各種話。

決策也不是人類特有的事。蜜蜂尋找花蜜時會作決定[8]（這是與人類捕捉螃蟹類似的事），最近《科學》期刊上甚至有文章探討果蠅選擇最佳產卵地點時的「決策」。[9]但就人類而言，有點令人毛骨悚然的是——這又回到自由意志的問題上——格萊齊聲稱，藉由利用多巴胺驅動的決策模型，他已經學會預測捕蟹遊戲玩家會選哪一個蟹籠，準確度令人瞠目結舌。

格萊齊說：「如果我攔住你，並問你接下來要做什麼，你會說：『沒有人預料得到，因為我有自由意志。』但事實是，我們的模型已經可以準確預測你百分之九十的選擇。而且根據一百或兩百次選擇的樣本，我就能以百分之九十的準確度預測接下來的四百次選擇。因此，『我確信沒有人能預料到我將會做什麼』這句話是錯誤的。」

我們的頭腦如何設定事物的價值並認定某個選項比其他選項可取？科學家對此比較不清楚，但這問題對智慧的意義比其他問題有趣得多。格萊齊認為，價值最終是由中前額葉皮質決定的，這是演化過程中較晚出現的大腦皮質比較裡面的部分。但前額葉皮質就像一個盆地，關於價值的各種資訊從若干神經子系統匯集到這裡。確切有多少個子系統還不清楚——倫敦大學學院彼得·

達揚的團隊在猴子身上發現四個獨立的子系統，[10] 而這不包括對人類的識別力無疑有作用的語義和象徵性估價系統。格萊齊將它們比作「不同的模組，它們幫助確立價值，而這些價值資訊匯集到一個最終的共同途徑。」二〇〇七年的實驗提供了一些最好的證據，證明所有這些估價分站都把價值資訊傳送到前額葉皮質。

當然，那個實驗著眼於一個非常簡單的涉及財務評估的問題，但我們考慮廣泛的神經活動時，可用「識別」或「反思」等詞代替格萊齊所講的「估價」。格萊齊承認：「在我看來，估價是個非常複雜的問題。它取決於情緒狀態，這是應該的。它取決於習慣。它取決於最近的試誤經驗。它可能取決於符號知識，例如百分比。但到了某個點，你必須整合所有資訊。因為正如約翰．馮紐曼（John von Neumann）注意到，正如人們很早就注意到，正如哲學家更早就注意到，為了作出選擇，你必須把你的選項放在一個共同的尺度上考慮。除非有一個共同的尺度，你不可能在蘋果與橙之間作出選擇。這實際上意味著到了某個點，為了有效地作出選擇，你必須將所有相關資料整合到一個最終的共同尺度裡，並將它傳遞給決策者。而我們提出的論點是，中前額葉皮質，可能還有腹側紋狀體，就是那個最終的共同途徑。」

在某種意義上，格萊齊對自由意志的看法至少已經對了一半；當我們對價值的主觀估算去到神經決策點時，我們的判斷是必然產生的，事實上幾乎是自動產生的，也就是我們會自動選擇「最有價值」的選項。但我們如何決定什麼是「最有價值」呢？

這個問題以一種有趣的方式暗示，就智慧和判斷而言，多數活動很可能發生在決策者的上游。這些活動發生在為估價提供資料和數據的所有神經管道，而左右估價的並非只有食物、水、性和金錢，還有記憶、經驗、文化（包括知識和模仿）、情感、脈絡、時間感（和對未來報酬的感覺）、對死亡的恐懼，以及利他精神之類。多巴胺系統這種相當鈍的激勵機制可能是人類最抽象和超脫的美德如智慧或勇氣的基礎（這些美德因為它們崇高的性質，似乎值得由比較精確的神經系統提供支持），雖然這可能顯得奇怪，但事實很可能是演化在大腦的發展方面所重視的與智慧本身無關，而是僅與明智的行為可能如何提高生存能力有關。如格萊齊所言：「我們必須相信，演化使動物承受必須明智行事的巨大壓力，為此動物必須找到一個最終的共同途徑，一種共同的估價尺度，並以此為基礎作出決定。」他說，另一種可能是大腦因為抉擇上的衝突而癱瘓，當事人因此什麼都不做——除了猶豫著應該吃蘋果還是吃橙，最終可能餓死。

這些實驗引出一些非常有趣的非經濟問題。倘若一如格萊齊的研究所暗示，人腦裡只有一個估價和獎勵迴路，是否有回饋環路使我們可以從作出**感覺**明智的決定或行動中得到獎勵？而這種矛盾的無私的自我滿足，是否可能搭載在一個基本上旨在滿足我們的基本需求（例如身體得到足夠的水分和營養）的神經系統上？換句話說，像甘地這樣的人是否學會了在從事無私行為為時為自己釋出一些多巴胺？

近年來，神經科學家已經開始研究人類面對口渴或飢餓時缺乏耐性的表現。如果你已經沒有喝水一段時間，你很可能會希望馬上喝一小口水，而不是再等一會之後喝一大口水。同樣道理，如果你很餓，你就比較可能希望立即吃一點東西，而不是再等一會之後吃比較多東西。格萊齊認為，產生這種滿足生理需求的迫切感——這種不耐煩——是大腦根深柢固的一種功能，與血糖和水分感測器密切相關，因此演化並不令人意外地對即時滿足這些需求賦予更高的神經價值。格萊齊認為，我們對性的基本評估很可能是一樣的，也就是認為越快滿足越好。但至今還沒有人做過結合所有這些基本和抽象獎勵的實驗，也就是還沒有人在同一個實驗中，利用相同的受試者比較他們對食物、水、性和金錢的神經估價，藉此了解這些活動是否使用了相同的大腦迴路。但格萊齊猜測人類實際上使用相同的神經估價迴路做所有這些事，而他的實驗室正利用一個關於水、食物和金錢的實驗檢驗這個假說。

二

有見識的讀者應該都會認為，基於受很多限制的經濟決策事例，例如紐約大學和其他地方近年的那些實驗，推斷像智慧這種宏大和難以捉摸的東西，顯然是危險的。正如格萊齊自己迅速指出，任何人如果不分青紅皂白地將行為的心理學解釋與神經生物學解釋聯繫起來，都將陷入「泥沼」。但我們且在此穿上靴子，踏入這個泥沼觀察一下。

首先，我們應該承認，神經經濟學實驗在一些方面無法捕捉到智慧的實況。在紐約大學的實驗中，受試者被要求在六秒鐘內選擇立即或延後的金錢獎勵；我們在生活中認為與智慧有關的決定，涉及的選擇顯然比現在領取二十美元或兩週後領取四十美元來得複雜、微妙和不確定，而且通常要求我們更鄭重地深入思考和反省。

此外，經濟問題通常有一個明顯的「正確」答案（至少站在最佳經濟行為的立場是這樣），但考驗我們智慧的問題則幾乎一定沒有這種意義上的正確答案。明智的決定之所以如此困難，是因為我們必須在面對不確定性和含糊性的情況下作出決定，我們因此很難明確估算各個選項的價值；事實上，我們的選擇的真正價值有時過了許多年都未能釐清。

更重要的是，在要求受試者選擇即時或延後獎勵的實驗中，當事人的時間感顯然會影響他的選擇。平均年齡為二十一歲、四十五歲、六十五歲的受試者，面對同樣的問題，給出的答案很可能顯著不同，甚至他們的估價神經過程的著重點也可能不同。

事實上，對我來說，紐約大學的實驗最深刻（和不受注意）的發現之一，是每一名受試者評估延後滿足的方式都相當獨特。雖然他們的年紀和背景都很相似，但以大腦特定區域可測量的興奮程度而言，每一個人都有不同的耐心程度、不同的對獎勵的神經生物學品味、不同的衡量哪一個選項具有最大價值的方式（在哲學家的辭彙中，這是什麼東西最重要的另一種說法）。

這種差異從何而來？受什麼影響？它是純生物性的，是基因決定了中前額葉皮質的興奮程度嗎？抑或它是後天發展出來的，是當事人生命早期的經歷以某種方式影響了大腦那部分的組織？還是它是文化性的，是當事人自學、受教或只是觀察到的東西以某種方式影響了大腦那部分的興奮程度？（就文化對日常經濟行為的影響而言，還有比「別輸給瓊斯那家人」更有說服力的模仿形式嗎？）

沒有人知道這些問題的答案，雖然人的財務偏好可以藉由教育糾正，如格萊齊之前指出的那樣。格萊齊說：「如果你向人解釋，他們可以學會作正確的選擇。」因此，即使在一個運作方式根深柢固的神經系統裡，還是有調整設定的空間。事實上，我與格萊齊討論這問題時，他說華爾街的金融交易員已經開始探索利用冥想優化決策的可能（格萊齊當時說「華爾街真的明白這一點」，但現在看來，在爆發了金融危機之後，華爾街中人或許會發現，冥想對調節負面情緒更有幫助）。

||

此一類型的新研究直接威脅到人們的一些關於智慧由什麼構成的固有觀念——不僅是自由意志，還包括有意識的選擇、直覺的作用，以及思考問題時深入、透澈的專注的價值。大量研究

顯示，我們在意識到自己已經作出決定之前，大腦實際上早已作了決定，而這引出一個令人尷尬的推論：自由意志號稱自由，但或許很大程度上是無意識的。[11]約翰狄倫・海恩斯（John-Dylan Haynes）和他在德國萊比錫普朗克人類認知與腦科學研究所的同事在幾項研究中證明，大腦先作出選擇，然後我們隔了至少十秒才意識到（十秒在神經系統是非常久的時間）。[12]雖然那些選擇相當簡單，但這些研究使深思好過直覺的觀念受到質疑（雖然關於深思對確立主觀價值的作用，這些研究沒說什麼）。

海恩斯認為，好的決定不可能產生於知識真空狀態。他說：「你總是必須對相關領域有所了解。如果沒有相關資訊，你不可能憑直覺作出有用的決定。」[13]但海恩斯也指出，一些研究顯示，面臨涉及大量不確定性的決定或問題時，直覺可能好過深思。「一些研究顯示，如果你是必須就幾個方面的事作決定，有意識的深思是好的，但如果你是必須針對大量細節整合資訊，有意識的深思並不好，此時直覺可以幫你更全面地處理問題。」不過，迄今為止多數實驗是關於不需要動腦筋的簡單選擇（我真不想說出來），所以這種研究仍處於早期階段。海恩斯同意，如果是比較複雜的選擇，例如選擇個人的終身職業，甚至只是買一輛車，則問題未有定論。「我們還需要觀察，」他說。

有些實驗室對買車之類的複雜決定已有研究。荷蘭心理學家雅普・狄克斯特霍伊斯（Ap Dijksterhuis）過去十年藉由一系列的實驗，幾乎是以一己之力推翻了關於深思的傳統觀念，證明了重大決定（例如購屋或買車）最好是交給無意識的思考。這種直觀、非沉思的過程——狄克斯特霍伊斯稱之為「不加注意的深思」（deliberation-without-attention）——幾乎總是帶給以這種方式作決定的人更大的滿足，至少在消費選擇方面是這樣。他在與羅倫・諾德葛倫（Loran Nordgren）

合作的一篇論文中寫道：「人們處理複雜的問題時，往往會進行大量的有意識思考，但他們其實應該作更多無意識的思考。」[14]他認為無意識思考的關鍵就是「不加注意的思考」。[15]

關於決策，向來受重視的另一要素是集中注意力。在他的著作《心理學原理》（*The Principles of Psychology*）中，威廉．詹姆士非常重視注意力，而正如克莉斯汀．羅森（Christine Rosen）在一篇文章中指出，詹姆士認為「穩定的注意力因此是成熟的心智的預設狀態，是一種僅在當事人被擾亂時遭破壞的尋常狀態。」[16]詹姆士自己寫道：「一次又一次地自願喚回渙散的注意力，這種能力正是判斷力、性格和意志的根基。」[17]

但矛盾的是，世上有注意力過度集中這回事，神經科學家稱之為「注意力瞬盲」（attentional blink）。[18]這種神經「抽搐」是這樣的：如果你極度專注於注意特定的細節，或專注於從隨機的資訊中找出特定的細節，你的神經系統會緊緊抓住對那個細節的最初感知，結果是如果那個細節很快再次出現，你往往會看不到。許多實驗記錄了這種被稱為「注意力瞬盲」的現象。

現在一些實驗顯示，最佳注意力是介於高度集中與注意力渙散之間的一種中間狀態。科學家理查．戴維森（Richard Davidson）一直對冥想和它改變大腦功能的潛力很有興趣（我們將在關於憐憫的那一章談到他的更多研究）。二〇〇七年，他的團隊發表了一項不尋常的實驗結果，它顯示冥想可以糾正注意力瞬盲。在這個實驗中，自願受試者花三個月時間學習內觀冥想（Vipassana meditation）。正如一名評論者所說，這種冥想訓練修行者「不作判斷或不動情感地察覺各種刺激。」[19]換句話說，這種冥想就是培養一種超然的注意力。這個設計得當的對照研究顯示，冥想者在標準的注意力瞬盲測試中表現好過另外兩組人，包括一些冥想新手。奇怪的是，冥想看來使人得以不那麼費力地運用一種比較超然的注意力。倘若一如詹姆士所言，注意力對我們發揮判斷力、決定什麼東西重要至關緊要，它在深思中的角色還是比人們普遍所想的複雜得多，並不是注意力越集中越好那麼簡單。

＝

選擇兩個月後領取四十美元而不是現在領取二十美元，這種抉擇或許有智慧的氣息，但這與巴爾特斯和克萊頓等心理學家思考的現實生活中的抉擇有關係嗎？它能帶給我們啟示，幫助我們處理像決定上哪一間大學這種常見的事嗎？

格萊齊認為答案是肯定的，而且他認為這與決定的難度大有關係。例如，倘若你的選項是無名村專科學校和普林斯頓大學，這個決定無疑非常簡單。但如果你的選項是哈佛、耶魯和普林斯頓，你應該如何作出明智的決定？格萊齊說（這只是他的猜測），我們還是使用相同的決策機制，但必須對輸入的知識或資訊做一些編輯。

例如你若是有意成為一名歷史學家，你會偏向蒐集相關資料，而這將幫助你識別這三間大學歷史系的相對優缺點。因此，縮窄──或「編輯」──你的關注範圍，是關於什麼東西重要的一個初步（和有時直觀的）決定，而這幾乎將無可避免地在你作出最終決定之前重新校準價值。這個編輯過程──你可以稱之為價值的神經篩檢──同樣是在決策的上游。因此，知道如何藉由編輯縮窄選擇範圍，似乎對智慧至關重要，即使最終決定還是仰賴大腦中相同的決策機制，也就是那個決定現在就拿二十美元或一段時間之後拿四十美元的機制。「負責困難決定的神經結構是否有所不同？」格萊齊問道。「抑或作決定需要的時間取決於決定的難度，決定越難需要越多時間？機制是一樣的，只是困難的問題需要比較長的時間才可以找到合適的解決方案。」

眼前的選項太多時，我們作出選擇需要的時間會長得多，而不少實驗已經證明，如果未能明智地編輯資訊，我們會是很糟的決策者——而多數人都未能明智地編輯資訊。在一組真的美味的實驗中，哥倫比亞大學的希娜．艾恩嘉（Sheena Iyengar）和史丹佛大學的馬克．萊珀（Mark R. Lepper）製造出一種典型的決策困境，他們要求受試者選擇自己喜歡的果凍味道。如果選項只有六個左右，受試者可以相當快地作出選擇；但如果有二十四種或三十種不同的果凍可以選，他們就需要比較長的時間，而且往往未能作出決定，而即使有決定，也經常表示後悔。[20]

格萊齊認為，這可說是神經系統的一種數學運算，我們賦予一種果凍口味的價值要除以可以選擇的其他口味的數量。如果有很多不同的口味可以選，決策的「分母」就會很大；如此一來，每一種果凍口味在你頭腦裡的相對價值就會變得很小，降至淪為神經噪音的程度。結果是你無法作出決定。格萊齊說：「你為自己排出最重要的果凍特質，藉此編輯資訊，縮窄你的選擇範圍。一旦選項縮減至夠少的程度，你就可以作出選擇。」

潛在選擇太多可能癱瘓認知，這在臨床醫學上其實有驚人的事例。神經學家記錄了巴金森氏症患者一種不尋常的癱瘓狀態，[21]而如果我們以此觀察廣大消費者，或許就能解釋為什麼許多人去購物時會頭昏腦脹。這種癱瘓並不影響肌肉或肢體；它直達大腦，影響我們的選擇能力。其臨床術語是「決策癱瘓」（decision paralysis），而人體實驗已經證明，人遇到問題而眼前有太多可能的解決方案時，就可能陷入決策癱瘓狀態。相關研究非常有趣的一點，是受試者如果起初面對非常有限的選擇，例如只有兩三個選項，他們不難作出決定。但是，如果同樣的兩三個選項與許多可能的選擇混在一起，決策癱瘓就會發生，有些人會無法識別和選擇先前覺得可取的那個選項。由此看來，複雜程度超過某個水準之後，深思不但無益，還可能令人變得虛弱。而且應該指出的是，巴金森氏症的特徵是大腦深處損失分泌多巴胺的神經元。

神經經濟學的罩門，可能是在價值（或偏好）的定義，因為多數古典經濟學家假定個人偏好是不變和正確的。格萊齊說：「決策模組只能在已知相關價值的物件中作出選擇，而當然，決策這件事真正重要的所有活動，就是設定這些價值，然後穩定這些價值或改變它們。」

但是，格萊齊如此溫和的陳述隱藏著異端觀點。新古典經濟學家不認為這些價值應該改變——他們認為應該永遠不變。用較為一般的話語來說，他們不認為我們應該重新評估自己的偏好；這些偏好本質上是我們關於什麼東西重要的後設決定（meta-decisions）。在格萊齊看來，這種編輯過程，也就是根據價值篩選選項，是利用大腦有限的決策能力處理困難抉擇的一種方式。他說：「我認為在這問題上，經濟學家實際上只能這麼想。因為若非如此，你只能接受人的偏好會改變，而這更令人不安，因為這意味著人的渴求是不穩定的。對經濟學家來說，後面這條路是暗無天日的。」他最後諷刺地笑了起來。

‖

正如蒙田所想，我們作出明智的選擇時，會有東西告訴我們。它超越自我滿足，也往往超越當下；我們還可以推測，它會越來越傾向滿足關係目標而不是純經濟目標。一些神經經濟學發現，雖然可能只是初步發現，明確地挑戰了關於什麼是敏銳的洞察力、健全的判斷力和良好決策的「傳統智慧」。

但是，我們不應該忽視越來越多的關於大腦如何運作的證據，也不應該忽視這些知識如何影響我們對本書接下來將視為智慧支柱討論的人類特質的理解，包括耐心、利他精神、道德判斷、注意力集中、情緒平和，以及重視他人的利益甚於自身利益。我們也不應該忘記每一個人對這些新知識的理解，莫不受自身的智力、文化和情感條件影響。這就回到保羅．格萊齊第一次和我交談時承認的那種緊張關係。一如我訪問過的許多其他神經科學家，他在被問到神經科學與智慧的交集時，展現了應有的不自在。但他的不自在是很有啟發性的。

他說：「我身上的經濟學家對這些問題相當不自在。你知道，傅利曼六十年前就告訴我們，個人偏好就是個人偏好，你憑什麼去評斷個人偏好呢？沒有太不耐煩這種事，只是各人展現的耐性不同。我們追求的是每個人的福祉最大化，而我們不應該告訴人們應該偏好哪些東西……當然，這與一些傳統的心理學概念是不同的。高智商的人往往更有耐心。心理學家會說：『嗯，這似乎很有智慧。』但經濟學家會說：『什麼？你憑什麼斷定這群人比那群人更有智慧？兩者都得到自己想要的東西。一個追求即時滿足，一個想要延後的滿足，你憑什麼去評斷兩者的優劣？』」

格萊齊停下來歎了口氣，然後補充道：「所以我發現我在這問題上與自己交戰。尤其是因為我顯然擅長延後滿足，否則我不會是成功的科學家。但我也聽到傅利曼對我咆哮，而我認為他某程度上是對的，因為他的話帶有很好的自由意志、相對主義氣息。」

如果實踐自身偏好——直接講就是知道自己確切想要什麼並且得到它——是最重要的價值，那麼這個神經經濟學版本的經濟人（*homo economicus*）概念確實與一些經典的智慧定義有驚人相似之處：他無疑正過著可能實現的最好生活，他的選擇是對自己最有利的，因此他很可能是幸福的。但矛盾的是，在關於判斷的這一章，我們很難不注意到，許多經濟學家對評斷人類的行為非常不自在；他們不像蘇格拉底的程度和你差不多。

格萊齊承認：「作為一名經濟學家，我真的非常不想根據人們的偏好去評比他們。我覺得這是不對的。作為一名經濟學家，我唯一可以真正問心無愧去做的，是根據人們的內在一致性去評比他們。試想這問題：有個人內在一致但沒有耐心，另一個人非常不一致但有耐心，哪一個比較有智慧？我必須說沒耐心那一個比較有智慧，因為他在自身福祉最大化這件事上實際做得更好；因為他可以保持選擇的一致性，他更能得到自己想要的。」

因此，智慧至少有一個現代神經科學版本：藉由一致的選擇，得到自己想要的東西。這當然與一些關於美好和明智生活的傳統觀念契合，而且有大量關於我們的決策受什麼引導的資料支持它。但是，這似乎不像卡爾・雅斯培眼中的蘇格拉底、孔子或佛陀那樣無私或「典範」。正如著名認知心理學家佩姬・李（Peggy Lee）問道：「只有這樣而已嗎？」（Is that all there is?）〔譯註：佩姬・李是美國著名爵士樂歌手，〈只有這樣而已嗎？〉是她的一首名曲。〕

這種基本的神經機制留給我們一個真的需要智慧去理解的矛盾。正如雷德・蒙泰格在一篇關於自由意志的文章中指出，「經歷生物演化過程的生物面對的選擇問題正是一種經濟問題」，其決定是基於比較生物**感知**的可能選項的價值。[22] 甚至經濟學家也承認，那種像計算機那樣高效地將自身利益最大化的人——著名的經濟人——是幸福的，但也必然是自私的。那麼，如果我們對幸福的自私追求與其他人的目標發生衝突（這是常有的事），將會如何？智慧正是在這裡進入**社會**神經科學的領域，雖然它仍植根於生物學。

# 第6章 道德推理——判斷是非的生物學

我們談論激情與理性的鬥爭時，說得並不嚴格也不哲學。理性是——而且只應該是——激情的奴隸，除了服侍和服從激情，永遠不能假裝有任何其他任務。

——大衛．休謨，《人性論》（*A Treatise of Human Nature*）

當年編纂《舊約》的匿名抄寫人相當機靈，很快就談到罪的問題。在《創世記》第三章，上帝在地球仍然純淨的土地上劃了一條凡人不得逾越的道德線，而當然，人類始祖眨眨眼並環顧四周之後，人類行為史上幾乎第一件事就是違背上帝的命令。夏娃和亞當吃了禁果之後，「兩人的眼睛就開了，知道自己是赤身露體的。」[1]他們於是用無花果樹的葉子為自己編製裙子，這就是人類的第一次掩飾。

上帝很快就猜到他們感到羞恥的原因，因此怒喝：「我吩咐你們不要吃那樹上的果子，你們吃了嗎？」[2]亞當和夏娃代表我們所有人承認了人類的原罪（但沒有真正得到我們的同意），接受被逐出伊甸園的命運。而且就像一種有害的突變進入了始於伊甸園以東的人類道德種系，我們所有人據說從此繼承了羞恥感（這說法在心理學上是可疑的，甚至在宗教上也是可疑的），進而對是非對錯的差別有了直觀的認識（令人驚訝的是，越來越多生物學研究結果支持這一點）。《創世記》的作者把誘惑放在一種舌頭分叉的生物嘴裡，但蛇的話——「你們將像神那樣知道善惡」[3]——或許也可以視為一份既苦又甜的禮物；根據聖經學者的說法，「蛇在古代世界是智慧、生殖力和不朽的象徵。」[4]

宗教信仰不虔敬的世俗主義者可能從這個基礎神話中看到兩個關於智慧的可謂冷門的教訓。夏娃先咬禁果可能意味著自遠古以來，在利用「開眼」的直覺能力識別人性陰暗傾向這件事上，女性總是領先男性一步。如果被逐出伊甸園是更敏銳地洞察人類行為的變幻莫測必須付出的代價，那麼長遠而言，這對人類或許不是壞事。如此說來，放逐也標誌著《聖經》中人類智慧的起源，雖然那是痛苦和矛盾的。當然，較為傳統的解釋是伊甸園裡的罪過賦予了人類一種道德判斷（和道德自我感知）的原始概念，而它使多個世紀關於是非對錯的宗教文化薰陶變得正當；伊甸園事跡至少早在公元前六世紀就有記載，[5] 同樣是在軸心時代開始後不久。

但是，這個豐富、深刻、有意義的道德框架，如今因為僅僅二十年的神經科學研究而岌岌可危，整輛伊甸園蘋果車可能因此被推翻。如果對所有哲學流派和主要宗教都至為重要的道德判斷，並不是我們一直被引導去相信的那種有意識、深思熟慮和理性的是非辨識，而是一種隱蔽的生物性判斷，由隱藏的情感源泉推動，被噁心之類的外來感覺調皮地挑逗和動搖，實際上超出我們通常視為良心的範圍，那將如何？如果柏拉圖、蘇格拉底和亞里斯多德不過是一些二流、狡詐的事後合理化者，那將如何？如果每次我們嘗試確定什麼是該做的「正確」或「好」的事時，我們只是像狗一樣對實際上無聲的情緒腦的哨聲作出反應，那將如何？這就是當今道德哲學的發展方向，而推動其發展的是穿上了實驗室外套的新一代哲學家和社會心理學家。

在神經科學出現前，在康德和休謨之類的道德哲學家出現前，甚至在《新約》和古老的耶和華傳統出現前，歷史上影響力最大的幾個思想體系就已經極其重視善，也就是重視做對的事。儒家認為思想和行動應以仁為首要原則；孔子說過：「見義不為，無勇也。」[6] 佛陀敦促世人「立志行善」，並告訴世人「一再行善會滿心歡喜。」[7] 亞里斯多德關於智慧的整個論述，是以在私人和公共生活中明辨是非為基礎。他寫道：「不行善就不可能真的有智慧。」[8]

但在哲學家和神學家這些冠冕堂皇的言詞之外，神經科學家近年另闢蹊徑研究，開始發現人如何判斷對錯和作明辨是非的決定，也可以從大腦的活動中窺見。在某種意義上，亞當和夏娃離開伊甸園所開闢的羞恥之路，以一種曲折的方式通向大腦中離散的神經區域，例如前扣帶迴皮質、腦島和前額葉皮質。我們思考怎麼做才正確或道德時，大腦的這些結構會活躍起來。

這種研究可能影響的並非只是文化和宗教對是非的「監護權」，還攸關道德推理。這個新領域的其中一名主要研究者、哈佛大學生物學家馬克．豪瑟（Marc Hauser）在他的著作《道德心靈》（*Moral Minds*）中寫道：「道德判斷由一個無意識的過程調節，主導判斷的是一種隱蔽的道德語法（moral grammar），它會評估我們自己和他人行為的原因與後果。」[9] 他接著指出，這種道德語法是與生俱來的，在我們的大腦中根深柢固，深深嵌入情感迴路裡；[10] 豪瑟因此說：「我們的道德本能不受宗教或政府傳達的明確戒律影響。我們的道德直覺有時符合社會文化主張的原則，有時會有分歧。」[11]

換句話說，如果人類遵守「不可殺人」的戒律，主要是因為生物的直覺而不是《聖經》的訓誡。有意識的思考不過是噴在一大勺情感本能上面的一點理性奶油泡沫（我們以為分辨對錯是靠有意識的思考，但這只是令我們感覺良好的一種幻覺）。

一旦我們開始視道德哲學為一種生物特徵，就不可能避免將這種激進想法牽涉到的意義延伸到史前時期，實際上就是深入演化史。正如古人類學家讓—雅克．胡布林（Jean-Jacques Hublin）所言，我們這個物種演化過程中的一個關鍵事件，是社會秩序出現，確立群體規範和「懲罰作弊者」。[12]我們將在後面討論利他精神（與道德推理有關的智慧不可或缺的一部分）的一章談到懲罰，這裡要思考的問題是：我們如何辨別對與錯？我們如何知道道德與不道德行為的差別？這種最基本的人類識別力關乎我們作為個體是什麼人，我們作為群體又是什麼人，以及我們的社會重視什麼，但近年的研究結果顯示，這種識別力基本上是無意識的，而且具有深刻的生物性，我們該如何調解此中矛盾？

這是一個永恆的哲學爭論話題，但它已經開始引起生物學家的注意。[13]因此，我們且將爭論導向另一個方向，導向大腦，而進入大腦的最快途徑之一是經由口和鼻。

---

達爾文的晚期著作《人與動物的表情》（*The Expression of the Emotions in Man and Animals*）詳細記錄人類與許多其他靈長類動物共有的情感姿態，他在書中寫道：「因為噁心的感覺主要是與進食和嚐味有關，其表達自然主要是在嘴部周遭的動作。但因為噁心也會導致氣惱，其表情通常包括皺眉，往往還會有一些動作，像是要推開或防備令人噁心的東西。」[14]這是達爾文輕鬆展現其淵博生物學知識的典型表現，而他在這裡暗示了一個驚人的想法：噁心的東西（例如腐爛的魚散發的氣味）引起的面部扭曲，很可能是作為對有毒或「壞」食物的反應演化而來的，而它後來被借

用來表達我們對墮落者或噁心行為的內心感受。超過一個世紀之後，《科學》期刊報導的一項神經科學實驗恰恰說明了這一點（附帶評論的標題——「從口到道德」〔From Oral to Moral〕——說明了一切）。[15]

但是，連達爾文也未能在這問題上連起各個點，真正融會貫通。他在《人類的由來》（*The Descent of Man*）中正確地指出：「在人與較低等動物的所有差異中，道德感或良心遠比所有其他差異重要。」[16]但他接著提出這種重要差別：「人類最高貴的特質使他毫不猶豫地為了其他人的性命而冒生命危險，或是經過深思熟慮之後，只是因為受自己對正義或責任的深切感受驅使，就為某種偉大的理想犧牲自己的生命。」[17]在這裡，我們或許只能贊同達爾文的部分觀點。「毫不猶豫」看來正確描述了道德直覺的運作速度，但道德判斷「經過深思熟慮」則相當可疑，而道德感有多「高貴」也是可疑的。

維吉尼亞大學心理學家強納森．海德特將達爾文的點連起來，貫通高尚的「道德感」與導致面部扭曲的感受如噁心，質疑我們關於道德判斷的許多令自己感覺良好的想法（包括道德判斷之高尚、精明，以及嚴肅的深思熟慮），為他自己開創了相當好的小事業。在二〇〇一年發表的題為「感性的狗與牠的理性尾巴」（The Emotional Dog and Its Rational Tail）的著名文章中，海德特認為道德判斷來自情緒腦中的「道德直觀」（ethical intuitionism），而不是理性的「道德推理」。[18]他寫道：「道德直覺是一種認知，但不是一種推理。」[19]

在多年前一個立即成為經典（而且深具顛覆性）的實驗中，海德特及其同事要求受試者對一些假想情境的道德反感程度評分，那些情境可以是某個朋友在求職履歷上提供假資料，或飛機失事的倖存者考慮是否吃掉一個受傷的孩子。[20]但這個實驗暗藏玄機：一些受試者填寫問卷的房間裡放置了內有惡臭垃圾的垃圾桶，另一些受試者則是對著黏稠、有汙跡的桌子填寫問卷。相對於在乾淨、無臭味的環境裡填問卷的受試者，這些令人厭惡但與道德無關的環境線索顯然激起受試者更強烈的道德義憤。除了暗示空氣清新劑可能有助於冷靜的道德判斷之外，這種實驗結果意味著什麼？

海德特及其同事塔莉亞．魏特利（Thalia Wheatley）此前的一項實驗則證明，道德判斷甚至可以被關於噁心的催眠暗示影響[21]：受試者被催眠，學會將一個中性的詞——例如經常（often）或拿（take）——與噁心聯繫起來。後來這些詞在引發道德問題的小插曲中出現時，這些受試者同樣展現出比較強烈的道德義憤。在海德特看來，噁心之類的感覺並非只是左右道德判斷的傾向，而是根本決定道德決策的尾巴如何搖擺。

事實上，噁心感可能主導整個過程。在海德特的另一個實驗中，[22]受試者回應以下的亂倫情境：一對兄妹夏天結伴在歐洲旅行，兩人某天晚上決定發生性關係。妹妹當時處於持續服用避孕藥的狀態，哥哥則有使用安全套。他們都表示享受這次性愛，但同意以後不再做這種事，並且決定保守祕密。實驗受試者被問到：在這種情況下，亂倫是不是道德上可接受的事？多數人表示對此反感，但無法說出一個好理由——那對兄妹不可能因此生下孩子（因為他們有效地避孕），不可能造成情感傷害（因為兩人事後都覺得彼此變得更親近），也不可能樹立不好的社群標準（因為他們保守祕密）。受試者就只是產生一種說不清楚的感覺，覺得那件事根本是不對的。海德特認為這是一種事後的道德合理化，與真正的道德推理不同。

在此我們且短暫但明確地回到有關智慧的問題上：芝加哥大學的道德哲學家利昂．卡斯（Leon Kass）最為人所知的，是寫了〈反感的智慧〉（The Wisdom of Repugnance）這篇文章，這幾乎不可能是巧合。[23]在這篇文章中，卡斯認為身體的嫌惡和噁心感是身體（和心靈）告訴當事人某種行為（卡斯的主要例子是複製人類）犯了道德錯誤的方式。（卡斯在《飢餓的靈魂》〔*The Hungry Soul*〕中以優美的文字細述我們所吃的食物的哲學、心理學和道德價值，或許也不是巧合。）

噁心、反感和腐爛的魚，它們像是通往智慧的道路非常不可靠的起點，就像偉大的朝聖啟蒙之旅以垃圾場為起點那樣。但近年來，心理學家如海德特和豪瑟，法律學者如喬治城大學的約翰．米蓋爾（John Mikhail），前經濟學家如哈佛大學的約書亞．格林，以及道德哲學家如卡斯，一直在感覺的泥沼裡打滾，思考本能直覺可以如何提供有用的資訊，幫助我們作決定、作道德判斷以至運用智慧（但最後一項通常是未闡明的）。卡斯和其他「義務論」道德哲學家認為，反感之類的情緒其實是很好的老師和嚮導，在無意識但有感覺的層面告訴我們什麼是對的和什麼是錯的。我們的本能直覺是我們內在的尤達大師透過我們的身體釋出的訊息。正如卡斯寫道：「反感可能是唯一挺身捍衛人性核心的聲音。淺薄的是那些已經忘記如何戰慄的靈魂。」[24]

但是，那種令人戰慄的道德反感膽汁流經動物神經管道的一個古老位置，甚至噁心感也像蛇那樣用分叉的舌頭說話。大腦掃描實驗顯示，察覺道德衝突的功能和道德抉擇的機制是嵌入人類大腦結構的東西（這絕不是確定的結論，但它非常刺激思考）。根據最簡化的解釋，這些實驗顯示，道德上的反感和噁心實際上是將情感厚厚地塗抹在清晰的思考上。事實上，非常聰明的一系列實驗已經精確地揭露了我們如何容許情感引導我們的道德判斷（有時是睿智的，有時是無理性的），然後如何在事後精心創作敘事，以便那些判斷顯得合理。心理學家史帝芬．品克（Steven Pinker）駁斥「反感的智慧」時指出：「我們當然有很好的理由去管制複製人類這件事，但戰慄測試不是一個好理由。」[25]

這一切與日常智慧有什麼關係？在她最後發表的相關論文中，薇薇安・克萊頓對知識與智慧作了重要的區分。她寫道，知識告訴你怎麼做某件事，智慧則告訴你是否應該做這件事。「應該」（should）這個詞就像一座橋梁（在這裡或許也可以說像一個大腦），必須被設計成能夠承受很大的重量，同時具有足夠的彈性，以便在受到不尋常的壓力衝擊時能夠保持結構完整。並不令人驚訝的是，幾個世紀以來，道德行為的「應該」或「應當」（ought）問題引起大量的哲學關注。蘇格蘭哲學家大衛・休謨（有時像是一棵抵抗啟蒙之風的孤獨粗壯的大樹）或許最好地說明了情感在道德判斷中的作用：我們之所以作出我們所作的道德判斷，是因為這些判斷受情感影響。他的以下說法非常有名：「道德激發激情，引起或阻止行動。理性本身在這方面是完全無能的。道德規則因此不是我們的理性產生的結論。」[26]

哲學家傳統上將這種衝突視為心與腦、情感與理性之間的對抗。但我們現在已經來到這樣一個地步，就是至少就情感的剖析而言，兩者已經開始結合：「是」（is）正與「應該」或「應當」融合，知識正與情感融合，道德直覺正與道德判斷融合。《自然神經科學評論》（*Nature Reviews: Neuroscience*）一篇論文的標題就寫得直截了當：「從神經的『是』到道德的『應當』：神經科學上的道德心理學有何道德意涵？」（From Neural 'Is' to Moral 'Ought': What Are the Moral Implications of Neuroscientific Moral Psychology?）[27]學者可以提出這個問題反映了現代科學的大膽；這個問題在不太遙遠的未來或許會有答案，則可能改變我們對道德智慧的一些基本假設。

人類的大腦是如何處理道德難題並告訴我們應該怎麼做的？近年關於我們如何得出「應該的」道德行為的一些最有趣的研究，是約書亞．格林帶頭做的，他原本想成為一名傳統的經濟學家，但多年前轉換跑道去研究人類行為比較混亂和不理性的那一面，從此不曾回頭。

格林一九九二年在賓州大學開始他的本科學習，當時是唸商科。[28]但他一再走上意想不到的岔路，因為早年接觸實驗心理學而受誘惑。事實上，一年之內，他就已經換了大學（從賓州大學轉到哈佛）和主修（從商業變成哲學）。他在暑假期間與諾貝爾經濟學獎得主阿馬蒂亞．沈恩（Amartya Sen）一起做獨立的心理學研究，對強納森．海德特的研究非常著迷，寫了一篇關於道德判斷可能如何受心理因素影響的本科生論文。他成為普林斯頓的研究生時，已經穩穩踏入道德哲學的領域；他獲得哲學博士學位時，已經成為一名認知神經科學家。

當時他寫道：「我認為科學是提供對人類道德的『幕後』觀察。正如基於扎實研究寫成的傳記，視其揭露的內容而定，可以提高或降低人們對傳主的尊重，對人類道德的科學研究可以幫助我們認識人類的道德本質，進而改變我們對它的看法。」[29]

格林當年在普林斯頓心理學系所在的格林大樓（Green Hall）閒逛時，想到一個大腦掃描實驗構想，結果這種實驗至今仍在道德哲學界引起騷動和爭論。在此且賣個關子，但可以先告訴大家，實驗結果和結論寫進了格林的博士論文（他正在把它改寫成一本書），而論文的標題就是「關於道德的可怕、恐怖、不好和非常糟糕的真相及其應對方法」（The Terrible, Horrible, No Good, Very Bad Truth About Morality and What to Do About It）。[30]

通往這種可怕真相的路根本不是路，而是利用一種比較古老的交通工具（有軌電車），帶我們陷入大量的後現代潛意識困擾。「電車難題」（Trolley Problem）如今已成為神經科學論述及其流行敘事幾乎必談的一個話題，以致我們或許可以說，它已經開始出現金屬疲勞和精神疲勞問題。但是，這個迷人的思想實驗——最初是朱迪思．賈維斯．湯姆森（Judith Jarvis Thomson）和菲利帕．福特（Philippa Foot）這兩位女性道德哲學家在一九八〇年代提出來探究道德判斷的本質——代表了一種巧妙設計的實驗情境的範例，可以揭露道德腦（moral brain）的內部運作方式，結果讓人吃驚。[31]

在一九八〇年代，道德哲學家提出一種假想情境，要求實驗受試者從兩種令人不快的行動中作出選擇，希望藉此了解人類如何作出道德決定。在這個著名的「電車難題」中，一輛失控的有軌電車即將撞死五個人。唯一能做的是扳動轉轍器，使電車轉到另一條軌道上，但這樣它將撞死一個人。如果你面臨這個決定，你是什麼都不做（任由電車撞死五個人），還是將電車轉到另一條軌道上（你知道這一定會撞死一個人，但可以救另外五個人）？道德哲學家和面對這難題的實驗受試者的普遍共識是：將電車轉到另一條軌道上，藉此盡可能減少人命損失，是一個在道德上站得住腳的決定。[32]事實上，豪瑟及其哈佛同事菲利．庫許曼（Fiery Cushman）在網路進行的一系列電車難題實驗版本中，向數百名受試者提出這個問題，結果是百分之七十五至九十的回應者認為在那種情況下，轉換軌道（並撞死一個人）在道德上是合理的。[33]

到這裡都沒什麼問題。但只要研究人員稍微改變情境設定，道德難題就會出現。一如先前的例子，失控的電車即將撞死五個人。但這一次你剛好站在電車軌道上方的人行橋上，身邊是個「大塊頭」（學術論文中的禮貌描述）的陌生人，而失控的電車正朝著那五個人疾馳。[34]你被告知，救那五個人的唯一辦法是把這個胖子從橋上推到電車軌道上，使電車脫軌。道德上的計算是一樣的：死一個人，救另外五個人。但是，在這種情況下，多數人都說把胖子推下橋在道德上是站不住腳的。

作為一名道德哲學家，格林很想知道，那些在某種情況下願意殺一人救五人，但在稍微不同的情況下不願意這麼做的人，大腦裡發生了什麼事。事實上，他想知道這些人在思考這個著名的道德難題時，大腦的即時狀態是怎樣的。因此，他與普林斯頓大學的幾名同事利用電車難題及其天橋變奏作為「探針」，為受試者的大腦即時做 fMRI 掃描。

他們發現，這種道德決定會激起大腦中情感與認知部分的顯著衝突。[35] 尤其是當一個人面對要將另一個人推下橋的抉擇（即格林所講的一種「切身和個人的」違反合宜道德行為的事），[36] 其大腦的核心情感區域會特別活躍；那些最終選擇咬著牙作出艱難決定的人，需要更多時間才可以作出決定，就像是大腦的認知、「理性」部分需要較長的時間才能壓倒大腦的情感部分似的。

格林認為，如果你接受效益主義觀念，認同犧牲一個人的生命以拯救五個人在道德上是可接受的，那麼情感就可能引導你作出不理性的決定，例如犧牲五個人的生命以拯救一個人——無論這個決定「感覺」多麼正確或美好，它都是不理性的。格林及其同事二〇〇一年在《科學》期刊上發表了這些初步結果。雖然這篇論文在專業圈子以外沒有引起很多注意（也許是因為它是在九一一事件之後三天發表的），但它在道德哲學界引起相當大的轟動。正如克瓦米·安東尼·阿皮亞（Kwame Anthony Appiah）風趣地指出：「關於這些案例的哲學評論使《塔木德》看起來像《克里夫筆記》，分量多到足以把任何失控的電車煞停在軌道上。」[37]〔譯註：《塔木德》是猶太教重要文獻，記錄了該教的律法、條例和傳統；《克里夫筆記》是針對學生製作的一系列文學名著參考資料，有人批評它們使學生得以逃避閱讀原著。〕

在討論這些研究關聯到的意義前，我覺得必須先提醒大家一些事，因為我們在報紙或網路上常看到的這類刺激思考的 fMRI 的發現，很多不可避免地落入簡化的敘述，往往沒有提到一些必須注意的事。首先，最初的研究規模很小，二〇〇一年《科學》期刊那篇論文討論的研究只有九名受試者（二〇〇四年《神經元》期刊的後續論文則報告了四十一個人的數據）。可能更重要的一個缺點（與其他和智慧有關的 fMRI 發現令人擔心之處也有關係），就是所有受試者都是大學本科生。他們或許僅代表道德上稚嫩的一小群人，特別是因為我們在其他研究中看到，一些 fMRI 研究顯示，年輕人與老年人在資訊的情感處理上有顯著的差異。[38]

最後，我們也有理由懷疑，實驗受試者被要求做這些事時，可能至少會有一點認知失調，也就是對非常人工、可能脫離現實的情境設定產生一種常識性懷疑。誰能絕對確定電車軌道上的五個人必死無疑？難道他們全都不會聽到失控的電車向他們衝過來，然後及時跳開？一個身材高大或超重，或甚至《金氏世界紀錄》級別的胖子，如果被推下天橋，真的能使電車脫軌或停下來嗎？甚至你怎麼知道這樣一個人會落在車軌上？我只有一百六十八公分高，是個不鍛鍊身體的懶人，對自己的沙發馬鈴薯狀態很認命。我有可能推得動一個三百磅重的人嗎，何況他應該是處於一種戒備狀態，很可能會激烈反抗？我很可能連把這樣一個人推下腳凳都辦不到，更不要說推下天橋了。即使我做得到，我真的可以看準時機，在電光石火間剛好推下一個人去阻止更大的災難嗎，還是我可能算錯時間，無意中導致六個人死亡？萬一在我推他下天橋時，胖子一怒之下抓住我的腳踝（「抓到你了，你這個混蛋！」），使我與失控的電車來個「切身和個人的」接觸，導致七個人死亡呢？我十二歲的女兒在看《科學》期刊上關於電車難題的漫畫時就說：「這太蠢了。為什麼沒有人想到要大聲吼叫？」

這些質疑或許看似微不足道，但它們恰恰暗示了各種混亂的變數；實驗者，有時還有哲學家，必須消除這些變數以便實驗室實驗或思想實驗保持乾淨俐落，雖然我們多數人會承認，現實生活是骯髒的、開放式的、錯綜複雜的，幾乎沒有乾淨俐落的時候。如果那是哲學軌道另一邊的生活，那也是我們多數人生活的地方，也是我們比較有可能找到智慧的地方。這一切意味著我們必須記住，這些發現雖然引人入勝，但都是在非常人工的實驗情境下產生的，未能——也永遠不能——**完全**捕捉到現實生活中道德困境的複雜性和矛盾性。

話雖如此，這些實驗有重要意義，向我們釋出一個關於人類思考和道德判斷方式的令人不安的訊息：情感顯然是智慧的一個重要成分，既可以幫助我們作出正確的道德判斷，也可能**扭曲**我們的道德判斷。正如格林已經在許多文章中指出（包括二〇〇九年一篇題為「康德靈魂的祕密玩笑」的既機智又刺激思考的文章），[39]過去兩百年間，西方道德哲學界對人類如何決定「正確的」行動（無論如何定義智慧，這都一定是智慧的一個核心要素）有激烈的辯論。一方是效益主義者，代表人物包括十八世紀的邊沁（Jeremy Bentham）和彌爾（John Stuart Mill）以及我們這個時代的澳洲哲學家彼得・辛格（Peter Singer），他們認為道德判斷促進（或應該促進）最多數人的最大幸福（我們將在討論智慧和政治領導時再談這一點）。[40]

另一方是所謂的義務論者，他們認為個人的權利與義務（包括天橋上那個胖子的生命權），在道德上優先於侵犯這些權利可能帶來的任何更大的利益。[41]康德的奠基著作《純粹理性批判》指出，這些判斷是經由徹底和極其深入的思考和研究得出的——簡而言之，是人類理性思考最高水準的發揮。[42]

但也可能不是這樣。格林及其同事二〇〇四年寫道：「我們認為，道德哲學中效益主義與義務論觀點之間的緊張關係，反映了源自人類大腦結構的一種更根本的緊張關係。」[43]藉由將這場鬥爭帶到大腦（從而進入生物學領域），格林還指出，我們的道德思維裡有一種演化上相對原始的成分。他認為，對令人不快的道德選擇（例如把胖子推下天橋）的直覺情感反應，反映了我們從靈長類和史前祖先那裡繼承過來的情感反應，在這點上，每一個社會難題都是「切身和個人的」。

在早期那種社會和環境脈絡下，這種情感決定很可能帶給人類一種生存優勢。格林及其同事寫道：「相對之下，效益主義特有的那種『道德計算』，是靠較晚演化出來的支持抽象思考和高級認知控制的大腦額葉結構實現的。」換句話說，格林推測，人類大腦中比較新的理性部分必須凌駕大腦的情感部分有時矛盾的道德評估，以便作出那種追求最多數人最大幸福的抽象決定。因此，在格林的實驗中，決定把胖子推下天橋的人需要較長的時間來作出決定（換句話說，他們「思考」或研究的時間比較長），而且他們大腦中通常發揮認知控制作用的部分比較活躍。

這個見解就像一顆手榴彈扔進了哲學、心理學、神學和智慧領域，也遇到一些道德哲學家的反駁。例如阿皮亞就指出，電車難題是一種人為設定的「道德緊急情況」，決策時間非常有限，行動選擇簡單，事關重大道德後果，而受試者具有獨特的條件介入。[44]阿皮亞表示，這四個特點「加起來，使這種情況與我們面臨的多數決定非常不同。」此外，他認為推胖子下天橋這個想法使人猶豫，是令人欣慰的事。他寫道：「保持對『切身和個人的』殺人行為的強烈反感，是確保我們不會在符合自身利益的情況下輕易被誘惑去殺人的一種方式。因此，殺人這念頭使我們的大腦十分緊張，或許是我們應該高興的事。」[45]

另一方面，格林的實驗使「反感的智慧」顯得不是特別明智（雖然它仍是一種事後合理化的絕技，也就是將人類大腦最古老部分產生的情感建議合理化，就算那可能根本是不好的建議）。如果格林及其實驗哲學同行者是對的，人類思想史上就有一種非常有趣的諷刺。格林寫道，從近年的fMRI研究結果看來，康德這個典型的理性主義者，「從心理學上講，不是立基於純粹的實踐理性原則，而是立基於事後被合理化的一系列情感反應。」[46]

這種過程如何以機械的神經科學方式發生？在格林的實驗中，受試者面對原始電車難題（格林認為這是一種**非切身**的道德困境）時，大腦的認知區域特別活躍，例如背外側前額葉皮質；簡而言之，這似乎是大腦在效益主義的深思中發揮作用的區域。但在電車難題的天橋變奏中，道德困境變得「切身」，受試者被迫考慮推一個人下天橋去擋住衝過來的電車，此時他們的大腦特別活躍的部分是負責處理情緒衝突和社會認知的部分，包括中前額葉皮質、後扣帶迴／楔前葉，以及顳上溝／顳頂葉交界區。

對多數外行人來說，這些都是發展中的道德思維地圖上的無意義公國，而這種想法是有道理的，因為在這個相關研究的早期階段，這個道德領域的邊界、界線和區域間的往來互動仍是很不清楚的。但在另一個層面上，我們顫抖的手上可能拿著一張失焦但令人讚歎的道德思維動態快照。

||

因為這是尚未發展成熟的尖端科學，道德判斷的神經地圖難免富爭議。[47]

南加州大學的安東尼奧・達馬西奧歷來利用人類大腦損傷這種「黑暗禮物」研究人類的行為，因此得出卓越的見解。他發現大腦腹內側前額葉皮質受損的人往往展現異常的道德判斷；[48] 事實上，他們往往展現病態的效益主義傾向，在通常會引發情感衝突和情感處理的情況下作出冷漠的道德判斷。巴西神經科學家豪爾赫・莫爾（Jorge Moll）及其同事發表的研究結果，同樣指出腹內側前額葉皮質的「道德」活動；莫爾認為大腦這個區域與格林發現的區域不同，它對具有特定社會道德內容的道德難題——一些同時涉及內疚和憐憫的困境——作出反應。在發表於《科學》期刊的一項研究中，伊利諾大學和加州理工學院的研究人員證明了這個現象：大腦努力評估一種情況的道德公正程度，但隨後將評估結果傳遞給大腦的另一個部分，這個部分似乎專門負責作出最有效的選擇。[49]關於這些研究最重要的一點，可能是它們全都發表於過去幾年，而這清楚告訴我們，這是個非常開放、喧鬧和未有定論的神經科學領域。達特茅斯學院的道德哲學家華特・西諾阿姆斯壯（Walter Sinnott-Armstrong）認為這些爭論至少需要十年時間才能塵埃落定，而他已經看到證據顯示不會有一個負責道德判斷的萬能大腦迴路。[50]他說：「過去幾年裡，新的論文區分了道德判斷的不同方面涉及的不同迴路。從當前趨勢看來，不同的道德判斷是由大腦不同的部分處理。這對智慧有重要意義，因為古希臘傳統聲稱所有美德是統一的，也就是你不可能只具有一種美德而不同時具有所有其他美德。但從近年的研究看來，人可以具有道德智慧的某些部分而不同時具有道德智慧的其他部分。」此外，所有這些「道德不統一」存在於我們基於道德感受而可能作出的任何決定和行動的上游。西諾阿姆斯壯說：「這些科學研究全都不是著眼於作決定的機制，而是著眼於道德**判斷**。」

傑叟羅圖樂團（Jethro Tull）一首老歌說，沒有人想成為一個胖子，但我們不願意推胖子去撞電車，可能確實是有道理的。哈斯汀中心（Hastings Center）主席、生命倫理學家湯瑪斯・莫瑞（Thomas H. Murray）指出，如果重視眼前的一條生命甚於遠方的五條生命是反映我們曾與人建立的「特殊」情感關係，例如親戚、孩子、親近的朋友、某種特殊的社會聯繫，那麼這確實可視為完全理性的選擇。[51]或許我們的大腦生來就是懂得在我們面對影響整個群體順暢運作的抽象道德或社會難題時計算效益價值，同時保留了在問題涉及特殊情感考量時，例如涉及親屬或「特別的」

人時，訴諸較為原始的情感道德判斷的能力。莫瑞說：「道德上而言，我們擁有的關係是巨大責任的來源，但也是我們茁壯發展的源泉。特殊關係不是偶然的，而是作為一個人、一個道德的人、一個茁壯的人的基本要素。」

在我看來，這種對道德判斷的氣壓式解讀，以及它的社會敏感壓力波動，似乎符合智慧的要求。事實上，這兩種道德衝動之間的搖擺，是依現實世界的社會狀況和脈絡而定，會需要重大道德問題所要求的那種判斷上的角力，以及明智的頭腦總是懂得隨之調適的脈絡彈性。值得注意的是，約書亞·格林並沒有主張情感在健全的道德決定中沒有作用。他其實認為關鍵在於知道何時信任基於情感的判斷、何時拋棄它，而這與較為傳統的智慧觀念完全一致。如他指出，在我們演化的相對早期階段，無疑會有一些「切身和個人的」情況，是我們要靠瞬間的情感判斷來保住生命的。[52] 這部分牢牢嵌入我們的生存迴路裡。

如果說道德判斷和隨之而來的智慧不過是若干深奧的大腦迴路的運作結果，我們可能會覺得這是奇怪和沒有人性的。用一個如今似乎不幸地背負著特殊的文化和意識形態包袱的詞來說，以這樣一種懦弱生物性的、神經上詭祕的、有時真的不假思索的方式來決定對錯，似乎沒有什麼**尊嚴**可言。強納森·海德特經常使用大象的比喻來說明情感在人類認知和道德判斷中的作用——情感像一頭長滿粗毛、我們基本上無法控制的巨象，我們在牠隆隆前進時緊緊抓住它。[53] 按照這個比喻，我們不是道德判斷的行為者，而只是這頭強大巨獸的乘客，跟著牠衝過道德困境的叢林，而我們的推理真的就是事後的想法。海德特說：「有人聲稱情感扭曲判斷？嗯，那你看推理。我們在這方面很**糟糕**。」[54]

但格林對兩者的平衡比較樂觀。在某種程度上，我們大腦的理性部分也一定會發揮作用，因為我們有能力作道德判斷和效益思考，也有能力超越純粹的情感自利作出利他行為。正如在情感反應中建立自動性具有生物性意義（例如對蛇的恐懼顯然有助提高生存能力，恐懼會說話和誘惑人的蛇就更不用說了），利用較晚出現的特質如真正的道德推理和智慧來緩和情緒也是有意義的，尤其在自動的情緒反應——憤怒、厭惡、道德義憤——有明顯的社會後果時。對情感這頭野獸施加認知控制並不容易，事實上經常失敗，但研究者目前勾勒出來的神經管道至少容許高階、由上而下、深思熟慮的輸入發揮作用，而非只能任由由下而上、隆隆前進的情感大象橫衝直撞。

因此，就道德判斷而言，智慧的作用或許有如一種「象語者」（elephant whisperer），小撮小撮地配給理性，藉以安撫、輕推或甚至駕馭我們內在的那頭厚皮動物，使我們最好的道德本能得以浮現。孔子一直明白，沒有智和勇，就不可能有仁。從新興的道德抉擇生物學看來，我們必須召喚足夠的智慧來明辨情感扭曲道德判斷的情況，並且召喚足夠的勇氣和力量來轉動激情的羅盤針，使它指向比較崇高和有意義的宏大目標。這個任務極其艱難，而光是這一點或許就足以解釋為什麼許多人發現，哪怕只是要有一點智慧也是如此困難。

# 第7章 憐憫——慈愛與同理心的生物學

年輕時，我仰慕聰明人。現在老了，我仰慕厚道的人。

——亞伯拉罕．赫舍爾（Abraham Heschel）

不應該說培養慈悲心是我們的修行的一部分，應該說培養慈悲心是我們的修行的全部。

——佛陀

十二世紀中葉，在一場殘酷的內戰中（這場戰爭的名字淹沒於中世紀歷史細節裡），康拉德三世（Conrad III）的軍隊圍攻位於現今德國南部的魏恩斯貝格（Weinsberg），最終迫使該城居民及其領袖歸爾甫（Guelph）公爵投降。[1]這種激烈對抗的結局通常是掠奪、強姦、破壞，以及處決戰敗方所有成年男子，尤其是敗方的首領。敗方婦孺的命運則取決於勝方指揮官的酌情決定（確切而言是取決於指揮官能否約束他那些渴望施暴的士兵）。

康拉德三世一一四〇年十二月終於戰勝敵人之後，傳話給魏恩斯貝格居民，表示將容許該城女性安全撤離，但有一個條件：她們必須留下所有世俗財產，可以隨身帶走的東西除外。根據中世紀編年史家的記載，指定的撤離時間到來時，魏恩斯貝格的婦女踉踉蹌蹌地離開該城，肩上扛著她們最寶貴的世俗財產——她們的丈夫，包括敗方首領歸爾甫公爵。

偉大的法國散文家蒙田後來寫道：「康拉德三世對她們高貴的勇氣極其感動，欣喜得流下眼淚，完全消解了他對這個公爵強烈和致命的仇恨，從此之後仁慈地對待他和他的家人。」蒙田接著承認，他本人「非常容易受仁慈與和善感動。事實上，我相信我很可能天生比較容易受憐憫而非尊敬打動。」

智慧的許多傳統上的操作性定義，無論是哲學還是心理學的，都為憐憫保留了一個特殊角色。[2]憐憫不僅意味著願意分擔另一個人的痛苦和折磨；在較大的意義上，它意味著一種超越自身利益以理解他人觀點的超然能力；在更大的意義上，它可能將這種「同情」（feeling for）提升到讀心的層次，因為心智理論——演化在人類認知工具包中放置的最強大工具——要求我們理解另一個人的感覺如何影響他的意圖和行為。對另一個人（或佛教的慈悲中更廣義的「有情眾生」）的痛苦或掙扎有共鳴，就會產生廣泛一系列的人類氣質和行為，包括同理心、同情、慈善、慷慨、合作，以及最廣泛心理意義上的以他人為中心（相對於自我中心）。

我們回顧道德黃金律的悠久歷史，就可以直觀地掌握憐憫和以他人為中心在人類智慧中的核心地位。孔子在公元前六世紀就明確提出這個行為準則（「己所不欲，勿施於人」），它比《聖經》中記載的耶穌的許多著名慈愛行為早了近六個世紀，[3]而它如今被視為具有根本的生物性，以至於神經科學家唐納德·普法夫（Donald Pfaff）在孔子之後兩千六百年寫道：「遵循道德黃金律是我們根深柢固的天生傾向。」[4]

從這種生物學的角度來看，憐憫似乎代表將情感與思想和能動性連接起來的又一個神經管道。但是，在柏拉圖式的智慧表述中，理性常被說成像滅火器，用來澆熄憐憫之類的情感。事實上，一陣淡漠的風吹過哲學史上最著名的前廳，那裡是蘇格拉底在世上度過最後幾個小時的地方。[5]這不僅是因為蘇格拉底這個哲學家視死亡為一種令人振奮的解放，從此掙脫情緒與感覺；還因為蘇格拉底作為人夫和人父，作為世上最有智慧的人，遠在毒芹汁送達之前就趕走了他的妻子和年幼的兒子，以便更自由地與同道談論不朽、靈魂和智慧。

古代史上很難找到比這更感人的場景，但它卻包括家人分離這奇怪的一幕，蘇格拉底對家人冷漠和蔑視情感的表現使人想起尼采說他「冰冷」。[6]我們知道蘇格拉底的家人悲痛欲狂，因為《斐多》提到他的妻子在被帶走時「哭得歇斯底里」；[7]蘇格拉底對此不予置評，立即開始與他的男性友人談論哲學。二十四個世紀後，神經科學回到這個問題上，在實驗受試者躺在 fMRI 機器裡時，將「痛苦女性」的哭聲傳送到他們耳朵裡，嘗試確定憐憫的感覺會使大腦哪些部分活躍起來。[8]

憐憫是人類與生俱來的生物本能，因此值得科學家研究，還是一種經由文化傳承的行為形式，最好由發展心理學家去探究？是否人人生來都有固定總量的憐憫，抑或這種特質是可以經由生活經驗（或許還有訓練）來增強和擴充的？在近年之前，這些問題連提出都是沒有意義的。一如智慧，很少人視憐憫為實證研究的適宜課題，更少人相信能以嚴謹和化約的方式研究它。正如哈佛大學科學史學家安妮・哈靈頓（Anne Harrington）極其坦率地指出：「透過科學的聚焦鏡頭看到的世界，在其最深的解釋層面上，是一個與憐憫無關的世界。」[9]

但是，人類有一些特質向來吸引大量的研究努力，尤其是侵略性和人際暴力，而憐憫一直是這些特質比較微妙和隱蔽的底面。如果研究負面和反社會的情緒長期以來被視為適宜的，為什麼不能研究像憐憫這種顯然親社會和正面的情緒呢？憐憫使經驗的尖銳教訓變得柔和；憐憫使人的能動性向外指向社會互動，而不是向內指向孤立和退縮；憐憫在智能變得太不近人情和冷酷時溫暖人的思想；憐憫激勵人們做對社會有益的事。粒子物理學家維克多．魏斯科普夫（Victor Weisskopf）說：「沒有憐憫的知識是不人道的，沒有知識的憐憫是無效的。」[10]把這句話中的「憐憫」換成「智慧」，或許也說得通，因為智慧處於反社會與親社會特質兩者之間的某個位置，又或者是漂浮於兩者上方的某個位置。

安妮．哈靈頓絕望地談到科學對憐憫不感興趣的問題是在一九九五年，此後世界發生了頗大的變化。研究人員已經非常謹慎地開始研究憐憫及相關情感的神經生物學。這些對憐憫的初步科學研究屬於認知神經科學一個壯大中的運動，其關注焦點不是神經疾病或心智能力受損，而是堪稱模範的心智能力和專業技能。這些研究人員招募了某些技能的優秀從業者，例如方向感和記憶力傑出的計程車司機、動作協調和「肌肉記憶」出色的鋼琴演奏者，希望可以增進對大腦非凡表現的認識。[11]

這就是為什麼自一九九〇年代中期以來，認識憐憫的科研道路從印度北部達蘭薩拉周遭的偏遠高地村莊（估計有十三萬名流亡的藏傳佛教徒在那裡生活和修行），延伸到威斯康辛州麥迪遜市門多塔湖畔附近一個先進的神經科學實驗室——在那裡，憐憫的神經痕跡第一次出現在二十一世紀的測量機器上。在智慧的神經地理學中，我們甚至已經找到大腦中幾個與慈愛有關的地方。

在麥迪遜六月一個異常涼爽、看來即將下雨的陰天早上，八點四十八分時，馬修・李卡德（Matthieu Ricard）從他的朋友理查・大衛森駕駛的速霸陸Outback旅行車（車牌為EMOTE，意為表現情感）中爬出來，調整他那露出手臂的藏紅色僧袍，從容走進韋斯曼神經科學中心（Waisman Center of Neuroscience），展開一天的費勁冥想活動。[12]過去幾天裡，住在加德滿都一間寺院裡的法國出生的佛教僧侶李卡德從新德里飛到紐華克，在哈佛俱樂部（Harvard Club）為曼哈頓一家股票經紀公司的金融從業人員主持了一個冥想工作坊，討論了一個新書出版計畫，然後來到威斯康辛州，延續他自二〇〇〇年以來參與的實驗。他走過一條長走廊時，不時停下來與一些老朋友擁抱（他之前已經為這些實驗來過麥迪遜六次），也與新遇到的人打招呼，包括一個拿著油漆刷、露出困惑神情的維修工人。

幾分鐘內，李卡德已經脫下了他的帆船鞋，將他六十二歲的身軀安放在一間黑暗、號稱隔音的小房間地板上的一個綠色墊子上。然後研究人員將一個由一百二十八個腦電波儀（EEG）電極組成的髮網固定在他的光頭上。這些電極將測量這個佛教徒冥想時的腦電波，捕捉毫秒間的變化，而附近的電腦顯示器將即時顯示相關讀數。（在某些實驗中，神經科學家偏好EEG而非MRI大腦掃描，因為這種技術捕捉瞬間變化的能力好得多。）「還好嗎，馬修？」領導該實驗的法國出生的科學家安東尼・魯茲（Antoine Lutz）以法語問道。

「沒問題，」李卡德答道。厚重的門隨即關上，實驗就此開始。

「我們發現了深度冥想狀態與大腦EEG活動變化的相關性，」魯茲解釋道。[13]他在重要的國際期刊《美國國家科學院院刊》二〇〇四年的一篇文章中發表了他的第一組僧侶資料。那項研究發現，產生「無條件的慈愛和憐憫」狀態的冥想專家在大腦中產生了相應的變化，尤其是被稱為「伽馬波段振盪」（gamma-band oscillations）的東西（稍後將討論）。[14]現在他們要蒐集更多資料，並要求李卡德之類的冥想專家在他們的腦電波被記錄時估計他們的精神狀態強度（以一到九的等級評估）。

實驗進行了將近一個小時，在「集中注意力」和「開放覺察」（open presence）的冥想環節之後，研究人員安迪．法蘭西斯（Andy Francis）的聲音傳進了小房間。「接下來將是憐憫，」他說。根據實驗計畫，李卡德在第一分鐘將保持「中性」狀態，不做冥想，藉此確定大腦活動的基準狀態。在停頓了剛好六十秒後，法蘭西斯靠向麥克風，以平淡的中性聲音說：「憐憫，憐憫。」

幾個月前在紐約的一場科學研討會上，理查．大衛森指出，冥想專家可以「像這樣」進入狀態（他講「像這樣」時打了個響指）。[15]雖然李卡德的憐憫／慈悲冥想並不是像打響指那樣瞬間進入狀態，但多數人很可能會覺得他進入狀態的速度快得令人讚歎。十五秒後，他認為他的冥想狀態去到了二級；第三十秒時，他去到了三級；第三十九秒，他去到四級。他在一分鐘時去到五級，兩分鐘時去到很高的七級。當然，這些都是冥想者自己評估的結果，就像所有自評結果那樣值得懷疑。但是，李卡德自從一九七二年獻身於佛教修行以來（確確實實就是從他在諾貝爾醫學獎得主方斯華．賈克柏〔François Jacob〕的巴黎實驗室獲得分子生物學博士學位那天開始），累計冥想時間已經遠遠超過一萬小時，[16]而我無可避免地覺得自己正在看著一個強大的神經引擎啟動、咆哮，像跑車一樣加速，瞬間就在認知上從零加速到六十。

隨著李卡德進入更深的冥想狀態，安迪．法蘭西斯的電腦螢幕上的腦電波讀數圖形明顯改變了。一開始，它們是雜亂無章的一系列細線，像是蓬亂的平直頭髮；李卡德在開始慈悲冥想約七分鐘後去到自評的八級狀態時，腦電波讀數出現強烈的振幅，圖形看起來像濃密的眉毛，而整體的連貫性和同步性在我這個外行人眼中也很明顯。法蘭西斯證實：「少數冥想者很厲害，你一說『冥想』，就可以即時看到原始資料的變化。但這種情況非常罕見。」[17]即使這可能予人輕信（或根本老套）的感覺，我也要說：貼在李卡德頭上的上百個電極測量到的腦電波活動看來非常和諧。然後附近一間洗手間傳來沖馬桶的低沉聲音，而無論這是否擾亂了李卡德的冥想狀態，他自評的冥想級別開始下降。

後來在他的辦公室裡，大衛森同意，這些腦電波的連貫性和「同步性」非常突出，甚至對外行人來說也是顯而易見的。他說：「這不需要任何花哨的電腦解讀。你用肉眼就能看到它，因為它就是這麼明顯。」[18]他目前的想法——他承認「目前純屬猜測」——是冥想期間觀察到的被稱為「伽馬振盪」的大腦活動形態，可能是僧侶在感受到強烈的憐憫時協調大腦多個部分的活動的一種方式。大衛森說：「伽馬振盪驚人之處，在於我們看到的大腦各區域的同步性。根據他們自己的描述，這是一種融合了憐憫的全景意識。但從全景意識的元素看來，大腦中有許多不同的系統在功能上整合了起來，這可能是這種全景或浩瀚意識體驗的神經關聯。」威斯康辛研究團隊二〇〇八年發表於《公共科學圖書館．綜合》（*Public Library of Science One*）上的一項研究發現，針對僧侶——以及按照李卡德編寫的兩週慈悲冥想計畫去做的新手——的 fMRI 研究顯示，在慈悲冥想期間，大腦數個不同部分的活動顯著增加。特別值得注意的是，「痛苦的聲音」使腦島和前扣帶迴活躍起來。[19]

李卡德從麥迪遜的實驗室走出來時，看起來神采奕奕、精力充沛。他用毛巾擦臉，笑著說：

「現在要冥想，最好是去實驗室。」

就在李卡德踏進冥想室之前，我隨口提到智慧的問題，而他九十分鐘後走出實驗室、仍在擦掉頭上的電極膠時，立即接上之前的話題。他說：「我在冥想室裡，在實驗各部分之間思考這個智慧問題。」他接著解釋，從佛教的角度來看，智慧有兩個方面。一個方面是關於辨識現實的本質，超越事物的表象去看真正的內在事實（這與洞察力和知識的觀念非常吻合，而在蘇格拉底的意義上，這些觀念使智慧成為一種真正調查性質的活動）。另一個方面是以這種知識或洞察力作為行動的動力，具體目標是增加幸福和減少痛苦（在某種意義上，這容許情感幫助指導行動）。

李卡德說：「在這兩個方面，慈悲都是它們的一部分。慈悲是基於對現實相互依賴的本質的理解，這使我明白自己想要離苦得樂，而樂與苦是完全互有關聯的，慈悲由此而生。」他補充道：「自私的快樂與現實完全相悖，它因此不是智慧的一部分。」

他舉一個假設的案例說明他的看法：有個人在浩瀚的太平洋中不小心從船上掉進海裡，在他即將溺死之際，空中一架飛機上的人看到了他。看著這個人在水裡掙扎而無法幫他做些什麼，人類對這種境況的典型反應是同情和遺憾。[20]李卡德說：「但如果我們知道附近有個島，它隱藏在迷霧中，但落水者可以到達，我們的反應就會不同。我們知道，只要落水者能找到那個島，他肯定有機會活下來。有了這個知識，我們的憐憫將會強烈得多。同樣道理，如果智慧使我們明白有情眾生有可能自我解脫、離苦得樂，這可以成為強大的慈悲的來源；但如果缺乏這種智慧、不知道這種解脫的可能，慈悲就會弱得多。」（說句題外話，值得注意的是，現代神經經濟學非常重視財務自利的問題，而如李卡德提到，傳統佛教則非常重視基於慈悲的情感自利；後者是指以親社會的方式做好事，可以在個人幸福方面得到不一樣的情感紅利。）

關於憐憫和慈愛的研究，毋庸置疑，在現代神經科學中居於邊緣位置。但它正逐漸向主流靠近，而這主要是因為駕駛 EMOTE 車牌汽車的理查．大衛森數十年來的努力。幾乎人人都叫他「理奇」（Richie），而他看起來仍像是一九六〇年代那個瘦長、熱情、頭髮凌亂的布魯克林少年。他是威斯康辛大學心理學和精神病學講座教授。他在情感神經科學實驗室探索的許多生物學問題（包括正向情緒、韌性、憐憫、情緒調節），最初是在一九七〇年代初激起他知性上的好奇，當時他是哈佛大學的研究生，如他曾經微妙地說，對「冥想和意識的變化狀態」感興趣。[21] 如果「變化狀態」（altered states）一詞使你想到一九六〇年代許多人為了「認識自己」而用藥試驗，你的想法並不離譜；大衛森承認，年輕時一些娛樂實驗有助激發他的科學好奇心。[22]

正如他在二〇〇二年一篇半自傳文章中解釋，他年輕時開始思考是否可以訓練大腦以提升幸福感，這促使他涉足心理學，最終投入神經科學研究。如他所言，因為覺得「在正式的研究生訓練中嚴重缺乏體驗式學習」，大衛森自己開始嘗試冥想。[23] 一九七〇年代初，在哈佛完成研究院第二年的課程後，大衛森前往印度和斯里蘭卡旅行三個月，包括在印度北部一個靜修所密集體驗佛教的正念冥想（mindfulness meditation）。此一經歷徹底改變了他。

佛教修行可追溯至喬達摩王子最初的流浪，其核心目標之一是提升個人的幸福。這種個人幸福的目標難以在直覺上讓人聯繫到智慧往往苦樂參半、以他人為中心、自我否定的這些面向。但是，藏傳佛教精神領袖達賴喇嘛認為，慈悲的藏語 tsewa 並不意味著慈悲只能向外指向他人，而是也可以向內指向自己，因此與追求幸福並無衝突。[24] 達賴喇嘛曾說：「在某種意義上，高度的慈悲不過是這種自利的高級狀態。」[25]

大衛森集中關注追求幸福的一個必然結果：「對那些可能曾與我們衝突的人和那些比較不幸的人產生憐憫。」[26]因為大衛森這個西方冥想者具有神經科學家的頭腦，他開始思考「如何掌握憐憫的構造並將它納入科學詞彙。」[27]

說來容易做來難。要嚴謹地量化憐憫的行為，真是談何容易。定義它已經不容易，測量它就更不用說了。例如李卡德就告訴我，佛教徒至少有三種不同形式的慈悲冥想：「無條件的愛與慈悲」、「有所緣的利他之愛」（Altruistic Love with Object），以及「有所緣的慈悲」（Compassion with Object）。[28]在有意義的實驗中，如何確切區分這些狀態？如果它們真的不同，是否也會在大腦活動中產生不同的特徵？是否值得費心嘗試測量如此模糊的東西？

從心理學的角度來看，明確但具有挑戰性的答案是肯定的。憐憫一直是當代心理學的智慧概念的重要成分，在克萊頓／比倫和阿德爾特的智慧研究中尤其如此。它與美好生活的哲學觀念密不可分——不僅是個人的美好生活，還是一種在社會互動中保持善良正直的生活。因此，儘管面對固有的定義困難（以及同儕的懷疑），大衛森過去十年裡投入大量時間探索憐憫的生物學，並且能夠在頂級科學期刊如《美國國家科學院院刊》（*PNAS*）和《公共科學圖書館・生物學》（*PloS Biology*）發表他關於冥想專家和新手的發現。他最新的探索著眼於世界上最傑出的慈悲修行者。

「這些人是冥想方面的奧運金牌級選手，」大衛森多年前解釋他對這些模範冥想頭腦的興趣時對我說。[29]正如他和他的同事在二〇〇四年《美國國家科學院院刊》的一篇論文中寫道，他的研究嘗試深入大腦，揭露「無條件的慈愛與憐憫」之類的行為背後的神經機制[30]——這些行為對耶穌和佛陀的使命至關重要，對我們現代心理學的智慧概念也同樣重要（那篇論文一個顯著的特色是，不僅提出嚴謹的數據，還將感情外露的表達方式引入嚴肅的神經科學裡）。

大衛森認為這項研究是當代神經科學其他領域的合理延伸。他在他的辦公室對我說：「就像我們對認知中的其他複雜心智歷程——例如注意、記憶或成像——所做的那樣，我們試圖將這些比較大的構造分解成比較基本的組成部分。像憐憫這樣的特質，有不同的組成部分。其一是在某種意義上採用另一個人的視角。其二是至少『心中』感受到**一些東西**，這是比喻身體對另一個人的痛苦的表示，是對痛苦的一種情緒反應，可以作為一種動力或催化劑，推動一個人去盡其所能減少痛苦。第三部分與促成行動有關。在我們看來，體會他人的痛苦或情感上感受到它是一回事，實際採取行動是可區分的另一件事。」[31]（我們之前提到保羅．格萊齊等神經科學家提出的決策模型，它有估價和選擇兩個步驟，憐憫可視為實際作出決定之前的估價過程中有力的情感表決。）

大衛森及其同事認為，憐憫的每一部分都有自己的神經隔間。過去多年來，他們已經開始畫出大腦裡這些不同模組的初步位置圖。大衛森解釋：「採用另一個人的視角，發生在一個叫做顳頂葉交界區的地方。」[32]（這是大腦裡的一個「邊界」區域，位於顳葉〔就在太陽穴下方〕與頂葉〔覆蓋頭頂後部〕之間。記住這些位置的一個粗略方法是：你搔耳朵後面，那裡是顳葉的位置；你搔頭頂，那裡接近頂葉。）大衛森繼續說道：「情緒反應主要集中在腦島。」（這也是一個「邊界」區域，位於額葉與顳葉之間的裂縫深處。）「轉化為行動的部分表現在大腦中已知與動機和行動整合有關的區域，尤其是基底核。這些就是我們發現這些長期修行者產生憐憫心時活躍起來的迴路的三個組成部分。」

「修行者」這個詞值得注意。它當然意味著修行，也就是修習實踐，而這個簡單但有力的概念對智慧——以及所有渴望擁有智慧的人——有重大意義。越來越多研究顯示，我們可以訓練人類的大腦（例如學習某些形式的冥想）以增強憐憫和包括情緒調節在內的其他心理素質的力量（大衛森的研究是這些研究當中最重要的）。[33] 喬・卡巴金（Jon Kabat-Zinn）和李卡德一樣受過分子生物學訓練，是麻省大學醫學中心的減壓專科醫師，他開創了雄心勃勃的正念冥想訓練計畫，而且也發表了經同儕評審的研究結果，[34] 顯示冥想不但可以改善情緒健康，甚至可以增強免疫系統的表現（後者是與大衛森合作研究的結果）。[35] 另一方面，一些心理治療師——例如多倫多大學的辛德・西格爾（Zindel V. Segal）——從一個不同的、比較屬於臨床的方向出發，證明了認知「練習」——以對認知行為治療至為重要的重複認知練習為幌子——可以明顯改變一個人的心理「表現」。[36]

但是，因為我們知道智慧本身的培養是個艱難和複雜的過程，這些研究是一場科學歷險，很可能會被不確定性淹沒，甚至可能受靈性謎團困擾。幾年前，達賴喇嘛與西方科學家會面時指出，根據佛教心理學，若想靠訓練培養某種東西，那裡必須已經有「種子」。

「那個種子是從哪裡來的？」一名科學家問道。[37]

「一個神祕的來源，」達賴喇嘛笑著說。「根據佛教傳統，個體意識的連續體是沒有起始的。」

---

當然，科學會記錄事物的起始，而在生命科學中，這種記錄就是演化史。近年來，越來越多跡象顯示，憐憫——以及它的同伴同理心——可能源自一組獨特的細胞群和結構群，它們是在人類與其他靈長類動物的中樞神經系統中演化出來的。[38] 初步研究顯示，這些細胞和結構所處的大腦區域與識別他人的感受（尤其是痛與苦）及理解他人的想法、意圖和動機等心智能力有關。科學

家在所研究動物的大腦中偶然發現了這當中的部分生物學：靈長類動物的大腦中數以百萬計的神經元，像被編排了程式的無線電望遠鏡巨大陣列，懂得偵測動物之間的行為相似性。

一九九〇年代初，義大利帕爾馬大學的維托里奧．迦列賽（Vittorio Gallese）及其同事率先發現了猴子大腦裡散布著他所講的「一種非常奇怪的神經元」（後來證實人類大腦裡也有）。[39]在這個常有人講的故事裡（有幾個不同的版本），迦列賽有天在實驗室裡，以大腦連接了敏感電極的一隻猴子做實驗。[40]在實驗之間的空閒時間，迦列賽伸手去拿一個東西（他忘了是什麼——有人說是花生，也有人說是冰淇淋）；猴子一動不動地坐著，看到了這個手勢，此時迦列賽聽到了經由電腦化偵測器放大、非常明顯的腦細胞發射的劈啪聲。

真正令人驚訝的是這些細胞的位置：它們位於被稱為前運動皮質的大腦區域，而大腦這部分通常與觀看無關，而是與動作有關。猴子伸手去拿東西時，這些神經元負責控制動作。正如迦列賽所描述：「這些神經元特別之處，是它們不僅在猴子抓住或操控一個物件時發射，還會在猴子看到另一隻猴子或一個人做相同的動作時有反應……因此，一個人做某件事或看到另一個人做同樣的事，大腦裡有一部分會出現非常相似的反應。」[41]就像認知動作偵測器，這些微型監測器，披著閃亮的文化隱喻外衣，如今以「鏡像神經元」這個吸引人的名字廣為人知。

想想這對我們的社會覺察（social awareness）和行為帶來的意義。[42]藉由選擇性地激活我們用來啟動和引導身體動作的神經元，我們彷彿可以「感知」另一生物的意圖，「感受」另一生物的身體體驗。研究人員已經發現，動物（包括人類）觀察到一個被掩蓋了一部分的動作時，仍然可以推斷出所發生的事，而且反映那個隱蔽動作的鏡像神經元會被激活。[43]我們聽到與特定動作相關的聲音時，例如聽到捏破花生殼的聲音時，與捏破花生殼這個動作有關的運動神經元會活躍起來。

我們看到一隻腳做某個動作時，與這些特定腳部運動有關的運動神經元就會發射；我們看到嘴巴咀嚼或張大時，控制嘴部的運動神經元就會在模仿的同感中活躍起來。

神經科學家發現，鏡像神經元遍布整個大腦——不僅出現在腹側前運動皮質，在左腦半球、後頂葉、視覺區域和顳上溝區域都能找到。迦列賽解釋道：「研究已證明所有這些區域都以這種雙重方式被激活，也就是在我們有動作或看到其他人有動作時被激活。」[44] 加州大學洛杉磯分校的馬可・亞科波尼（Marco Iacoboni）與迦列賽和吉亞科摩・里佐拉蒂（Giacomo Rizzolatti）合作完成了許多開創性的鏡像神經元研究，他說：「很簡單，我相信這些研究將迫使我們徹底地重新思考我們的社會關係和自我的最深層方面。」[45]

鏡像神經元與憐憫和智慧有什麼關係？「具身」（embody）一詞暗示了此一研究路徑真正革命性之處。我們對外部世界的感知，以及我們對外部世界的情緒反應，不僅體現在大腦負責視覺的部分，還體現在大腦負責**運動**的部分；根據神經系統的設計，後者維持運動皮質與身體各部分的聯繫，包括手、腳、腸道、嘴、眼睛、腳趾，以及身體有肌肉而且可以應大腦的要求運動的所有其他部分。因此，如果我們研究另一個人的面部表情（可以是因喜悅而面部扭曲，也可以是因恐懼而扭曲），我們會經由大腦負責運動的部分以及相關動作涉及的身體肌肉，真的「感受到另一個人的感覺」。

這種「具身性」（embodiedness）概念——我們對外部世界的情緒感知和反應不僅是基於認知和大腦，還是運動導向和基於身體的——已經成為一些頂尖神經科學家積極研究的東西。事實上，倫敦大學學院的雷蒙・多蘭（Raymond Dolan）有時會生氣勃勃地朗誦喬伊斯著作《都柏林人》中的一幕，以此開始他的演講。[46] 那一幕出現在〈死者〉這一篇中：主角賈柏瑞・康羅伊

（Gabriel Conroy）跟在妻子葛瑞塔（Gretta）身後爬上飯店的樓梯，期待進入房間後與妻子享受性愛。按照喬伊斯的說法（和多蘭的解釋），隔開康羅伊的情緒與身體感覺的牆瓦解了，兩者因此融合起來。多蘭的實驗室將此一見解引入對同理心的研究。在二〇〇四年的一項實驗中，經歷過疼痛（在前扣帶迴皮質和腦島皮質產生活動）的人看到所愛的人遭受同樣的疼痛時，大腦相同的部分會活躍起來。[47]多蘭寫道：「這種知覺是同理心最核心的心理特徵，而這種特徵可說是人類利他和憐憫傾向的基礎。」[48]

當你聞到難聞的氣味時，你的大腦中看似負責追蹤厭惡感的部分（前腦島）會有活動。迦列賽在人類受試者看著演員假裝高興或厭惡時掃描他們的大腦，發現受試者看到其他人表現出厭惡時，前腦島會活躍起來；這種結果類似多蘭疼痛實驗的發現。迦列賽指出：「所以這種神經元在我感到疼痛時發射，在我看到其他人感到疼痛時也會發射。我們的身體會與其他人的身體共鳴。」[49]

神經元如此回應外部事實的這個「共鳴」設想，並非只是可望有助解釋同理心生物學的一個美妙概念，很可能還表現了生物學具有非常悠久的演化歷史的一個方面。達爾文在《人與動物的表情》中花了數百頁的篇幅，不僅為各種情緒分類，還詳細記錄了他精心觀察到的這些情緒的表達（令人驚訝的是包括冥想）動用的面部肌肉。[50]如果我們傾向在別人微笑時微笑，或在別人皺眉時皺眉，或在別人嘴部扭曲發出表達厭惡的聲音時做同樣的事，我們基本上就是運用自己的肌肉來表達另一個人的情緒狀態。達爾文直覺地——甚至可能是睿智地——明白肌肉與情感的關聯。

天擇無情地剔除軟弱和被動的行為，為什麼會青睞同理和憐憫這種似乎軟弱又善感的行為？自私的基因怎麼了？觀察與行動、看與做的這種神經融合，啟動了最強大的其中一種學習形式：模仿。模仿在大腦中是交叉連線的（感覺系統在神經元的層面是疊加在運動系統上的，甚至可能是與運動系統融合的），這顯示至少在一個神經系統中，我們天生具有「以他人為中心」這種對智慧至關重要的特質。它還提供了一種出色的讀心形式的社會知識，如果加以培養，可能是智慧不可或缺的。

此外，模仿在加州大學洛杉磯分校的羅伯・博伊德（Robert Boyd）和加州大學戴維斯分校的彼得・里克森（Peter J. Richerson）提出的人類演化理論中扮演重要的角色。[51]兩人在他們的著作《基因之外》（*Not by Genes Alone*）中指出，天擇並非僅對基因產生作用，還影響人類的文化。在他們看來，模仿是積極的文化適應行為的積累過程中一個早期的演化階段，這些文化適應行為——例如舊石器時代狩獵期間的男女分工，或採用創新技術——可以在族群中迅速傳播，增強**群體的**生存能力。他們甚至認為，藉由模仿發展出「以他人為中心」這種特質，對我們這個物種的演化成功至關重要。他們寫道：「或許在我們的譜系中，管理食物分配、性別分工或一些類似的社會問題的複雜性，有利於演化出一種從他人角度思考的複雜能力。這種能力可能附帶使模仿可能發生，啟動了複雜文化傳統最基本形式的演化。」[52]

蘇黎世大學神經科學家塔妮雅・辛格（Tania Singer）近年領導一項雄心勃勃的工作，希望釐清同理心的神經迴路（她將同理心與憐憫區分開來）。例如她會做一些實驗，試圖了解同理是一種自動的、近乎無意識的反應（正如鏡像神經元的故事所暗示），還是一種需要某程度的認知編輯的東西，思想會短暫停留在某個中途站，期間我們必須決定自己感知的資訊是否有足夠的情感價值支持我們產生同理心。[53]在前往威斯康辛州之前，我們的老朋友馬修・李卡德到訪荷蘭馬斯垂克，三天期間在一台MRI機器裡度過二十二小時，讓辛格的團隊研究他很有同理心的大腦。

迦列賽認為，我們身體的感覺器官與另一個人的感覺器官「共鳴」的程度，恰恰就是我們個人同理心的商數。他說，如果你不僅**知道**被愛撫或搧耳光的感覺，而且在看到別人被愛撫或搧耳光時，神經和潛意識上或多或少確實**感受**到這些感覺，那麼「這就表示，如果這個系統，或這個具身模擬過程，或這個鏡像機制，運作到一定的程度，我們就能感同身受。但如果它沒有運作到那個程度，我們就會變得自閉，無法理解處於那種狀態的感覺。」[54]

許多神經科學家都對鏡像系統至今的研究結果保持猶豫（連理查．大衛森這種喜歡冒險的學者也告誡不要倉促接受相關科研結果）。但無論故事最終如何發展，目前越來越多證據顯示，我們的大腦具有生理條件做到這些事：在情感和感官上注意別人的行為、經歷和體會到的**感受**，並且在某些情況下感同身受。那是一個生來就具有奇妙硬體的系統，有能力用憐憫引導判斷，而如果智慧某程度上來自對他人的關注和同情，那麼也許我們天生就有憐憫的能力。注意，未必是天生就有**充沛**的憐憫心，而是天生就有神經硬體可用來培養和獲得憐憫心，或許還有一點智慧。[55]

最後，培養憐憫心可能是此類研究的最前線。在他新一輪的實驗中，大衛森招募了一些外行人投入為期兩週的慈悲冥想線上自學計畫。[56]參與者被要求想像另一個人的痛苦，然後思考如何減輕這種痛苦（為求全面，實驗要求參與者想像憐憫「所愛的人」、朋友、陌生人以至「難以相處的人」）。短短兩週的憐憫訓練就使受試者的大腦活動產生了可識別的變化，尤其是在被稱為腦島的結構中；社會神經科學第一波實驗一再顯示，腦島是重要的情緒晴雨表，可以反映同理心、不公正、憐憫心和「社會天氣」的其他方面。其他的著名科學家也正在研究憐憫／冥想迴路：安東尼奧．達馬西奧的團隊致力區分羡慕與憐憫的神經機制；[57]詹姆斯．葛羅斯的團隊則發表了一項研究，顯示「即使只是幾分鐘」的慈愛冥想也可以增強他們所講的「社會聯結」（social connectedness）。[58]

正如我們之前提到，憐憫和同理心的神經生物學還處於早期發展階段。但大衛森對冥想聚焦、化約的研究掩蓋了一個更大的雄心，他在一場學術報告中提出的一個問題透露了這個雄心：「是否有策略可以影響一個人的情感風格並改變情感和情緒調節的神經迴路，使它們向比較正面的方向發展？」[59]大衛森可能不想講得更直白，但我樂於提供一個合理的翻譯：是否有方法可以訓練我們的頭腦，使我們變得更慈悲，因此也更有智慧？

如果你覺得這像是不可能的任務，尤其是我翻譯的版本，你應該想想馬修·李卡德的看法。在加德滿都郊外的隱居處，他的冥想室對著壯麗的喜馬拉雅山峰全景，他已經花了數萬小時訓練自己的慈悲心和精神專注力。一天下午，我們坐在威斯康辛大學神經科學大樓二樓的中庭，眼前是平淡無奇的停車場和足球場，他針對智慧這個話題說了頗長一段話。李卡德指出，冥想是一種認知鍛鍊，對身體的要求不比舉重或長跑低，而他對許多人不給自己的大腦適當的鍛鍊感到驚訝。他說：「奇怪，我們有這麼不可思議的大腦，卻花那麼少時間開發它。」[60]

# 第8章 謙遜——洞察的天賦

芒果樹長得越好，越是低垂。

——印度諺語

如果有人告訴你別人在說你的壞話，你該做的不是為自己辯護，而是回答：「如果他只有提到這些，他一定是不知道我的其他缺點。」

——愛比克泰德（Epictetus）

二〇〇九年三月，在文化界抗議和經濟衰退的背景下，曼哈頓一家拍賣行拍賣聖雄甘地僅存的一些個人物品，包括一個已毀壞的懷錶、一個普通的碗和盤子、甘地著名的鋼框眼鏡，以及一雙破舊的涼鞋——除了甘地標誌性的腰布，幾乎就是他所有的東西。這些物品繼續有力地提醒我們甘地苦行的生活方式。正如《紐約時報》所言：「它們是一個不在乎財產的人的簡單物品。」[1]但是，在路易斯·費雪（Louis Fischer）的甘地傳記中，一段精彩的軼事顯示，甘地並非一直如此。

一八八八年秋，十八歲的甘地搭船前往英國，開始學習法律。[2]這位未來的非暴力抗爭倡導者生於一八六九年，出身相對卑微（「甘地」在古吉拉特語中意為雜貨商），[3]而他早年的生活幾乎完全看不到他將成為偉人的跡象。他小時候身心都脆弱，他記得自己每天從學校跑回家，「以免有人取笑我。」[4]他十三歲結婚，後來從印度的大學輟學，因為前往英國留學而成了一名缺席的父親，而嚴重的羞怯一直阻礙他的發展。但甘地決心成為一名律師，通過了入學考試，獲得倫敦一間法學院錄取。但在開學後不久，一名英國友人對這個印度人與當地社會格格不入表示擔憂——甘地很瘦，總是穿著不合適的衣服，而且在烤牛肉流行的英國堅持素食。雖然甘地認為「成為一名英國紳士是不可能的任務」，但他還是同意改造自己。[5]他報名參加舞蹈課，也去學習演講技巧，並且買了一把小提琴，以便更好地欣賞西洋音樂。他還去龐德街（Bond Street）買衣服。因此也就有了以下這段珍貴的生動文字描述，那是大約一年後的一八九〇年二月某天，甘地站在倫敦皮卡迪利廣場的樣子。

據甘地友人沙奇達南達・辛哈（Sachchidananda Sinha）的描述，甘地「當時戴著一頂『擦得發亮』的絲綢高帽，襯衫領口挺拔，繫一條展現彩虹所有顏色的華麗領帶，下面是精美的條紋絲綢襯衫。他的外衣是一件晨禮服，配雙排扣背心和深色條紋長褲，腳上的漆皮鞋上還有護腳套。他還帶著皮手套和一根鑲銀手杖，但不戴眼鏡。他的衣著可說是當時城裡年輕人最時尚的服飾。」[6]那根鑲銀手杖不知道去了哪裡，可以確定的是不在那次紐約拍賣的物品之中。

甘地在皮卡迪利廣場的華麗轉身，似乎與我們對他以腰布為衣的永恆印象格格不入，但它也捕捉到謙遜的矛盾，而這個矛盾又嵌入智慧的矛盾之中。甘地這次短暫的自我改造並不是出於虛榮心，而是為了報答英國友人的善意和關心，嘗試「變得優雅，並培養使人容易融入上流社會的其他特質。」[7]這個實驗持續了三個月左右。甘地的結論是：「如果我的性格使我成為紳士，那會好得多。否則我應該放棄這個野心。」[8]藉由嘗試一種並不真正適合的個性，他重新發現了真正的自己；講究服飾的短暫時光使他重新認識了自己的核心價值。這也提醒我們，謙遜一如智慧，往往始於自我覺察，尤其是對自身局限的覺察。

謙遜這主題在甘地豐富的著作中一再出現。他小時候嚴重的社交障礙（放在今天大有可能被診斷為病態害羞）、虛弱的體質，以及他自認的懦弱，導致他異常沉默，但甘地成功地將它轉化為一種長處：「說話猶豫曾經使我煩惱，現在卻是一種樂趣。它最大的好處是教會我慎言寡言……有意無意地誇大、隱瞞或歪曲事實，這種傾向是人類天生的弱點，而為了克服它，沉默是必要的。」[9]最重要的是，甘地以他與生俱來的謙遜作為指引，將自己——他的自我、感官需求、物質欲望——放在一種比自己重要得多的使命感之下。

但矛盾就在這裡：甘地倡導和奉行非暴力抗爭原則，投身大規模政治運動，先是在南非（當時他還是一名衣冠楚楚的年輕律師），然後是在二十世紀爭取印度獨立的偉大鬥爭中，而這似乎一點也不謙遜。這種挑戰權威的鬥爭需要獅子的雄心，對真理的熱切信仰，以及即使面對人身威脅和傷害仍堅持到底的決心。甘地的榜樣抓住了謙遜的內在力量，這使它成為智慧中不尋常和往往看不見的一部分。他以謙遜作為一種兇猛的聚焦裝置，捨棄所有可能使他分心、不顧重要使命的樂事——他把這稱為「消滅自我」，[10]這是對佛陀的有力回應。謙遜使他能夠將他深刻的道德感與行動結合起來，並使他自己（和其他人）確信，他的信念的力量是無法阻擋的。因此，雖然甘地本人將他的謙遜歸因於沉默、體弱和掙扎，但我們也可以視其為不可思議的力量的來源。

謙遜與智慧的關係很深，在文學和哲學中都很受重視，但科學界卻僅對其邪惡分身——自戀和病態害羞——表現出積極的興趣，這可說是一個奇異現象。這是本書討論科學的章節中最短的一章，而這是有原因的。謙遜引起的實證研究興趣相對較少（雖然這種情況正在改變），而原因是連甘地本人都憑直覺知道的。甘地寫道：「真理之類的東西也許可以測量，但謙遜不是。天生的謙遜絕對無法一直隱藏，但其擁有者並未察覺到它的存在。」[11]

謙遜作為智慧不可或缺的一種美德有很深的根源。最早（和最有趣）的文獻資料之一，是普魯塔克（Plutarch）記述的金鼎故事。[12]那個金鼎可說是古希臘的奧斯卡獎座，頒給公元前七世紀世界上最有智慧的人，但被提名者全都不願意接受。它最初被授予米利都的泰勒斯，但他拒絕接受，並將這個燙手山芋交給畢亞斯，因為他認為畢亞斯更有智慧。但畢亞斯也不接受。結果是古希臘七賢每一位都拒絕這個榮譽。按照甘地的說法，他們都明白，承認自己值得享有這個榮譽會立即消滅它，就像某種哲學形式的反物質。因此，打從人類的能動性出現以來，智慧與謙遜就一直被綁在一起。

引述詞源如今已變成一種乏味的濫調，但作為園藝愛好者，我忍不住要提一下謙遜的英文 humility 的詞源。該詞源自拉丁文 humilis，而 humilis 通常被簡單譯為 humble（謙卑）。[13]但我被它不大常見的另一個意思 humus（腐殖質）的豐富隱喻所吸引，它意味著一種豐富的、有機的、接地氣的、由下而上的、大地的實用主義，恰當地抓住了它的起源、它的尺度感和它的觀點。這種「接地氣」反映在藏人的一句諺語中：「謙虛就像一個放在地面上的容器，準備接收好雨水。」[14]雖然我們的指甲裡沾了一點詞源學汙垢，但從較為抽象的角度看謙遜也很重要。根據學者珍妮．格林伯（Jeanine Greenberg）的說法，康德讚揚謙遜，視之為「道德主體對自己作為一個依賴和腐敗但有能力和有尊嚴的理性行為者的正確看法。」[15] 對康德來說，謙遜是基本美德之一。

現代哲學家就似乎沒那麼確定。例如在《史丹佛哲學百科全書》中，哲學家莎朗・萊恩（Sharon Ryan）就討論並否定了她所講的智慧的「謙遜論」。她講述了公元前五世紀蘇格拉底在雅典連續揭露一些人高估自身智慧的故事，而故事的教訓可以哲學家常用的這種邏輯結構表達：「只有在這個人認為自己欠缺智慧的情況下，他才是有智慧的。」[16] 萊恩出於幾個原因否定這個見解，當中有個論點是完全合理的，那就是「許多認為自己欠缺智慧的人對自己的評估是正確的。」萊恩最終得出結論：「智慧的謙遜論看來站不住腳。」事實上，她暗示我們應期望恰恰相反的情況：「我們應該希望智者有認識上的自信，知道自己有智慧，並與其他人分享她知道的東西，使其他人從她的智慧中受益。因此，認為自己欠缺智慧並不是智慧的必要條件。」但這種見解忽略了甘地「分享」其智慧的方式非常有力地帶出的一個訊息：甘地追求真理（和變革）的運動獲得道德權威，進而得到社會力量支持，部分原因在於他明顯的謙遜。

說到這裡，我們應該討論一下宗教與世俗的謙遜概念的重要差別，因為這種差別影響到更大的智慧的文化概念。智慧與謙遜在《聖經》文獻中息息相關：根據《民數記》中的一段話，摩西「為人極其謙和，勝過地面上的任何人」[17]（這是文獻中將謙遜等同於明智領導的最早例子之一），而使徒彼得在《彼得前書》中勸誡基督徒要「彼此體恤、相愛如弟兄、存慈憐謙卑的心。」[18] 但是，從《聖經》的智慧文獻到中世紀的神學家著作，與謙遜有關的主要宗教訊息是關於對上帝的虔誠和服從。[19] 到了十三世紀，聖多瑪斯・阿奎納（Saint Thomas Aquinas）認為，謙遜「在於把自己控制在自己的範圍內，不追求高於自己的東西，而是服從居上位者。」[20]

這種神學版本的謙遜是中世紀時期宗教否定人類智慧的部分表現；極度強調服從、對上帝虔誠和自我否定，必然影響人的行為，並且使服從成為一種美德。但並非只有基督教是這樣。孔子也一再提到謙卑的服從；他一再強調面對居上位者時行為要得體、謹慎，並將較差的素質歸於普通人（或他所講的「小人」）。[21]但是，在人類宗教史上，還有比耶穌更沉著的不服從靈魂嗎？雖然甘地有深厚的宗教背景，他的整個政治哲學是源自公民不服從。宗教提倡服從的謙遜，智慧則重視自信的謙遜，兩者該如何調和？

從世俗或更狹義的行為意義上思考服從，或許有助理解謙遜為何一直被視為一種美德。它是那種發揮社會潤滑作用的特質之一，潤滑了群體互動的輪子，最大程度地減少人際摩擦，並且增進合作的機會。為了使個人所屬的社會群體順暢運作，合作是必要的，無論那個群體是家庭、社區、教會，或爭取國家獨立或公民權利的群眾運動。謙遜有用的部分是一種非病態的自貶、幽默、對貪婪的反感，以及一種廣納萬物的視野。謙遜可能是社會的終極潤滑劑。矛盾在於我們可以如何獲得謙遜，這一點再次由甘地闡明。他在一封信中寫道：「真理和愛一樣可以培養。但培養謙遜如同培養虛偽。」[22]換句話說，你必須是謙遜的人，而不是**努力**要成為謙遜的人。

這就產生了一個難題。正如莎朗．萊恩提醒我們，我們希望賢哲是自信和自我肯定的，而且如古羅馬詩人賀拉斯鏗鏘的呼籲，是勇敢的。班傑明．富蘭克林常以窮漢理查的筆名讚美謙虛這種美德，但他在自傳中指出：「多數人不喜歡別人的虛榮心，不管他們自己有多少虛榮心；但我遇到虛榮心時都給予它公平的評價，因為我相信它對其擁有者和在其行動範圍內的其他人往往有好處；因此，在許多情況下，如果一個人感謝上帝給予他虛榮和生活中的其他舒適，那也不是很荒唐。」[23]與此同時，希臘七賢視金鼎為詛咒也絕非偶然。謙遜是一種需要審慎衡量的特質，是個人能動性、社會服從、自我覺察的內在力量，以及承認人類局限的幽默風度之間的微妙（並經常變動）的平衡。

普魯塔克記述的伯里克利生平中有一則精彩的軼事，它捕捉到成就與謙遜之間的這種微妙平衡（實際上是緊張關係）。[24]伯里克利是古希臘史上最睿智和受敬重的領袖之一，有天他在市場處理一件急事時，受到一名反對者騷擾。這個「無所事事的流氓」整天跟著他，糾纏不休。普魯塔克寫道：「傍晚時分，伯里克利心平氣和地回到家，而那個流氓仍緊跟在後面，不停辱罵他。伯里克利準備進屋時，發現天已經黑了，於是命令他的一個僕人拿著火把，一路護送那個人回到他自己家裡。」

我們無法想像這種事發生在當代社會，原因有許多，最主要是幾乎所有公務人員很可能都過度驕傲和虛榮，以至於無法忍受民眾哪怕只是一奈秒的自發質問，更不用說遭受一整天的辱罵。有些人可能會認為這種經歷對伯里克利這種偉大領袖是一種羞辱，但在我看來，這恰恰反映出他的偉大。這種情況下的謙遜，一如甘地的例子，需要非凡的情感力量、理智的信念，以及沉著的自信。正如法國哲學家弗朗索瓦·羅什福柯（François de La Rochefoucauld）觀察到：「很少人明智到喜歡有用的批評多於奸詐的讚美。」[25]

甘地認為謙遜是無法測量的，但過去時間裡，少數研究人員已經展開測量謙遜的大膽計畫，而開創先河的同樣是心理學家和行為經濟學家。

---

二〇〇七年，賓州州立大學斯米爾商學院兩名經濟學家發表了一項研究，間接說明了謙遜如

何影響企業高層的表現。他們想探索的是電腦業者的表現與公司執行長自戀程度的關係。[26]為了研究這種公認難以捉摸的人格特質，唐納德・漢布里克（Donald C. Hambrick）和阿里吉特・查特吉（Arijit Chatterjee）整理了企業虛榮心的若干間接指標，以便衡量公司執行長的自負程度；這些指標包括公司文件中領導者照片的大小、名人錄中條目的長度、公司新聞稿提到執行長的頻率，以及執行長受訪時使用第一人稱單數（包括I, me, mine, my, myself）的次數。

這顯然是個含糊的指標，但在二〇〇八年金融恐慌和二〇〇九年企業高層分紅鬧劇的脈絡下閱讀他們的分析（題為「一切都是關於我」〔It's All About Me〕），我們可能會發現他們提供的啟示豐富得可怕。他們指出，自戀型執行長有較強的收購欲，傾向作出較多「極端抉擇」，作風富戲劇性，往往會突然改變商業策略。[27]漢布里克和查特吉寫道：「執行長自戀也與公司極端和不穩定的表現有關。自戀型執行長傾向奉行動態和宏大的策略，結果他們創造的業績往往比沒那麼自戀的執行長極端，也就是較常出現大賺和大虧的情況（以會計和股東報酬衡量皆如此）。」[28]結論是：自戀型執行長使公司董事會充滿戲劇性，但這種戲劇性並沒有系統性地帶給公司更好的績效。

自戀型執行長也可能導致財務恐慌。漢布里克某次受訪時指出，自戀在企業高層興起，與一九八〇年代的一個**出版**事件有重大關係。「這一切都是從李・艾科卡（Lee Iacocca）和他的自傳開始，」漢布里克說；[29]李・艾科卡是（後來破產的）克萊斯勒公司的明星執行長。「在那之前，百分之九十五的美國民眾講不出任何一家公司的執行長的名字。然後就出現這種浮誇的螺旋，越來越多自戀者被吸引到企業高層，被那種會吸引這種人的薪酬吸引。一切都變得比較極端、張揚和繽紛。而這就是我們現在面對的情況。」漢布里克在美國金融業崩潰約一個月後這麼說。

在企管（和幾乎所有社會科學領域），對謙遜的最佳明確論述可能是來自管理研究者吉姆・柯林斯（Jim Collins）。在他二〇〇一年的著作《從A到A+》（*Good to Great*）和《哈佛商業評論》基於同一研究的一篇文章中，柯林斯的發現在某種意義上印證了甘地身上顯然存在的同一種矛盾。根據這項為期五年的研究，傑出的商業領袖融合「極度的個人謙遜與強烈的職業意志」。[30] 企業高層「擁有這種矛盾的特質組合，就是將一家好公司改造成一家卓越公司這種統計上罕見事件的催化劑。」[31] 與這些謙遜（但傑出）的商業領袖有關的特質，包括不願意尋求大眾的崇拜；強調組織標準而非個人魅力的領導風格；願意將個人抱負置於公司更大的抱負之下；以及熱衷於將功勞歸於別人，同時願意承擔失敗的責任。柯林斯的以下見解無疑走在賓州州立大學那兩名經濟學家之前：「企業董事會經常誤以為公司要成為卓越企業，需要一個具傳奇色彩、以自我為中心的領袖。」[32] 柯林斯的研究方法也值得一提：他的研究先是找出十一家表現明顯優於大盤和同業的公司，然後因為想要解釋這些公司表現出眾的原因，才發現了謙遜但意志堅強的領導風格。

一如攻擊性（而不是憐憫心），自戀（而不是謙遜）一直是學術研究的正當課題——首先是由哈夫洛克·靄理士（Havelock Ellis）在十九世紀確認為一種心理特徵，後來由佛洛伊德賦予正當性，如今則已成為流行文化中不重要的東西。[33] 但是，在費解的心理學術語之外，心理學家至少在測量自戀方面取得了一些進展。自一九七九年以來，隨著自戀性格量表（NPI）的出現，心理學家就利用問卷的方法，把自戀視為人格的一面來加以測量。過去數十年裡，大量的心理學研究告訴我們，自戀者自尊膨脹，有優越感和權利感，貪求別人的關注和讚美，對此幾乎永不滿足——這些價值觀顯然與幾乎所有人的智慧觀念背道而馳。

「我們知道自戀與較低的商業道德和白領犯罪有關，」喬治亞大學研究自戀的心理學家基斯·坎貝爾（W. Keith Campbell）說。[34]「它真正能預測的是領導力的出現，無論是在群體中還是在陌生人之間。但隨著時間的推移，與**績效**有關的是謙遜加上動力。」他補充說，自戀對決策的普遍影響「通常是不好的」。正如查特吉和漢布里克所說：「自戀者在一系列的能力面向——包括智力、創造力、勝任力和領導能力——對自己的評價很高，而且是高於客觀事實所能支持的。」[35]

許多人不需要NPI就能得出相同的結論；我們似乎隨身攜帶一種無形的、想像的，但非常精準的測量器，它能在我們遇到大頭症患者時告訴我們。測量非大頭症則困難得多，但別誤會，社會科學家並未因此放棄嘗試。

凱斯西儲大學心理學家朱莉・尤拉・艾克斯林（Julie Juola Exline）是少數嘗試測量謙遜的學者之一。她的社會學工作始於研究自戀（與坎貝爾合作），隨後對所謂「平靜自我」（quiet ego）的積極面向產生興趣。二〇〇四年，艾克斯林與同事安妮・蓋爾（Anne L. Geyer）邁出試探性的第一步，針對一些大學生做問卷調查，問他們怎麼看謙遜（做法與薇薇安・克萊頓最初的智慧研究相似）。她們發現，「有點令人驚訝的是，那些學生對謙遜的看法相當正面」，視之為一種心理力量，並將它與人對待成就和能力時的親社會的謙虛態度聯繫起來。[36]另外幾個研究團隊現正嘗試開發一個測量謙遜的可靠量表。

雖然缺乏確鑿的資料，這些剛起步的謙遜研究的理論基礎對智慧這個主題仍有重要意義。茱恩・派思・譚妮（June Price Tangney）為《正向心理學手冊》（*Handbook of Positive Psychology*）撰寫了關於謙遜的一章，她勾勒出謙遜的關鍵特徵，它們與許多跟智慧有關的心理特徵相通。[37]謙遜的關鍵特徵包括能夠承認自己的局限和錯誤，對新思想和造成矛盾的新知識持開放態度，善於避免自我膨脹，能夠正確看待自己的成就，以及那種能同時看到優點和缺點的自覺的自我感知。正如艾克斯林在一篇論文中指出：「謙遜地看待自己，可以不必是負面或自貶的，也不是一定要覺得自己不如別人。謙遜的人可能視自己為某種大局中的一小部分，或許是相對於上帝或宇宙而言。」[38]甘地更有詩意地表達了同一觀點，他寫道：「一滴海水有獨立於海洋的自身個性嗎？」[39]

這些顯然是無法令人滿意的初步觀察，而前面的道路可能有許多坑洞。謙遜相關研究屬於正向心理學的範疇，而該領域目前仍是有爭議的，似乎引起了嚴肅科學家相當多的懷疑。謙遜還有一種從宗教角度出發的演變中的定義。已故的約翰．坦伯頓爵士（Sir John Templeton）的基金會資助了一些關於謙遜的早期研究，而他本人曾在文章中熱情地談到謙遜這種美德，排斥以前視謙遜為卑賤特質的觀念。他說：「謙遜不是自我貶低。認為自己沒有價值，或天生有缺陷或無能，可能是愚蠢的想法。謙遜意味著智慧。它是知道自己天生有特殊的才能和能力與世界分享；但它也可以是這樣一種領悟：你是上帝創造的眾多靈魂之一，而每一個人在生命中都有自己的重要角色。」[40]他還指出：「謙卑帶來祈禱和進步，引領你與無限和諧相處。」[41]

研究謙遜有它特有的困難，就如研究智慧那般困難，但以實證方式研究謙遜可能大有可為。這種研究可能會不無矛盾地大聲闡釋我們在群體中的行為，為合作、利他，以及智慧居中扮演重要角色的所有社會活動領域都帶來啟示。艾克斯林寫道：「謙遜有助人們超越自利考量，因此也應該可以造就寬恕、悔改和憐憫之愛等美德。」[42]

甘地寫道：「愛是世上最強大的力量，但也是可以想像得到的最謙卑的力量。」[43]一九二一年，成千上萬印度人響應甘地的要求，丟棄並焚燒他們昂貴的外國製造的衣服。出於對這些人的責任感，甘地這個曾經盛裝出現在皮卡迪利廣場的人宣布，他打算以後只以腰布和披肩為衣服。他解釋說：「我之所以這麼做，是因為我總是認為，我自己不打算做的事，不應該叫別人去做。」[44]這也是一種服從，但它是服從一個絕不屈服於強權的共同目標。

謙遜可以留給我們的實證紀錄，可能少於智慧的所有其他要素，因為它是最受制於奧祕的一個。這裡所講的受制，主要是指感念而不是屈服。一如水晶，謙遜以一種奇怪的方式在局限的「母液」中形成。更確切而言，它是在你耗費了巨大的蘇格拉底式必要能量，利用自己所知的一切去發現更多你不知道的東西之後，唯一可能殘留的氣質。我們逐漸謙卑地認識到，那麼多資訊——關於人的本質和人際互動的本質，關於決策和預測未來事件的基礎——仍是如此難以取得，因此也就非常不可知，所以面對如此巨大的不確定性，謙遜是唯一合適的態度。（雖然讀過《自辯》的人都必須承認，蘇格拉底在掩飾自身傲慢方面做得非常差，即使他揭露了其他人的局限。）

從這個角度看，謙遜可說是橫跨智慧的兩個基本面向：知識的局限，以及承認變化和不確定性是事物的一種自然狀態。蒙田寫下這句話時，很可能笑了出來：「人類的慎重是如此的徒然和無聊；我們再怎麼計畫、商議和預防，結果仍取決於運氣。」[45]

對一些現代心理學家來說，隨局限而來的謙遜是智慧的終極精華和定義。在一九九〇年關於這個主題的一篇長文中，約翰·米查姆（John A. Meacham）表示：「智慧的精髓在於抱持知識可能不可靠的態度，並努力在知與疑之間取得平衡。」[46]一如許多人，米查姆嚴格區分純粹的事實性知識與真正的智慧。他寫道：「有智慧不是知道特定的事實，而是既不過度自信也不過度謹慎地認識事物。因此，智慧不是一種信念、一種價值觀、一組事實、某個專業領域的知識或資訊，或一套特殊的能力或技術。智慧是人對所持有的信念、價值觀、知識、資訊、能力和技術的一種態度，一種懷疑它們是否一定正確或有效，以及懷疑它們是否已經是全部的可知事物的傾向。」謙遜是這種態度的一個核心要素。

另一位當代心理學家羅伯・史登堡則利用另一個詞來討論謙遜的素質，這個詞是 sagacity，意思是具有卓越的洞察力（中文一般譯為「睿智」）。[47]在發表於一九八五年的一項研究中，史登堡指出，sagacity 關聯到我們通常認為與謙遜有關的一系列行為，包括考慮別人的勸告、向他人學習、承認錯誤、經常反思、當一個出色的聆聽者，以及認識到看一個問題的多種觀點。注意，謙遜不是由這些素質界定，它們是謙遜的人經常展現的行為。它們是提高達到智慧的機率的行為特徵的結締組織的一部分。

一如智慧本身，真正的謙遜看來是如此的普世，以至於我們每次看到它，都會立即並感激地認出它——尤其是在顯然欠缺謙遜的公共領域。正是在這裡，甘地的謙遜，以及它帶來的巨大精神力量，無聲地譴責我們所有人無聊的個人自負。他在一九二九年寫道：「對人類來說，相互依賴是與自給自足同樣重要的理想，也應該是這樣。人是一種社會生物。沒有與社會的相互關係，他就無法與宇宙合一或抑制他的自我膨脹……依賴社會使他懂得了人性。」[48]

我在寫這一章時，我兒子的一項學校活動使我欣然想起謙遜的力量。在他就讀的學校，每年二月，所有小學四年級的學生無論男女都要戴上鬍鬚、領結和高筒禮帽，扮演林肯在學校裡走動。他們記住林肯艱難童年的細節，回想他當鄉村律師時的機智，當然還有用他們不耐煩的九歲腦袋盡可能背誦蓋茲堡演說。我們因此在廚房裡聽到兒子一再背誦這篇演說。雖然人人都記得開頭的「八十七年前」，大概沒有很多人記得演說尾聲莊嚴簡潔的一句話：「我們今天在這裡說過的話，世人不會太留意，也不會長久記得，但是這些將士在這裡所做的，人們將永遠銘記在心。」

林肯這麼說，並不是謙虛地貶低這篇偉大政治演說的意義；這句話沒什麼策略意圖，只是巧妙地將公民的注意力和感激之情轉移到適當的地方。這句話相當複雜，但句法看起來十分簡單；它是以他人為中心的，從無我和無關王權的「我們」（林肯這個領袖的詞彙裡沒有「我」，也就是沒有 I、me、my、mine 或 myself），轉移到「他們」（「這些將士在這裡所做的」）。林肯尊敬的方向是向外的，他的謙遜是真實的。他真心認為，相對於其他人的終極犧牲，他所講的話，或任何話語，都不算什麼。而如果你接受加里．威爾士（Garry Wills）的論點，認同這篇二百七十二個英文單詞的演說「改變了」美國憲法，[49]「重新建立了國家」，[50]那麼林肯就是以謙遜的修辭潤滑了思想革命的藥丸。

我兒子也提醒我們，林肯當天只是講了三分鐘，而在他之前的特邀演講者則是講了幾乎兩個小時。真正的謙遜天賦，以及它與智慧的重要關聯，在於了解場合的脈絡，了解自己的受眾，同時（或許故意地）低估自己的重要性。第二天回到華府後，林肯寫了一封短信給愛德華．埃弗里特（Edward Everett），也就是那個在蓋茲堡長篇大論的演講者，稱讚他的演講「非常令人滿意」，並補充道：「我很高興得知，你認為我的簡短講話並非一無是處。」最後他如常在署名前寫上「您恭順的僕人」。[51]

# 第9章 利他——社會正義、公平以及懲罰的智慧

別人對你做這些事會激怒你，你就不要對別人做這些事。

——艾蘇格拉底（Isocrates），〈致尼寇克〉（To Nicocles）

支撐國家不靠財富也不靠軍隊，而是只靠正義。人有責任牢記此一真理，並力行利他，因為這是最高的道德。

——甘地

利他是智慧具有明顯社會性（和生物學上的矛盾性）的一個方面。如甘地表示，它是個人道德放大到整個社會，是對一種大於個體的利益的無私奉獻，有時是自我犧牲，無論那個社會單位是一個群體、蜂巢、社區、機構還是國家。它重視社會正義的更高要求，而這也是為什麼林肯、曼德拉、馬丁·路德·金恩和甘地受大眾讚頌，被視為有智慧的人。現在科學家提出，利他在大腦裡有一對微型揚聲器，就像立體聲晶片那樣，使我們產生要做有益社會的事的甘地式感覺。

在我們討論神經科學之前，我想從曠野——大衛王在最終前往耶路撒冷的旅程中越過的曠野——開始這段旅程。我第一次開始考慮利他在智慧中的角色時，走過與薇薇安．克萊頓相同的路，也就是瀏覽《希伯來聖經》和古希臘文學中許多關於睿智行為的古老故事，這些行為因為典籍的紀錄而不朽。克萊頓很快發現，《舊約》記載了關於明智國王和公正法官的許多故事，經常讚揚這些智者的決定和行動。[1]這些判斷的實際**過程**——除了對正義深刻和冷靜的體會，還基於同樣深刻、以他人為中心的悲憫，明智地懲罰該負責的人——不但與傳統的利他和社會正義觀念有很大關係，還與關於利他的重要**神經**意義的科學見解互通，這是我開始認識到的一點。

為了重新審視之前討論過的一個主題，我們來從社會正義的角度思考「所羅門的智慧」。在其流行敘事中，所羅門智慧的故事幾乎總是歸結為兩個母親爭奪一個嬰兒這件軼事；人們熟悉的這個故事常被視為社會智慧的一種博大、開明的形式的古代最高典範。但正如前面所暗示，所羅門人生的「智慧軌跡」實際上複雜得多；[2]它告訴我們，實現社會正義需要一種無私的精神，而這種精神是沒什麼凡人能在一生中維持的。

所羅門有多大的智慧？大衛王在公元前九六五年左右去世（比蘇格拉底和孔子的時代早了約五百年），王位傳給了他的兒子所羅門——但這過程也涉及許多聖經故事中出現的家族政治鬥爭和政治陰謀。[3]亞多尼雅（Adonijah）是大衛王的另一個兒子，也是所羅門的一個狡詐對手，他聲稱王位屬於他，在大衛王傳位予所羅門的消息傳出時，正與親信慶祝自己得到王位。亞多尼雅害怕遭到報復，蜷縮於祭壇尋求保護，並向他的兄弟懇求饒命。所羅門以公平和憐憫的方式回應：「他若作忠義的人，連一根頭髮也不致落在地上；他若行惡，必要死亡。」[4]

眼前是個艱難的決定！所羅門是否應該容許他的哥哥，一個放肆和可能危險的政治對手活下去？還是為了他的新興部族的利益，也為了自己，殺死他的對手？他是否有智慧分辨他自己的利益和他現在肩負領導責任的國家的利益？在他顯然對一個人有偏見的情況下，他是否有智慧分辨這個人的忠奸正邪？你可以想像相互競爭的神經訊號湧入**他的**決策中心。

結果是他那狡詐的哥哥使所羅門得以輕鬆作出決定。亞多尼雅提出了一個看似簡單的要求：他說，既然他不能得到王位，至少應該容許他娶父王的妾為妻。大衛王年邁時，「雖用被遮蓋，仍不覺暖」，臣僕於是找來年輕漂亮的處女亞比煞（Abishag），躺在他的懷裡，帶給他溫暖。[5] 一些聖經學者認為，亞多尼雅想得到亞比煞，並不是一個想稱王的人可憐的最後慾望，而是一種走後門的巧妙手段，旨在奪取權力，因為按照古代的先例，娶國王的妃子為妻是繼承王位的可能途徑。

所羅門顯然也是這麼理解此事。他在亞多尼雅的要求中看到了他想找到的邪惡的種子，於是殺了亞多尼雅。事實上，他還殺了亞多尼雅的許多盟友，以鞏固自己的權力。所羅門這一波小恐怖潮主要是散發出嗜血和嗜權的氣息，而不是使人想到智慧，但你至少可以說，藉由消滅他的敵人，這個年輕的國王平息了一場可能造成分裂的王位繼承鬥爭，而且名義上提高了他領導的羽翼未豐的以色列人部族的生存機會。事實上，在這場清洗之後，以色列進入了一個前所未有的和平與繁榮時期。藉由懲罰那些可能破壞規則的人，所羅門為他的人民創造了巨大的利益。

當然，世人想到所羅門式智慧時，通常不會想到這些。所羅門從精明、報復心強的年輕國王變成具有「極大的智慧聰明和廣大的心，如同海沙不可測量」[6] 的統治者，是上帝在夢中向他顯現之後的事。上帝在夢中對他說：「你願我賜你什麼？你可以求。」[7] 所羅門支吾一番後說：「求你賜我智慧，可以判斷你的民，能辨別是非。」（簡而言之，他要求的正是伊甸園中的蛇提出要給夏娃的辨識能力。）上帝說：「我就應允你所求的，賜你聰明智慧，甚至在你以前沒有像你的，在你以後也沒有像你的。」

兩名妓女都聲稱自己是一個小嬰兒的母親，要求所羅門裁決的事，發生在所羅門從夢中醒來後不久。這個國王威脅要把孩子劈成兩半來滿足她們的要求，隨即因為其中一名婦人急著保護孩子而辨識出真正的母親，因此得以「執行正義」。在代表聖經文學的生命之書裡，智慧與社會正義形成了自己的雙螺旋，在自我複製的道德故事中代代相傳。

雖然所羅門的智慧是神授的，因此說到底是仿的，它為明智的社會決策提供了一種行為藍圖。它需要理解（可視之為取得相關資訊）、洞察（利用這些知識作出關鍵的區分和評價），以及行動（基於這些評價作出判斷），而這一切都是為了實踐正義，都是以分辨對錯和公平的基本意識為指引。但真正令人驚訝的是，所羅門的許多判斷，包括在上帝於夢中顯現之前的判斷，是藉由懲罰來執行正義，而我們通常不會把懲罰與智慧聯繫起來。如果我們把劍視為懲罰的象徵，我們就可以看到（一如聖經學者所看到），所羅門生命歷程的一部分是從**用**劍懲罰人發展到**威脅**用劍懲罰人。

智慧與懲罰的矛盾結合起初可能令人有點驚訝，但富影響力的一小群學者（包括經濟學家、人類學家、行為心理學家和神經科學家）對此一點也不驚訝，因為他們過去十五年裡一直在思考利他行為當中關於懲罰的一面。他們認為懲罰對社會群體乃至整個社會的順暢運作至關重要。事實上，他們認為社會懲罰是利他的一個根本要素。

蘇黎世大學經濟實證研究所的瑞士經濟學家暨行為科學家恩斯特・費爾（Ernst Fehr）認為，這種關於何謂公平以及如何在群體中執行社會正義的天生洞察力（可說是實踐集體智慧的能力），一定是在人類史前時期就已經演化出來。而且，他認為這種洞察力對社會合作至為重要，因此比語言更早出現，對於人類最早的社會智慧的表現可能有更大的影響。

「演化出語言或演化出合作，哪一個更根本？」費爾某天早上在紐約和我喝咖啡時問道。[8]「在我看來，演化出合作是更根本的，因為在語言出現之前，就可以有合作。」事實上，博物學家早就知道，其他物種雖然沒有語言，但還是學會了利他這種美德。

達爾文曾對蜜蜂深感恐懼——不是一般的恐懼，他並不害怕被蜜蜂叮到。達爾文是對蜜蜂行為某些令人困惑的方面深感不安，因為這可能破壞天擇的基礎，進而顛覆演化論。[9]

達爾文知道，利他盛行於蜂巢這種昆蟲城裡：工蜂這個階級即使沒有繁殖的可能，仍自願犧牲自己的生命來保護蜂后。達爾文承認，這種奇怪的、自我否定的利他表現構成「特殊的困難，起初在我看來是無法克服的，對整個理論真的是致命的。」[10] 如果正如理查・道金斯（Richard Dawkins）的名言指出，基因是「自私的」，蜜蜂、黃蜂和螞蟻等社會性昆蟲持續存在的自我犧牲的無私利他行為該如何解釋（這種行為一如所有行為，具有遺傳因素）？為什麼天擇會接受這種代表演化死胡同的行為？

達爾文後來開始明白（但並未完全明白），答案很可能與他所講的「家系選擇」（family selection）有關——也就是說，個體有些特徵有助整個族群生存繁衍，但未必有助族群裡每一個體生存繁衍。[11] 學者花了約一個世紀在生物學和數學上填補相關空白；到了一九六〇和一九七〇年代，以威廉・漢密爾頓（William D. Hamilton）和羅伯・崔弗斯（Robert Trivers）為首的演化生物學家開始從生物學角度重新描述人類的利他精神——不惜自己付出代價以幫助他人的傾向。漢密爾頓提出「親屬選擇」（kin selection）理論，解釋了基因不自私如何仍可符合達爾文的理論；一九七一年，崔弗斯提出「互惠利他」（reciprocal altruism）的概念，將生物（包括人類）之間的社會關係簡化為一報還一報的長期互動，既可以合作，也可以相互懲罰。利他的生物學啟發了科普人士（道金斯的著作和馬特・瑞德利〔Matt Ridley〕的《美德的起源》〔*The Origins of Virtue*〕是特別好的例子），而英國一位著名的經濟學家暨哲學家在《自然》上寫道，關於利他的演化解釋「無疑將被視為二十世紀科學的重大突破之一。」[12]

但是，對科學好奇的人文學者可能會合理地提出這個問題：生物學家為什麼要那麼久才明白這一點？公元前六世紀初某一天，中國有個叫子貢的年輕人問孔子：「有一言而可以終身行之者乎？」孔子說：「應該就是恕吧！己所不欲，勿施於人。」[13]

利他是儒家的核心美德概念。將《論語》和《孟子》譯成英文的香港學者劉殿爵指出，儒家的核心概念「仁」有多種含義，並非只是善（「仁」常被譯為英文的 goodness），還有仁慈、人心、愛、人性，以及利他的意思。[14] 孔子版本的道德黃金律，在其他文明傳統中顯然可以找到呼應，包括佛教、先知穆罕默德的教誨、希臘哲學（可追溯至米利都的泰勒斯），當然還有猶太教基督教傳統——體現在耶穌的這句告誡上：「你們願意人怎樣待你們，你們也要怎樣待人。」[15]

這些都是古人的見解，但誰會想到它們意外地有現代生物學的意涵？道德黃金律的每一個變體都是一種人文的、非數學的社會相互性（social reciprocity）表述。希臘哲學家艾蘇格拉底的版本（本章開頭的引語「別人對你做這些事會激怒你，你就不要對別人做這些事」）[16] 特別現代，因為它承認憤怒的作用，明確地將我們與生俱來的公平感與一種情緒狀態聯繫起來。孔子的社會判斷概念容許「君子」（睿智行為的榜樣）兼用互惠和制裁行為。孔子說：「君子懷德，小人懷土；君子懷刑，小人懷惠。」[17]（君子心懷道德和法度，小人心懷鄉土和恩惠。）在這個黑白分明的儒家世界裡，有規則的制定者，也有規則的破壞者。

甚至經濟學家也比生物學家更早認識到利他、公平和社會懲罰的重要性。剛好在達爾文發表其天擇理論的一百年前，年輕的亞當斯密在他的第一本著作《道德情操論》（一七五九年出版）中寫道：「自然女神在人類的心中深植自責過失的意識，要讓違反正義就該受懲罰的那份恐懼，成為人類社會的偉大守護者，以保護弱小，遏阻強梁，以及懲罰有罪者。」[18]

「該受懲罰的恐懼」聽起來像是上帝之怒在工業革命時期的世俗仿製品，但這種恐懼真正所在的地方是人類的大腦，而不是亞當斯密以為的人心。雖然存在這種「座標」問題，但亞當斯密的見解是精闢的，儘管它基本上不受重視，甚至連經濟學家也忽視它，直到約二十年前才有所改變。當時一名瑞士學者開始研究不付合理工資給勞工的社會影響，因此走上了一條關於公平的研究道路，最終回到生物學上，並直接進入大腦。

||

恩斯特．費爾承認：「在其歷史的大部分時間裡，主流經濟學一直仰賴一個簡化的假設，假定追求自身的物質利益是所有人唯一的動機，而『顧及他人利益的偏好』（other-regarding preferences）這種名詞根本不在經濟學家的詞彙裡面。」[19]另一方面，我們應該可以合理地說，在其歷史的大部分時間裡，主流生物學並不關心經濟學家對物質自利（或利他精神）的看法。

但從一九九〇年代初開始，一些像費爾這樣的實驗經濟學家開始退後一步，以較為廣闊的眼光看人類的決策。他們設計了一些實驗，不僅探究經濟上的自利，也探究經濟上的無私或利他精神。這些實驗深入大腦研究利他決策，並已開始找到我們嘗試分辨社會情境是否公平時，某種程度上發揮作用的神經迴路。任何人只要曾經成為群體裡最不幸的人，都非常清楚知道不公平的感覺直接影響我們的情緒。

利他精神的神經科學很大程度上源自關於「非自願失業」這個經濟公平問題的研究。一九八〇年代末，費爾以勞動市場理論研究者的身分默默無聞地辛勤工作，探索工作場所一個深奧但長期存在的公平問題。他研究的問題可以簡單概括為：如果員工認為雇主支付的工資不公平，他們還會努力工作嗎？常識告訴我們——領過最低工資的人也一定有此體會——這個問題有重要的經濟和社會意義。但是，正如費爾發現，主流經濟學很大程度上忽視公平的問題（數十年前凱因斯是顯著的例外）。費爾在一篇文章中諷刺道：「一如其他人，多數經濟學家在自己與外界的互動中希望得到公平的對待——如果報酬低於他們認為公平的水準，他們會非常不高興。但他們建立經濟學模型時，卻不認為公平是重要的東西。」[20]費爾寫了一篇論文，指出雇主努力維持員工工資在符合市場行情的水準，是基於一個非常簡單的原因：他們知道領取不公平工資的員工生產力不彰。雖然這個見解看來很溫和，但他投稿的每一份經濟學期刊都拒絕了這篇論文。

但是，費爾無意中開始研究起比工資政治大得多的問題。他說：「我尋找可以抓住公平問題的實證方法。」[21]一如其他實驗經濟學家，他開始利用賽局理論和最新技術，包括 fMRI 和其他最先進的大腦功能檢測工具，致力探究人類處理社會正義和公平問題的方式。不久之後，他關於社會公平的研究不但發表在《經濟學季刊》（*Quarterly Journal of Economics*）上，還出現在《自然》和《科學》上。

費爾和類似傾向的研究人員在一九九〇年代開始發現，公平感是影響我們許多決定的核心要素，包括（但不限於）經濟決定。他指出，對公平的關注影響廣泛的人類互動，包括公司之間的商業關係、貿易談判、公共財的分配，以及資源管理的政治，此外還在人類合作的演化中發揮了「決定性」作用。換句話說，費爾最初對不公平工資的好奇爆發為對人類利他精神本質的廣泛研究。

用最簡單的方式來說，利他就是自私的反面。利他可以是與他人互動時的一種無私，也可以是促進整個群體福祉的行為。科學家承認，利他行為事實上有許多複雜的動機，而且這些動機並非全都是討喜的——既可以是出於無私或強烈的憐憫，也可以是因為渴望博取好名聲。

但人類似乎也有一種天生的合作欲望。在利用賽局理論探索人類利他精神的實驗中，研究人員一再發現，人們最初通常傾向選擇合作——至少在他們遭對手背叛之前是這樣。[22] 一旦遭到背叛，多數人會改為奉行一種比較謹慎的合作策略，也就是一報還一報（tit-for-tat）：以合作報答對手的合作，以自私懲罰對手的自私。這種一報還一報的合作最初出現在賽局理論的電腦模擬中，因此產生了「強相互性」（strong reciprocity）的概念。[23] 這個概念由聖塔菲研究所的山繆．鮑爾斯（Samuel Bowles）和赫伯．金提斯（Herbert Gintis）普及，是指人類根深柢固的獎勵有貢獻者和懲罰背叛者的習慣。

無論你是經濟學家還是生物學家，關於利他有個顯而易見的問題（或許是顯而易見的達爾文式問題）：對那個為了利他而有所犧牲的人來說，利他有什麼好處？答案之一是利他行為可以提升這個人在社群中的名聲，一如自私的行為很可能會降低其他人與你合作的意欲。複雜的社會群體中的持續關係尤其如此——利用賽局理論做實驗的研究者試圖以同一賽局的連續多個回合模擬這種連續的互動。但提升個人的名聲並非只是可以獲得一種社會報酬，你還可能得到生殖成功這個達爾文大獎，因為利他行為的終極演化利益可能是增強當事人的生殖吸引力。[24]如生物學家指出，與其他動物不同的是，人類可能利用利他行為來向其他人展現自己某程度上無形但非常誘人的一些特質；這些特質使當事人成為更可取的交配伴侶，以及在衝突即將發生時成為更可取的盟友。

但是，建立名聲可能需要很長的時間，而且名聲總是變動的——梵谷死後很久才成為公認的天才，而且他與耶穌在同時代的人眼中都並非只是有點瘋而已。一個人出於利他精神行事，對他到底有什麼好處？二〇〇二年開始出現一種答案，當時神經科學家安排一些人玩一個考驗社會合作意志的賽局，同時掃描他們的大腦。這個賽局就是著名的囚犯困境。

在這個經典賽局中，兩名參與者（「嫌疑人」）分處不同的「牢房」，獄卒給他們幾個選項。[25]如果一名嫌疑人與當局合作並出賣另一嫌疑人，前者將獲得自由，被出賣者則會被判處十年監禁；如果兩人都保持緘默（事實證明這是賽局參與者之間的一種合作形式），兩人都將必須坐牢，但刑期僅為六個月；而如果兩人都試圖出賣對方，則他們都將被監禁五年。因此，任何人只要是處於長期的關係中（只要不是一次性的萍水相逢），明智的選擇是相互合作。但合作還是必須付出代價，那麼合作有什麼了不起呢？

在二〇〇二年發表的一項研究中，詹姆斯．李林（James K. Rilling）及其同事第一次證明了這件事：在賽局中選擇合作（也就是保持緘默，拒絕出賣另一玩家）並看到自己的合作得到另一玩家報答的人，大腦的酬償中樞（就是大腦在強化學習中活躍起來的那部分）會出現明顯的活動。[26]這種活動由神經傳導物質多巴胺驅動，它刺激中腦（尤其是紋狀體）深處和眼窩額葉皮質的受體。粗略而言，對大腦來說，與人合作產生的神經刺激如同性愛、毒品和搖滾樂。意外嗎？

多巴胺與利他精神的關聯真正迷人之處，在於合作必須夠「切身和個人」，才可以在大腦的酬償迴路中燃起煙火。例如在實驗中，受試者用電腦玩囚犯困境時，如果大腦的酬償迴路遇到的合作只是數位形式，基本上是呵欠連連；如果互動對象是有合作功能但無生氣的液晶顯示器，你是很難有興奮感的。[27]利他行為看來需要另一個有血有肉的人來激起酬償中樞的反應（進而引起伴隨合作發生的高度神經注意）。

這些關於利他的初步實驗引出懲罰這個更大的問題，而懲罰是利他、合作，以及（在我看來）智慧的一部分。所羅門早年的行為，也就是在上帝於夢中賜予他智慧之前的行為，實際上可能比我們最初所想的更有智慧。雖然看似殘酷無情，所羅門消滅對手亞多尼雅的決定使新生的以色列人部族得以茁壯成長（亞多尼雅試圖繞過王位繼承規則，這行為可視為聖經版本的「搭便車」）。也許這種極端的懲罰損害了所羅門的名聲，但他藉由剷除對手，為建立一個合作的、組織有方的、最終成功的國家鋪平了道路。

因此，所羅門王的無情可能粗略告訴了我們關於公平和社會正義的一些重要東西。為了使利他精神得以發揮作用，作弊者和搭便車者必須受到約束（甚至是直接受懲罰）。這似乎有很深的演化根源（研究人員已經在猴子身上發現利他行為）。[28]而且在學者主持的一些理論賽局中，我們也能看到利他與懲罰的結合。但是，我們可以在日常生活中找到反映這些理論的真實事例嗎？我是美式足球迷，在休閒閱讀中看到了一件事，這事使我確信世上最知名的其中一項體育事業之所以如此成功，正是拜利他懲罰（altruistic punishment）所賜。

二〇〇六年，美國國家美式足球聯盟（NFL）與五個電視網絡達成為期五年、價值二百四十億美元的轉播協議；這筆創紀錄的交易每年帶給ＮＦＬ三十七億美元的收入，這些收入將由三十二支球隊平分。[29]這與一九六二年的第一份轉播協議有天壤之別，當時是與單一電視網絡簽約，僅帶給聯盟四百六十萬美元的收入。不過，一九六一年談判第一份協議時，收入分配方式是由經濟學家所講的「最後通牒賽局」（the ultimatum game）的一個實例決定的——恩斯特．費爾和其他經濟學家常在實驗中利用這種賽局研究利他懲罰。

最後通牒賽局是這麼玩的：兩名玩家分別扮演「提議者」和「接受者」，提議者獲得一筆錢（譬如說一百美元），可以決定要分多少錢給接受者。不過，如果接受者覺得提議者分給他的錢少到羞辱人，可以選擇以不公平為理由拒絕接受，在這種情況下，兩名玩家都將一無所得。[30]

人類在這種互動中有一個可預料的對於公平認知的門檻：許多研究顯示，如果提議者決定分給接受者的錢只有總金額的百分之二十五（在上述例子中是二十五美元）或更少，接受者通常會以不公平為由拒絕，結果是兩人都將一無所得。[31]接受者不但自己犧牲了一些好處（此舉因此可說是利他的），還使提議者無法得到不公平的更大份好處（此舉因此成為利他**懲罰**）。這種結果違反典型的經濟學理論，因為放棄自己可以得到的好處（哪怕是很少的好處）以阻止別人得到較大的好處，傳統上被視為不理性的行為，至少在經濟學家看來是這樣。事實上，這是賽局理論版本的自損損人——不惜損害自己以損害別人。

一九六〇年，在邁阿密舉行的ＮＦＬ聯盟會議上，與自損損人威脅非常相似的情況發生了。當時的大市場球隊洛杉磯公羊隊的老闆丹．里夫斯（Dan Reeves）遇上小市場球隊匹茲堡鋼人隊的年輕高層丹．魯尼（Dan Rooney），兩人就電視轉播收入該如何分配發生了爭執。根據魯尼出版的自傳，里夫斯當時堅持：「如果要達成全套協議，大市場球隊應該分到比較多收入。我們有幾種方法可以做到這一點。」[32]

「我們只有一種可行的方法，那就是各球隊平分收入，」魯尼回擊道。

「你絕不可能有足夠的票數通過這種方案。這是不可能發生的！」里夫斯雷霆大怒。

但是，魯尼認為，全套協議的收益平均分配給各球隊，可為整個聯盟創造更多收入（這項預測證實是正確的），還可讓小市場球隊在球場上保持競爭力，並在球場外免於破產（這項預測也證實是正確的）。但大市場球隊堅持他們有權獲得更大份的收入。里夫斯與魯尼就收入分配問題爭論不休，匹茲堡鋼人隊的老闆一度威脅在公羊隊於匹茲堡比賽時，切斷對洛杉磯的轉播。「這樣的話你會完全分不到錢，」里夫斯指出。

「你也是！」魯尼答道。「你一毛錢也拿不到，而且你會損失更多。」

以上對話發生時，fMRI 機器甚至還沒面世，但如果科學家在那時候可以觀察丹．魯尼的大腦，他們很可能會看到一種熟悉的形態，也就是數以百計的實驗受試者在最後通牒賽局中強烈感受到不公平時大腦呈現的形態。事實上，在二〇〇三年，艾倫．桑菲（Alan Sanfey）及其同事首次看到，我們在最後通牒賽局中強烈感受到不公平時，一個已確切界定的神經迴路活躍了起來。[33]他們看到背側紋狀體（記錄酬償的地方）和腦島皮質變得特別活躍，這兩個皮質組織的小結（在大腦兩側各一個）看來參與了對不公平和厭惡的感知；前扣帶迴皮質的活動也增強了，這是一種內部衝突的神經晴雨表。（應該補充的是，一如幾乎所有大腦活動，這種活躍程度可以增強或減弱，取決於情緒狀態、對過往事件的記憶之類的因素。）

如果你從大局出發，著眼於整個社群的長期福祉，你會發現魯尼的行為似乎一點也不離譜。事實上，它看來特別睿智。幾乎所有人都認為，各球隊同意達成單一轉播協議並平分收入，是

ＮＦＬ成為美國以至全球最成功運動事業的一個重要因素。它促進了這個聯盟的競爭活力和財務健康。或許對聯盟的聲譽（進而其品牌）最重要的是，球迷認為場上的競爭是公平的。因此，魯尼在真實的最後通牒賽局中對丹．里夫斯的「懲罰」（心理學上較準確的說法是**威脅**動用經濟之劍），實際上帶給他的「群體」ＮＦＬ巨大的好處。

說到底，合作的意義全在這裡（合作實際上是社會智慧的另一個名稱）。正如哈佛大學生物學家馬丁．諾瓦克（Martin A. Nowak）所說：「從狩獵採集社會到民族國家，合作是人類社會的決定性組織原則。」[34]最重要的是，諾瓦克認為合作提升了一個群體的「平均健康程度」，而這其實是換個說法告訴我們：天擇有利於相處融洽的群體。這一切始於一種公平感。

我向恩斯特．費爾講述ＮＦＬ事件時，他看來樂於得知利他懲罰似乎在美國運動文化中發揮了如此積極的作用。他說：「這當中有一種相互依賴關係，使人可以合理地主張聯盟的收入不可以按比例分配，也就是不能讓洛杉磯這種大城市分到較多收入，而匹茲堡這種小城市則分到較少收入。這當中有真正的公平感發揮了作用。」[35]

‖

魯尼事件是現實中的一個例子，說明了明智的利他行為可以如何長期實際造福一個社群。為了群體的長期利益犧牲自己的短期利益，可說是人類最有智慧的行為之一（群體可以是家庭、社區、公司、運動聯盟，或國家）。但明智利他需要結合多種不同的認知和情感技能，包括辨識一個情境中根本不公平之處；理解合作的價值；勇於為了更大的目標而犧牲自己眼前的利益；以及耐心等待那個更大的目標帶來好處。這些技能都反映了大腦中的神經過程，當中有一些將在後面的章節中討論，但值得注意的是，利他懲罰的概念顯得對人類社會中的合作至關重要——費爾、鮑爾斯、金提斯和埃默里大學的約瑟夫・亨里奇（Joseph Henrich）的研究尤其證明了這一點。

無論是狩獵採集部落還是民族國家，一個社會要以合作的方式運作，其成員或領袖必須制裁違反規則的人。[36]公平是有效合作的關鍵。在史前時期，作弊者很可能是沒有在狩獵採集中做出合理的貢獻但設法分到食物的人（這裡的情況也有點複雜：資源充裕時，作弊很可能不會使群體蒙受重大物質損失，但可能導致社會結構出現微小但不可接受的裂痕，資源匱乏之時就惡化為危及整個群體的大撕裂）。在現代，尤其是在實驗環境下（例如玩最後通牒賽局或其他模擬的行為挑戰），作弊者往往是在金錢上比較自私，拿走很多好處但不願做出相應的貢獻。

這些實驗賽局在多大程度上反映了日常的社會互動？正如費爾及其同事烏爾斯・費施巴赫（Urs Fischbacher）在二〇〇三年的一篇論文中指出：「執行許多社會規範——例如狩獵採集社會的食物分享規範——的一個關鍵條件，是違反規範的人受到懲罰，但不是因為他們對施加懲罰者做了些什麼，而是因為他們對其他人做了不對的事。」[37]換句話說，在真實的社會互動中，作弊者受懲罰往往不是因為他們對某個人做了不對的事，而是因為他們危害整個群體的利益。

生物學與智慧是否在這一點上會合了？嚴格而言是沒有，因為相關實驗太難了（至少現在是這樣）。但加州大學洛杉磯分校人類學教授羅伯・博伊德受訪時願意把零星的要點連起來，他對文化在演化中的角色有深刻的思考。他說：「我們長期生活在重視合作的社會裡，反社會人格障礙者在這種社會裡表現不佳。為什麼我們不像狒狒那樣，由雄性首領支配社會就好？我們有這種經由文化傳承的道德體系，裡面有很多人們視為智慧的東西。」[38]

既然如此，古代智慧（包括儒家思想、佛教、伊斯蘭教、基督教、猶太教、希臘哲學）的基礎文本用了大量篇幅定義正確的行為準則，而且往往是以極其精細和準法律的方式，也就不足為奇。巨大的哲學和神學能量被用來認識人性，以便知道如何發現作弊者以及在哪裡尋找反社會行為的線索。

這個領域的研究又意外產生了一項重大的生物學發現：人們從事利他懲罰時，大腦中活躍起來的部分正是他們與人合作時大腦活躍起來的部分（背側紋狀體的酬償中樞）。也就是說，合作**與**懲罰都使我們得到神經刺激。[39]在二〇〇六年一個迷人的實驗中，費爾及其瑞士同事證明了我們甚至有可能暫時消除人們內在的「相互公平」（reciprocal fairness）意識（這種意識可說是我們的社會正義「模組」）中的相互部分。如何做到？答案是在實驗受試者玩最後通牒賽局時，刺激其大腦的特定部位。

在這個實驗中，受試者收到羞辱性的不公平條件。[40]受試者內心因此強烈不平之際，研究人員針對受試者的右背外側前額葉皮質施以精確（而且絕對無害）的穿顱磁刺激（TMS），該部位是賽局來到這一步時，大腦通常會要求當事人反擊的那個部位。值得注意的是，受試者**知道**自己受到根本不公平和不可接受的對待，但**在神經上無法**基於這種不公平感採取利他行動；他們未能拒絕不公平的提議，因為他們大腦的一個認知部位受到外部TMS干擾。

費爾的團隊協助開創了利用這種大腦干擾技術深入研究利他懲罰的神經生物學做法，而他們的實驗證實，大腦的一個情感部分（腦島）辨識出不公平（至少是這個簡化賽局中的不公平），大腦的一個偏重認知的部分（前額葉皮質）則活躍起來以糾正不公平。費爾及其同事認為，由此看來，大腦的認知部分對我們克服自私、經濟自利，以及（說得直接點）貪婪是必要的。

為人父母者都知道，智慧的一部分是知道何時應該懲罰子女、給予多重的懲罰，以及何時不做任何事。我們如何決定正確的懲罰「劑量」？而這種家庭互動層面上的「有智慧」行為，是否在任何方面呼應社會公平和分配正義的宏大哲學思考？（社會公平和分配正義正是我們的集體社會智慧的核心部分。）

從兩個實驗看來，利他的神經科學有巨大的社會和哲學意義。二〇〇八年，伊利諾大學和加州理工學院的研究人員做了一項關於社會公平和分配正義的巧妙實驗，其目標之一是揭開哲學史上兩項長期爭論的神經帷幕。[41] 其中一項涉及為多數人謀取更大利益（彌爾闡述的效益主義）與每一個人的最高權利（如哲學家約翰．羅爾斯〔John Rawls〕主張的義務論）之間的矛盾。另一項爭論涉及這個問題：我們的正義感是根植於理性，一如康德和羅爾斯的詳盡論述所言，還是根植於逾兩個世紀前年輕的亞當斯密提出的那種道德情感？（各位看過本書討論道德判斷那一章，應該記得這與道德決定是基於理性還是情感的問題是一樣的。）

研究人員利用如何分配救濟金給烏干達一家孤兒院的兒童這樣一個情境，探討上述這些古老的問題。他們安排二十六名受試者（平均年齡約四十歲）思考如何分配救濟金（可以分給很多兒童每人一點點救濟金，或分給較少數兒童每人一筆比較有意義的救濟金），同時掃描他們的大腦。這個難題使公平（每個孩子都有權利獲得救濟）與效率（救濟可以不必惠及每一個人，但必須盡可能真的幫助到人）對立起來，而這正是我們在促進公平正義時遇到的核心矛盾。事實上，這是一種實際的社會（往往也是政治的）決策，作這決策所需的智慧與所羅門的故事相呼應。

ＭＲＩ掃描顯示，受試者處理這種問題時，神經系統有一定的分工。對社會不公平的感知增強了腦島皮質的活動；這並不令人意外，因為早期的利他精神實驗已經證明了這一點。此外，大腦努力思考分配正義問題時，被稱為核殼的一個小區域會活躍起來；核殼似乎負責衡量不同行動方案的效率。這兩個區域都將它們對救濟金分配計畫的評價傳送到第三個區域（尾核／中隔膝下區域），以便「統一衡量效率與公平問題。」[42]

但是，這個實驗的結果值得我們特別注意的不是神經迴路本身，而是這些迴路的表現因人而異。不同的人對不公平和效率問題的敏感程度顯著不同；這些差異源自哪裡尚不清楚，但各人對社會不公平問題的神經處理有很多差異，以至於這些令人困擾的問題看來沒有「正確」的處理方法。論文作者（Ming Hsu、Cedric Anen 和 Steven R. Quartz）在《科學》期刊上寫道：「較廣泛而言，實驗結果支持康德和羅爾斯的直覺，即正義根植於公平感。但與康德和羅爾斯所想的不同，這種感覺不是應用理性的道義原則的結果，而是來自情感處理，而這為道德情感論提供了暗示性證據。」[43] 換句話說，年輕時善感的亞當斯密對公平的根源的看法似乎是正確的。

這種進取的研究，這種傳統哲學與大腦新科學的對話，除了有助我們認識個人行為，還有助我們認識群體的智慧乃至制度的智慧。二〇〇六年，歐洲的研究人員發表了一項實驗結果，證實即使是自私和貪婪的烏合之眾，最終也能看到執行利他懲罰的社會制度的智慧。[44] 這個實驗有點複雜，但請忍耐一下，因為結局非常令人驚訝。

德國埃爾富特大學和倫敦政經學院的研究人員招募了數十名受試者，要求他們選擇加入兩個「機構」的其中一個，加入後每人將獲得一筆錢作為機構成員的「財產」。實驗主持人告訴受試者，其中一個機構對成員有獎懲，另一個機構對成員不會有任何懲罰。受試者選擇了機構加入後，實驗進入第二階段：兩個機構的成員都被要求玩一個「公共財」遊戲，面對個人私利與群體福祉對立的經典難題。在這種情況下，無懲罰機構的成員可以自願捐出自己的部分財產作為公共財，但在另一個機構，不捐財產的人將面臨懲罰。

遊戲展開後，無懲罰機構中近一半的人成了搭便車者，而公益捐贈最終降至零。[45]雖然無懲罰機構一開始帶給成員更多物質利益（因為貪婪的人保住更多財產），但這種優勢很快就逐漸消失。與此同時，在有獎懲的機構裡，成員得到的利益起初比較少，但因為機構懲罰不做公益捐贈的人，對群體有貢獻的人最終得到了更多好處。假以時日，有獎懲機構的成員享有的福祉比無懲罰機構的成員好得多。

在實驗的第三階段（也是最令人震驚的階段），在每一輪遊戲結束後，受試者會被問是否想轉到另一個機構（他們都已經觀察到這兩個機構在實驗早期階段的運作情況和成員福祉的變化），**結果是無懲罰機構幾乎所有成員，包括搭便車者，都選擇轉移到體現強互惠性的另一個機構**。這就是犯罪者想被人逮到的賽局理論版本；即使是作弊者，在看到會懲罰人但最終成功的機構的智慧時也會承認事實，並且使沒有規範的機構「人口盡失」。[46]

好消息是：選擇根植於利他合作（和懲罰）的制度，這個集體決定是有智慧的。壞消息是：貪婪和搭便車真的會毀掉一個社會（聽起來很熟吧？），直到集體智慧開始發揮作用。在我們生活的這個非虛構世界裡，這問題涉及的利害至為重大。

人類學家約瑟夫．亨里奇指出，「大群體合作之謎」攸關人類各種各樣的問題，包括應對全球氣候變遷、戰鬥中的英勇表現、選舉中的投票策略，以及捐血。[47]「這種合作困難，或者說『公共財』問題，涉及個人付出代價為群體創造利益的情況……困難源自搭便車者，他們享受其他人的貢獻所創造的群體利益，但不付出代價。」正如亨里奇指出，如果作弊者太多，社會合作就可能崩潰。

社會合作確實是脆弱的。在這種「公共財」實驗中，如果研究人員安排受試者只玩一次，結果是受試者通常選擇合作，捐出他們最初獲贈財產的百分之四十至六十作為公共財。[48]但如果研究人員改變遊戲設定，使受試者不可能受到懲罰，結果就是合作很快瓦解。利他者起初對其他人的公益捐獻抱持樂觀態度，但一旦他們清楚看到群體裡有很多搭便車者和作弊者，利他者就會感到幻滅和變得悲觀，並且盡可能減少自己的公益捐獻，導致費爾等人所說的「合作衰滅」。[49]費爾已在理論上證明了這件事：少數自私的人就能夠破壞一個以「強互惠者」（strong reciprocators）為主的群體。

但是，利他懲罰完全改寫了這種貪婪劇本。一報還一報的少數人只要有機會懲罰社會背叛者和不合作的人，就能阻止搭便車者增加，即使作弊者起初可能是群體裡的多數。此外，利他懲罰「糾正」的這一面，與現代智慧概念有出人意表的共鳴。哲學家約翰・凱克斯認為，智慧的一個基本特質是它的糾正性，而因為「智慧是糾正性的，它只有在需要糾正時才發揮出來，當事情不順利時就會發生。」[50]

我們從懲罰作弊者中得到的滿足感與從無私合作中得到的滿足感一樣多，這似乎不像是有智慧的事。但正如恩斯特・費爾某次交談時對我說：「智慧總是與社會互動的文化有關。」[51]

最後，我們來擴大這裡的框架。當然，並不是所有的懲罰都是利他的，而我們需要更高標準的智慧來理解這一點：利他懲罰這概念可能在執行中遭顛覆或腐化。梭倫（Solon）被譽為古希臘七賢之一，原因之一是他廢除了他的前任德拉古（Draco）極度懲罰性的法律（嚴苛的法律因此被稱為是「德拉古式的」〔draconian〕）。[52] 梭倫被問到他認為哪一個城市治理最好時，據說這麼回答：「沒受傷害的人與受傷害的人一樣渴望懲罰犯罪者的城市，就是治理最好的城市。」[53] 這樣的社會確實是有智慧的。

公元前二〇六年，中國高壓嚴苛的秦朝覆滅，孔子的追隨者非常高興。[54] 秦朝的紀律和秩序非常嚴厲，官吏未能按時完成任務會被草率處決。結果有一名押解犯人的官員在意識到自己將會遲到，因此會被就地正法之後，決定釋放所有犯人，然後領導了一場叛亂，最終導致秦朝覆滅。「如果皇帝以仁慈的方式培養忠誠，而不是試圖利用嚴苛的懲罰控制百姓，秦朝可能就不會那麼短命，」研究孔子的學者莎拉．艾倫（Sarah Allen）寫道。[55]

我們在日常生活中必須作的多數重要和困難的決定，不是那種在簡單的遊戲中權衡狹隘金錢利益的非此即彼的簡單抉擇；事實上，這些決定之所以重要和困難，正是因為它們是複雜和模糊的，而且可能在未來許多年都不會有明確的結果。許多這種決定並不像神經經濟學實驗那樣，必須在數秒鐘內給出答案。這種實驗的結果容易使我們誤以為人類的行為有明確的神經地圖，以為某一小塊灰質是衡量公平程度的「中心」，大腦另一部分是「酬償中樞」，還有某個地方則是我們根據對社會正義的判斷採取行動之處。

如果認為發揮作用的只是一些孤立的點，那是有危險的。這其實是個立體、脈動、動態的神經協調網絡；它是可以改變的，而且不斷地變化。它基於不同的輸入項運作，偏重哪些輸入項取決於我們過去的經歷、我們的學識、我們當天的心情、我們可能感受到的普遍不確定性或焦慮、我們當時的生活環境、我們的年齡和人生階段。簡而言之，這是一個因人而異的網絡。真正具有適應性的機器（人類不曾發明適應性可媲美人腦的機器）必須利用有限數量的零組件，調整適應近乎無限數量的問題，滿足工程上的需求，就像我們的生命依賴它一樣——事實確實如此，而我們這個物種已經依賴它數十萬年之久。費爾告訴我：「大腦是個非常巧妙和靈活的裝置，而我們的公平感必定在大腦裡有所體現。」[56]

如果我們在演化過程中都獲得了辨別公平與不公平的能力，而且從利他行為和利他懲罰中獲得深刻的生物滿足感，為什麼我們沒有看到人類具有利他智慧的更多證據？為什麼我們不利用這些追求公平和公益的基本生物衝動來從事大得多和更持久的社會與政治合作？關於這一點，所羅門智慧的故事可說是發人深省。

雖然所羅門獲上帝賜予智慧，但他大腦的酬償中樞開始變得更重視並不利他的其他樂趣。聖經學者指出，這位國王在耶路撒冷為自己建造王宮所花的時間，是建造上帝聖殿的兩倍；他極愛黃金，以至於白銀在他的王國裡只是一種普通金屬。《聖經》中關於所羅門王宮的描述（包括四百個雕刻的石榴、十二頭銅牛支撐一個巨大的浴池，以及進口香柏木做成的精緻牆板），讀起來像是耶路撒冷版的《建築文摘》或聖經版的《富貴名流的生活》。[57]

所羅門一個接一個地違反了上帝在《申命記》中仔細闡述的幾乎每一項王者行為準則。他藐視不得娶太多妻子的規則，成為壓垮他的最後一根稻草。上帝決定懲罰所羅門，因為他的行為在任何人（或許除了自由意志主義者或新古典經濟學者）看來都是反映了失控的自利追求：他已經變成藐視規則、貪得無厭、淫蕩、傲慢的暴君。智者所羅門變成了搭便車者所羅門；上帝最後決定嚴厲懲罰他。如何懲罰呢？

直接受苦的不是所羅門，而是他的親屬。上帝說：「你既行了這事，不遵守我所吩咐你守的約和律例，我必將你的國奪回，賜給你的臣子。」[58]事實上，上帝把所羅門的王國除了一小塊，都賜給了他的僕人耶羅波安，並說：「我必從他兒子的手裡將國奪回，以十個支派賜給你。」[59]結果所羅門的僕人奪走了所羅門王國的絕大部分，所羅門的後裔僅保住他的一小部分財富。

所羅門墮入絕頂愚昧的故事告訴我們，智慧和利他精神都是容易消逝的，而謙遜對維持兩者非常重要，此外就是為了能抱持仁善之心行事，或如經濟學家所講的行為顧及他人的利益，我們必須終身不斷付出近乎超人的努力。我們傾向視運用智慧為一種扶手椅上的活動，但古代聖賢知道這是多麼需要不懈努力的事。一名弟子問孔子明智治理的關鍵何在，孔子答道：「領導他們；鼓勵他們！」弟子追問時，孔子補充了兩個字：「無倦。」[60]

# 第10章

# 耐心——誘惑、延遲滿足和學習等待更大報酬的生物學

自我不是一個可能像笛卡兒的松果體靈魂那樣處於中心位置的器官。它是一種網路伺服器，是各種利益之間合作的中間人，而一如利益，它本身是由差別報酬（具體而言是更好地防禦短期報酬所帶來的長期報酬）產生和塑造的。

——喬治．安斯利（George Ainslie），《意志的崩潰》（*Breakdown of Will*）

難道我沒有保持勇氣，用我的智慧為我們尋找出路嗎？

——荷馬，《奧德賽》中奧德修斯所言

這是所有文學作品中最具心理學意義的場景之一：在地中海的風鼓滿他們的船帆，使他們的船衝向海妖塞壬之島之際，奧德修斯召集他的船員，向他們解釋即將面臨的致命危險。[1]塞壬著名的迷魂歌聲將引誘衝動的水手走向滅亡。奧德修斯渴望欣賞塞壬美妙的歌喉，但他事先已被警告，塞壬「將懶洋洋地躺在她們甜美的草地上，唱到你失魂落魄。」[2]聽這些歌是一種享受，可惜

這種享受對奧德修斯所有的長期利益和目標是致命的。

如果按照一些哲學家的看法，人類的能動性（也就是人類的智慧）最早就是在荷馬史詩中表達出來，那麼《奧德賽》第十二卷就是為許多現代心理學和（令人驚訝的）個體經濟學見解提供了原始案例研究；這些見解涉及耐心的本質、衝動控制，以及當眼前的誘惑可能導致我們違背自身最佳利益時，人類頭腦中為了就未來作出正確和明智的抉擇而出現的日常鬥爭。

奧德修斯的頭腦為之掙扎的難題，是兩種利益之間的典型衝突，而這種與時間有關的鬥爭長期以來一直使哲學家、心理學家、神經科學家以至經濟學家為之著迷。一邊是短期利益：奧德修斯渴望欣賞塞壬的歌聲（這也意味著他很可能將因為沉迷於這種誘惑而毀掉他的船）。另一邊是長期利益：回到他的妻子和孩子身邊。長遠而言，回家與家人團聚比聽一首悅耳的歌重要得多。但短期而言，聽歌似乎誘人得多。在大腦這個市場裡，這些不同的價值在分子和演算法的層面受檢驗和衡量，而價值最大的選項將征服決策者，但這種古老的衝突涉及一個神經上的困難：當你接近塞壬之島時，聽塞壬唱歌的價值會突然看似比回家團聚大得多。借用一名科學家的說法，接近短期報酬會使我們感知事物價值的方式出現「意想不到的扭曲」。[3]

如果智慧某程度上是因為知道什麼最重要而產生的決定和行動，我們如何克服這種固有的感知扭曲？在奧德修斯的例子中，成功的解決方案始於認識到聽塞壬唱歌的衝動雖然看似不可抗拒，但會破壞更重要的長期計畫。明白這一點之後，奧德修斯必須利用某種策略來戰勝急躁、衝動的自己。為此，他用被太陽曬軟的蜂蠟（又是蜜蜂！）塞住船員的耳朵，並指示他們把他綁在船的桅杆上，而無論他在塞壬的影響下說些什麼，船員都必須無視他激動的手勢，把他更緊地綁在桅杆上。簡而言之，他想像中的未來的自己必須智取他現在的自己，如此方能實現他想像中的未來——終於回到家裡與妻子珀涅羅珀和他的孩子們團聚。打個比方，這與我們抗拒會破壞節食計畫的巧克力、抗拒會使我們無法保持清醒的酒、抗拒會破壞儲蓄計畫的衝動購物（例如買一台寬螢幕電視）、抗拒會毀掉婚姻的調情時所經歷的鬥爭是一樣的。在喬治・安斯利看來，這種掙扎全都可歸結為我們現在的自己與未來的自己之間的辯論；他長期研究這種現象，研究對象非常廣，包括老鼠、鴿子、人類以至荷馬。

奧德修斯的塞壬困境並非只是文學作品中一則關於耐心的軼事。心理學家喬恩・埃爾斯特（Jon Elster）就寫了《奧德修斯與塞壬：理性與不理性的研究》（*Ulysses and the Sirens: Studies in Rationality and Irrationality*）這本專著討論它（他在成癮和報酬選擇的生物學研究方面做了開創性的工作）。[4] 安斯利一九六〇年代在哈佛大學利用鴿子做的早期實驗揭示了這種抉擇的生物學原理，他在著述中一再回到奧德修斯的例子，以說明我們權衡即時與延遲的報酬時，大腦中發生的那種混戰，這個過程被稱為「跨期議價」（intertemporal bargaining）。

正是安斯利第一個認識到以下這些事：這種衝突可以畫成一個預測人類行為的圖表；蘇格拉底早就料到這種圖表；這種圖表所預料的內部心理衝突顯現在所有描寫人性脆弱的文學作品中，從荷馬到聖奧古斯丁和莎士比亞，以至旨在賺錢、粗製濫造的許多當代小說；這種圖表捕捉到自毀衝動主題的所有變奏，從違反節食計畫到屈服於吸菸的衝動，以至每天損害我們對未來的希望的數十種自毀行為。這種圖表被稱為「雙曲型折現曲線」（hyperbolic discount curve），而它不但預料到奧德修斯若不是巧妙地克服了他的短期欲望，就必將屈服於塞壬的誘惑，還預料到人類的衝動和促進人類耐心的認知技巧。

安斯利寫道，雙曲型折現「使一個人與自己對立起來，使聽塞壬唱歌的奧德修斯成為決心回家的奧德修斯的敵人。」[5]因為雙曲型折現很可能反映了一種基本的神經過程，它要求我們運用一系列的技巧來抗拒誘惑和發揮耐心。最重要的技巧就是安斯利所說的運用「意志力」（willpower），而他指出，意志力是一種認知和行動的技能，相當於一種智慧。

||

賓州科茨維爾郊區的退伍軍人醫院距離荷馬筆下的大海非常非常遠。這間醫院由一些顯得陰森的大蕭條時期紅磚建築構成，它們座落於費城以西約五十哩的灰色小山坡上，城郊在這裡逐漸變成了農村的空地。許多來這裡治病的退伍軍人是精神病患者，而他們幾乎全都不知道，這裡有一名精神科醫師是研究自我控制、破壞行為和人類明智抉擇潛力的最深入和最全面的思想家之一。

我會去科茨維爾，是因為安斯利的名字不斷出現在範圍廣泛的各種對話和脈絡中。一位知名的哈佛大學經濟學家稱他為「天才」。[6]閱歷豐富、涉獵廣泛的經濟學家羅伯．法蘭克（Robert Frank）在他的著作《落後》（*Falling Behind*）中指安斯利是「我有幸認識的最有意思、最有創造力的人之一」，並指安斯利一九九二年出版的《微微觀經濟學》（*Picoeconomics*）是傑作。[7]和我談過的重要神經科學家，包括紐約大學的納撒尼爾．道（Nathaniel Daw）和倫敦大學學院的彼得．達揚，都推薦我看安斯利二〇〇一年出版的《意志的崩潰》。[8]這本書簡短但豐富，對人類行為（也就是不智之舉）的動機有哲學上的沉思，也有科學上的解釋。它以某種方式將非常微觀層面的大腦功能的經濟學觀點（因此有「微微觀經濟學」這東西），結合了人類行為的大局觀，由此進入了智慧的領域。

我到退伍軍人醫院拜訪他時，安斯利在十一號樓二樓的小窩更像是一種地質結構，而不是一間辦公室：翻印的資料像石筍一樣從地板上升起，遍布各個角落和桌子底下，房間邊緣的架子沉積環有如頁岩，科學論文疊了薄薄的一層又一層。房間一端的書架和蔓延到外面走廊的書，暴露了安斯利關於人類行為的廣泛科學思想的所有參考點：《神經科學原理》（*Principles of Neural Science*）是少不了的，但也有佛洛伊德和聖多瑪斯．阿奎納的著作，喬治．華倫特的《適應人生》，威廉．赫茲利特（William Hazlitt）的文章，以及行為經濟學的文獻。八卷本的《哲學百科全書》就在他工作椅伸手可及之處，在他的電腦螢幕的右邊（旁邊是他妻子的相框照片）。

安斯利說：「自我控制，實際上是令未來變得更美好的技藝。」，他是在說奧德修斯必須如何在他的頭腦裡設定塞壬問題；在大腦這個市場裡，眼前的利益與未來的利益爭著支配當事人。回家團聚的想法必須牽動他的心，而估計這個未來的價值（一個我們想像的，動用認知能力估算的，或簡單編造的價值）則是意志的作為，它使奧德修斯傾向努力克服衝動。安斯利說：「這個過程是建構你對自身品格的想法，你對天堂的想法，你對合乎道德的生活的想法，你對自己長期而言想成為哪一種人的想法。而那個想法，那種興趣，存在於大腦市場裡，它擊退了塞壬。智慧並非只是一種洞察力，它還是一種預算技能。奧德修斯的智慧並非只是知道他最好能避免觸礁，而是還知道如何處理觸礁的可能。」

安斯利說話急促，聲音沙啞，充滿權威感，但你一開始最注意的是他狹長的光頭，旁邊是一圈灰白頭髮，額頭高得驚人；他使我想起科幻電影裡那種高度進化的未來人類，他們的前腦異常大。雖然安斯利認為大腦是各種利益相互競爭的一個市場，但他不是古典經濟學家的朋友（他否定標準效用理論，因為他認為這種理論對人類偏好的內在衝突有根本的誤解）。但行為經濟學家數十年來一直非常欣賞他的研究，因為它對人類的行為很有洞察力；心理學家和精神病學家欣賞他對佛洛伊德思想意外友好的態度（「我總是說，如果佛洛伊德是一支股票，現在就是買進的時候」）；神經科學家受他啟發，展開了關於耐心和衝動的一系列新實驗；人文主義者應該會喜歡他，因為他的人類行為模型容許的自由意志可能性多於其他神經科學模型。但是，他的日常工作，他狹窄的臨床興趣是關於動機，尤其是動機如何影響藥物成癮，因為在他看來，任何一種成癮都是嚴重貶低未來的價值以支持即時滿足。正如安斯利寫道，這些行為根植於一種生物機制，它顯示「人類如何有意識地選擇做他們將會後悔的事。」[10]

一系列的動物行為實驗意外結果引導安斯利建立他的意志力經濟學模型。[11]他在紐約州賓漢頓市長大，一九六〇年代在耶魯學習心理學。他在耶魯利用兩隻老鼠做了一些早期實驗，探討決策中的一個不尋常難題：在相隔一段時間的兩項報酬之間作出選擇，一項是馬上可以得到但比較少的報酬，一項是必須投入較多時間和力氣才可以得到的較大報酬。你不必是火箭科學家，也能看到這種抉擇的隱喻意義。

在這個實驗中，安斯利先為老鼠做了一個簡單的迷宮。[12]想像一下你是一隻老鼠，進入一個門口後，眼前是兩條並排的長走廊。如果你沿著左邊走廊一路走到底（就像安斯利的老鼠被訓練去做那樣），然後繞過盡頭的角落一路走回來，你為此付出時間和氣力將得到美味的報酬：三粒食物。另一方面，如果你向右走，你會看到一條類似的長走廊，但有一點不同：右邊牆上有一個洞，它讓你立即得到食物，不必一直走到走廊的盡頭再走回來。但是，如果你選擇這條誘人的捷徑，你只能得到一粒食物。如果老鼠在靠近這個牆洞時選擇一條走廊，牠們會選右邊，也就是選擇立即得到較少的報酬。這完全不令人意外，因為研究人員在此之前已經確定，動物如果可以立即得到較少的報酬，牠們往往會低估較大但延遲的報酬的價值——這種過程被稱為「時間折扣」

（temporal discounting）。

但安斯利接著非常巧妙地調整了一下迷宮的設計。他把右走廊的牆洞移到離起點比較遠但仍可看見的地方。在此情況下，受過訓練的老鼠在到達洞口之前就必須作出選擇，結果牠們出人意表地傾向選擇左邊的走廊（因此也就是選擇比較大的延遲報酬），而不是受右邊牆洞的塞壬之歌誘惑。這聽起來像是百萬個乏味的齧齒動物實驗的其中一個，但它為古典經濟學中的許多模型埋下了毀滅的種子，因為那些模型假定偏好永遠不變，除非當事人獲得新資訊。

這種避開誘惑的表現是心理學和經濟學都沒有預料到的，但兩隻老鼠這種奇妙的行為還不足以撐起一篇論文，遑論一個理論。一九六五年，安斯利被迫暫時放下他的實驗，開始在哈佛醫學院學習。但是，他在醫學院第二年偶然訪問行為心理學家理查．赫恩斯坦（Richard J. Herrnstein）的實驗室。對科學界以外的大眾來說，赫恩斯坦最著名和有爭議的事跡，是與查爾斯．莫瑞（Charles Murray）合著出版《鐘形曲線》（*The Bell Curve*）一書，但在科學界（以及後來的行為經濟學領域），他更為人所知的是發現所謂的「匹配法則」（the matching law）。[13]在安斯利就讀哈佛之前不久發表的一系列著名實驗中，赫恩斯坦證明了這件事：動物如果可以從兩個並排的來源獲得獎勵，牠們分別選擇這兩個來源的次數與獲得獎勵的平均速度成正比。換句話說，受試者的選擇與得到報酬的速度（以及報酬的頻率和大小）相匹配。

這些實驗起初似乎與奧德修斯的問題沒什麼關係，但赫恩斯坦安排安斯利到鴿子實驗室做研究。安斯利利用鴿子檢驗赫恩斯坦的公式，那些鴿子面臨一項選擇：可以選擇較晚得到較大的報酬，也可以選擇較早得到較少的報酬（正是安斯利之前在老鼠實驗中設計的那種選擇）。根據赫恩斯坦的公式，動物在接近較早較少的報酬時會傾向選擇這種報酬，但如果離這種報酬比較遠，則可能改變主意，選擇較晚較大的報酬——行為上相當於把自己綁在桅杆上，以便獲得較大的報酬。一些鴿子（雖然不是全部）學會了選擇較晚較大的報酬，而安斯利把初步結果畫成一個圖表。

安斯利回憶道：「我去找迪克〔赫恩斯坦〕，然後說：『你看，這是一條雙曲線。』」[14]他的意思是，所感知的報酬價值可以畫成一條曲線——實際上就是著名的雙曲型折現曲線。各位可以跳過下面關於這種曲線的技術討論，除非你曾無法遵循節食計畫、對伴侶不忠、宿醉醒來、屈服於誘惑，或是曾在衝動下做過事後後悔的事。如此說來，應該是沒有人可以跳過以下的技術討論。

行為科學家早就注意到時間折扣現象，但他們假設動物和人折算未來報酬為現值的方式，總是與銀行業者折算未來的款項為現值的方式相同，也就是根據某個固定的折現率，將未來的價值打折算出現值；款項距離現在越久，現值的折扣越大。（在演化上，這似乎是有道理的，因為只有這樣，你對未來不同時間出現的兩項報酬的相對偏好，才可以在你接近得到它們時保持不變。）如此一來，動物或人就可以隨著時間的推移保持一致的相對偏好，因此可能具有更強的適應能力。

但雙曲型折現比較蠢：它只是將報酬支付時的價值除以必須等待的時間，就得出現值。雙曲型折現曲線預料到我們估算事物價值的方式會出現奇怪的扭曲。根據這種折現方式，某件事——例如在賽馬場玩一天，或與情人共度一晚——一年後發生的價值，對你來說與同一件事一年又一天後發生的價值幾乎完全相同。但是，如果這件事明天就發生，你卻會覺得它的價值是同一件事後天才發生的兩倍。

這種感知扭曲導致許多錯覺，包括你走向一座建築時，它會顯得越來越高。安斯利發現，隨著你越來越接近一項可以較早得到但比較小的報酬，到了某個時候，你會覺得它比實際上更大但較晚才可以得到的另一項報酬還要大，就像你走向一座大樓時，到了某個點，你會覺得它比在它後面、實際上更高的一座大樓還要高。隨著比較小的那項報酬越來越接近，反映較小報酬表面價值的曲線會升至較大報酬的曲線上方。你或許仍明白後面的獎勵實際上比較大，但如果感覺直接影響你的行為，就像塞壬的歌聲那樣，光靠這種理解將不足以控制你的選擇。指數曲線（exponential curve）表現出偏好在時間推移中保持一致，相對於此，雙曲線更像拉開的弓。因為雙曲線往往導致我們的偏好不一致，它有可能造成很大的惡果。

雙曲型折現曲線可說是反映我們**感覺**什麼東西重要的圖表，而雙曲型折現之所以對人類有重大潛在危害，是因為我們的欲望和決定的軌跡也遵循這種雙曲線形狀。[15] 在大量涉及在即時報酬與延遲報酬之間作出選擇的實驗中，人類的行為始終可悲地遵循這種模式。[16] 我們緊緊抓住眼前那隻骨瘦如柴的小鳥，而且在理應清楚知道自己應該以灌木叢裡那隻肥美的野雞為目標之後，仍繼續追逐那隻小鳥。在我們對遠與近、大與小的報酬的價值評估中，那兩條曲線會相交，因為它們是雙曲線；它們反映我們的大腦如何估算不可兼得的選項的價值。

這種現象沒那麼數學化的一種說法是：我們在神經上註定受這種雙曲型感知扭曲影響，以致我們在接近比較小的報酬時，會把它看成超過其實際大小的報酬，就像奧德修斯如果不事先防範，在接近塞壬時必將受誘惑觸礁那樣。甚至蘇格拉底也意識到這是感知扭曲的問題：「同樣大小的東西，不是近看比較大，遠看比較小嗎？」[17] 他是在談視覺感知和尺度，因此是不自覺地提出了一個神經學觀點。安斯利將這種矛盾比作是「因為站在離一座較矮的建築物很近的地方，沒有意識到它後面那座建築物其實高得多。」[18] 因此，這與我們的大腦為發生時間和報酬大小都不同的選項設定價值的方式有關。如果這不是人類智慧面對的困難，那就沒有什麼是了。

赫恩斯坦安排安斯利在鴿子實驗室重做他的折現實驗之後，安斯利花了將近六年時間蒐集所有資料，但到了安斯利發表結果的時候（第一批曲線發表於一九七四年），鴿子實驗出人意表地清楚揭示了為什麼那麼多人類的抉擇註定失敗。[19]除非我們學會以某種方式將我們的衝動綁在桅杆上，不智的短期利益考量必將支配我們的決定。這些關於耐心與衝動的生物學的早期實驗引起經濟學家的注意，因為根據實驗結果推論，消費者在當下傾向欠缺耐性，考慮未來的決定時則傾向有耐心。

但這些實驗給我們的啟示遠非如此而已。正如安斯利在《意志的崩潰》中寫道：「聰明人做蠢事，或必須智取自己以免做蠢事，這種諷刺的情況在文學作品中一再出現。」[20]而克服立即滿足的衝動的關鍵，則是聖奧古斯丁經常談到的意志力。正如安斯利所說：「我們通常需要某種努力（又是意志力），才能夠作出正確的評估，認清眼前較小的滿足比不上未來較大的滿足。」[21]我與安斯利交談時，他完全不怯於將控制衝動與智慧聯繫起來。他說：「我會說智慧的主要目的是駕馭意志。」[22]

||

眾所熟悉的一批英文成語像飛蛾一樣圍著不耐煩的火焰飛舞，包括 the patient ant（耐心的螞蟻）、bird in hand（一鳥在手）、haste makes waste（欲速則不達），以及 hold your horses（臨崖勒馬）。這些成語的道德力量都是來自作決定這件事本身固有的張力，作決定迫使我們在眼前的報酬（一鳥在手）與更大的、有時理論上的、總是在未來的報酬（二鳥在林）之間作出選擇。

耐心是現在對未來、即時滿足對延遲滿足、衝動對明智的戰場。這種決定往往對人生有重大影響，雖然有些決定是深思熟慮之後作出的（例如是否攻讀高等學位、接受怎樣的房貸條件、何時生孩子），有些則是衝動之下作出的（例如再點一杯酒、違反節食計畫、決定與某人發生性關係——這可能無意中決定了你何時生孩子）。人類作決定的時間因素，以及是否要保持耐心，或可視為智慧的第四個面向。

雖然雙曲線和折現曲線的術語可能令人厭煩，但這些關於耐心的神經機制的研究聚焦於將明智行為與愚蠢行為區分開來的一系列人類處境，包括誘惑、欲望、性慾、謹慎，以及對滿足的追求和延遲。柏拉圖是最早將這種情況視為激情與理性的鬥爭的人之一，但在所有涉足這種鬥爭的心理學的作家和哲學家中，或許沒有人比希波的奧古斯丁（公元五世紀的聖人）更好地用隱喻的方式預言了神經科學潛在的關聯。奧古斯丁的《懺悔錄》可視為一名年輕人追求即時滿足的激烈紀錄，安斯利曾將它描述為原罪的完美公式和一種「短期報酬的誘惑」。[23]

奧古斯丁將他的童年描述為一連串的「巨大誘惑浪潮」，他很早就屈服於誘惑，而且經常如此。[24]他說了無數謊言，偷父母的東西，在遊戲中作弊，少年時偷鄰居家的梨（他視之為嚴重的罪惡），並且放縱自己的性慾和肉體慾望。奧古斯丁有句話很有先見之明地將這連串的罪過與大腦的基本酬償系統聯繫起來，他說他「成為了自己的飢荒之地」[25]——這種可愛的說法將沒有耐性描述為持續不斷、無法滿足的飢渴的產物。

奧古斯丁明確承認，智慧在他的內心劇場是個關鍵角色；他在讀了西塞羅的《荷滕西斯》（*Hortensius*）之後，十八歲時開始捨棄「世俗事物」。[26]他在《懺悔錄》第三卷寫道：「對智慧的熱愛有個希臘名字叫『哲學』，而那本書正是因為這個名字，燃起了我的熱情。」[27]他解釋說，他特別喜歡西塞羅的一點，在於「他的話激起我的熱情，點燃了我，使我知道我不應該熱愛這個或那個教派，而是應該熱愛智慧本身，無論它是什麼；我應該熱愛它，尋求它，獲得它，保持它，用我全部的力量擁抱它。」[28]（不過，值得注意的是，從如此熱情的表達方式看來，讀者可能會認為，智慧或許只是奧古斯丁一連串痴迷中最新的一個。）但是，這句話中最重要的一個詞可能不是**智慧**，而是**力量**，因為它暗示了一種解決衝動問題的方法。

我們通常不會從意志力的角度思考智慧，但安斯利就這個主題提出了一個相當刺激的論點。他指出，古希臘哲學家首先將自我控制的衝突定性為「想要」與「判斷」之間的矛盾。他寫道：「我**想要**有一段婚外情，但我**判斷**這是不明智，或不道德，或有罪的。我如何作決定？有關欲望和判斷如何爭奪主導權，至今沒有任何理論能超越柏拉圖所講的激情與理性的較量。」[29]但是，如果我們粗略地從神經學的角度考慮這種柏拉圖式矛盾，也就是視**想要**與眼前的、可能由多巴胺驅動的神經估價的情感系統有關，而**判斷**則與認知的、前額葉的、「預見未來」的大腦部分有關，則安斯利的意志力概念就可能成為這種神經戲劇中的一個關鍵角色。在安斯利看來，個人意志力是人類行為的意識功能較晚增加的內容，在十六世紀左右因為新教改革而變得突出，但作為一個過程則直到現在還是神祕的。在雙曲型折現的框架內，安斯利認為意志力是兩個選項之間的神經議價中代表未來的一種聲音，會影響「你未來的自我控制的預期價值與你接連遇到的每一項誘惑」之間的較量。[30]

幾乎所有值得重視的哲學家都曾對這種難題發表看法，包括蘇格拉底（他臨終前哀歎肉體滿足的欲望使人墮落分心）、佛陀（他提出控制激情的五種策略），以至聖奧古斯丁（他經歷了衝動和罪惡的少年時期之後，順利改信「耐心是智慧的伴侶」[31]）。但是，從神經科學的角度來看，耐心是什麼樣子呢？我們是否可以運用某些認知能力，使自己變得更有耐心？

我們不僅在荷馬等史詩詩人的作品中找到線索，在啟蒙時代的經濟學家和哲學家的作品中也找到了線索。正如前面關於道德判斷的那一章指出，亞當斯密在一七五九年的《道德情操論》中承認，「激情」對決策有特殊的影響，包括眼前的報酬與未來的報酬無法兼得時的抉擇。而在此之前二十年，大衛．休謨甚至在《人性論》中提供了一個模糊的神經迴路草圖（可說是哲學餐巾紙上的神經生理學示意圖），當時他斷言「理性是──而且只應該是──激情的奴隸。」[32]

以十八世紀的哲學用語暗示激情與理性的角力是一回事，利用大腦掃描技術觀看衝動與延遲滿足的對決是相當不同的另一回事。並不令人意外的是，這種研究的神經面產生於行為經濟學領域，聚焦於經濟決策和市場中的選擇。這些東西被稱為「次要的」或象徵性的報酬（例如金錢），相對於「主要的」、生物性的報酬（例如食物和水），因此它們看起來可能比我們通常認為與明智行為有關的各種長期決策和選擇來得狹隘和受限。

但科學家認為，這些經濟選擇根植於同樣的大腦酬償迴路；我們解渴或解飢（或學到新東西）時，這些酬償迴路使我們感到精力充沛和充滿動力。因此，這些選擇可能給予我們很多啟示，讓我們更了解許多司空見慣的人類行為，如拖延和衝動；這些行為顯然會影響我們在退休儲蓄、長期投資和信用卡借款方面對未來的規劃。簡而言之，這些都是沉浸在人類輕率行為的混亂現實中的學術作業。

一九八〇年代中期的某一天，這種實驗開始變得可行，當時赫恩斯坦邀請安斯利到他的哈佛課堂上做關於衝動的演講，而在場的包括大衛．賴布森（David Laibson）這個經濟學本科生。[33] 賴布森是數學天才，當時他已經開始思考如何在數學上調整安斯利關於沒耐心的鴿子的資料，以便進行以人為受試者的實驗。

賴布森花了將近十年，到一九九七年時已經解決了數學問題，並在某經濟學期刊發表了一篇有影響力的論文，探討「準雙曲型時間折現函數」（quasi-hyperbolic time-discounting function）。[34]他解釋說：「它使許多這一類的概念變得可用在經濟學上，而且它是一種簡單的方法，可以將這些概念解釋到連十五歲的孩子都能理解。」[35]我可以給大家看這當中的數學，但賴布森對他的公式的文字說明更生動。在這個公式中，「相對於所有的未來時期，『現在』得到一個特別的權重。」結果是，在很多需要明智判斷的情況下，現在對我們來說就像岩礁上的塞壬，其他的一切相比之下都顯得更不重要。

這並不完全是智慧的公式，因為它並沒有告訴我們**應該**怎麼做。但它很好地說明了我們面對此類決定時實際會做的舉動，揭示了當中殘酷的不理性。事實上，它可以非常準確地預測自毀行為。有了這個公式，科學家就可以針對人類的衝動、意志力、跨期議價、不智的選擇、受誘惑支配——所有使我們惹上各種麻煩的錯誤決定——做實驗。簡而言之，它使我們得以找到我們內心的鴿子。

在此且以是否定期運動的決定為例子，從數學**和**心理學上說明這個公式的應用。假設運動的全部好處——更漂亮的身材、更細的腰圍、更低的糖尿病風險——可以賦予一個價值，比如說八個單位，而運動的成本是六個單位。賴布森說：「運動的大部分好處是分散在未來出現的，但運動的成本都是在做運動時承擔的。因為未來的好處折算為現值只剩一半，未來好處的現值是四個單位，而成本則是六個單位。從心理上講，這意味著成本為六，效益為四。那麼我是否還要運動？

答案是不。」[36]

賴布森把關鍵洞見歸功於安斯利：「喬治是第一個把所有要點拼湊起來的心理學家。」[37] 他認為這是「社會科學家某方面的見識追上一般民眾」的一個例子：「人人都知道人有難以自制的問題。今天我想吃冰淇淋，明天我想節食。一般人都明白這種問題。他們不需要知道雙曲型折現曲線導致這種傾向。」但神經科學家必須知道，這樣才可以設計實驗。

圖表上這條虛弱的線如何轉化為大腦的運作和人類犯蠢的無數種方式？在純粹的機械層面上，這正是包括賴布森在內的一個研究團隊想找到的答案。他們無法在實驗受試者躺在ＭＲＩ機器裡面時，要求他們穿過迷宮，但他們可以要求受試者在即時報酬與未來報酬之間作出選擇，同時觀察他們的大腦運作情況。他們暫定的假說是：短期的不耐煩由大腦裡根植於情感的部分驅動，該部分對眼前的獎勵比較敏感，對未來的獎勵沒那麼敏感；長期的耐心則由外側前額葉皮質和類似的前腦結構控制，它們比較有能力衡量抽象報酬的價值，包括未來的報酬。[38]

想像一下這種情況：你必須辨識多項金錢報酬的相對價值，而不是建築物的相對高度。你面臨一系列的抉擇，每一項都是從亞馬遜網站禮券中作出二擇一的選擇，例如你是要立即領取一張五美元的禮券，抑或四週後領取一張三十美元的禮券？哪一個選項更有價值？或者現在領取二十美元和兩週後領取三十美元的選擇？或者現在領取十五美元和四週後領取二十美元的選擇？這些決定每一次涉及的估價算法都略有不同。算法隨著多項因素改變，包括禮券的相對價值、領取禮券必須等待的相對時間，以及我們在計算時間和報酬時涉及的個人特質（雖然做這些研究的科學家通常並不強調這一點），這些特質因人而異，差別往往很大。

幾年前，賴布森團隊要求普林斯頓大學的學生在他們的大腦接受 fMRI 掃描時，作這些有關亞馬遜網站禮券的選擇。實驗的數學運算屬於賴布森，但這個實驗的繆斯代表不是荷馬，而是伊索。

在伊索的一個著名寓言中，蚱蜢於夏日的田野裡及時行樂，嬉戲於草叢中，活在當下，除了聊天和唱歌，沒有想做什麼更重要的事。[39] 蚱蜢「心滿意足」地鳴叫時，一隻無私、勤勞、專心過頭的螞蟻從他身邊走過，費力地將一粒玉米推回巢裡。

「為什麼不來和我聊天，要那麼辛苦勞累呢？」蚱蜢說。

「我在幫忙儲備冬天的糧食，我建議你也這麼做，」螞蟻答道。

但蚱蜢完全不願費心為冬天儲糧。冬天無可避免地到來時，他只能在餓死的邊緣看著螞蟻盡情享用他們之前費力儲備的糧食。這個故事告訴我們（大家一起唸出來）：「要未雨綢繆，為未來的需要做好準備。」

但是，對普林斯頓大學的一群神經科學家來說，〈螞蟻與蚱蜢〉是關於「時間折扣」的典型神經道德學（neuromorality）故事。正如他們多年前所言：「人類決策者似乎糾結於蚱蜢與螞蟻之間：既有放縱如蚱蜢的衝動，但也意識到耐心的螞蟻長期而言往往比較成功。」[40]

這個研究團隊由普林斯頓的喬納森．柯恩（Jonathan Cohen）領導，成員包括賴布森、卡內基梅隆大學的喬治．羅溫斯坦（George Loewenstein）和現任職於史丹佛的山繆．麥庫爾（Samuel McClure），起初打算以果汁為報酬來檢驗他們關於時間折扣的想法（解渴是一種基本需求，果汁作為一種報酬比小說家丹妮爾．斯蒂最新作品的優惠券有更深的演化根源）。但是，在他們設法解決向俯臥在ＭＲＩ機器裡的人提供果汁的技術困難時，他們意識到金錢獎勵（以禮券的形式）可以作為替代物（一如許多神經經濟學經驗主義者，普林斯頓的研究人員在這些實驗中並不使用道具貨幣，而是送給受試者真實的禮券；受試者的決定因此實際影響他們自己的利益）。

在一系列的二擇一抉擇中，受試者必須選擇這個或那個亞馬遜禮券。有時是從立即的報酬或兩週後的報酬中作出選擇，有時是從兩項未來報酬中作出選擇，例如兩週後拿二十美元，或六週後拿四十美元。根據論文第一作者麥庫爾及其同事的說法，結果顯示受訪者在作關於立即可得的報酬的決定時，甚至只是**獲提供**這種選項時，大腦情感、激情的部分——有時被稱為「邊緣系統」（limbic system）——就會變得特別活躍。粗略而言，這是大腦「即時滿足」的部分。

但是，大腦評估包括即時與延遲報酬的所有選項時，研究人員檢測到外側前額葉皮質和後頂葉皮質的活動增加，而這兩個區域是他們認為大腦偏向深思和認知的部分。粗略而言，這是大腦「延遲滿足」的部分。普林斯頓的研究人員也發現，在實驗中，真正啟動了深思、認知機制的受試者最終選擇了較晚才可以得到的較大報酬。他們在二〇〇四年的《科學》期刊報告中寫道，人類被迫從即時報酬與延遲報酬中作出選擇時，「人類偏好的特異性似乎反映每個人內心衝動的邊緣蚱蜢與有遠見的前額葉螞蟻之間的競爭。」[41]該報告發表後被廣泛引用。

這種競爭是涉及兩個獨立的決策系統（如普林斯頓團隊所暗示），抑或只是一個決策系統（如紐約大學的一個團隊在二〇〇七年發表了有力的反駁意見[42]），目前還沒有定論。或許更重要的一點是，當我們嘗試釐清即時報酬與延遲報酬哪一個更可取，並且努力保持耐心時，大腦深思、理性的前額葉部分在決策過程中遲早會發揮它的作用——扮演軍師或甚至是獨裁者的角色。人類的時間折扣往往很大（也就是說，我們喜歡早一點得到報酬遠多於晚一點），但這種傾向因年齡、個性和習慣而異。實驗顯示，年輕人的時間折扣一般比老年人大（也就是年輕人比較衝動），外向者的時間折扣比內向者大，而吸毒者（甚至吸煙者）的時間折扣比沒有毒癮（或菸癮）的成年人大。[43]

長期以來，經濟學家對這種行為非常著迷，因為它對個人儲蓄、公共政策和未來導向的特定計畫（如社會保險）顯然有重要意義。但同樣明顯的是，這種思考過程對發生在市場之外的人生決定也有影響——那些抉擇可能涉及教育計畫、職業、情愛、工作機會，以至對重病或甚至絕症診斷的反應。這些決定顯然有理性的經濟成分，但也涉及情感衝動，因此「理性」（和明智）的抉擇可能是選一種起初收入較少，但未來料將產生豐厚收入的工作（或職業）。這些抉擇也因為我們希望把抽象的價值（如信用卡廣告所說的「無價」的東西）納入考量而變得更複雜。例如有些工作雖然工資較低，但也可能比較輕鬆，會有更多時間與家人共處。在最嚴格的經濟自利意義上，選擇較低的收入總是不理性的；但如果你擴大評價框架，納入情感和家庭「補償」（做實驗的研究人員通常不會這麼做），當中有些抉擇就可能顯得比較有根據和沒那麼不理性。

二〇〇七年，普林斯頓團隊發表了一項研究的結果。[44]他們利用果汁代替禮券，檢驗同一個假說，得出相同的結果：受試者普遍傾向選擇立即得到較少的果汁，而不是必須等待一段時間才可以得到的較多果汁。而且大腦的情感部分同樣對即時報酬反應最強烈，大腦皮質部分則支持受試者選擇延遲滿足。

對二〇〇四年《科學》期刊論文的一項批評，是它呈現的情感與理性之間的休謨式大腦角力「過度簡化」——這是哈佛大學的史蒂芬．柯斯林的說法，他專研大腦的視覺系統，但一直是社會神經科學的熱心觀察者。[45]紐約大學研究人員提出了更明確的批評；他們說他們的研究結果「證偽」了普林斯頓的假說，聲稱證據明確顯示人類的這種決策反映估價與抉擇的單一連續體。[46]但這個故事很可能還會有一些轉折，而正如柯斯林指出：「沒有一種複雜行為是僅涉及大腦裡單一系統的，所以我不知道為什麼像這樣的複雜行為不會涉及超過一個系統。」[47]安斯利和他的同事約翰・蒙特羅索（John Monterosso）在《科學》期刊上撰文討論普林斯頓的實驗，文中指出：「這項研究是邁向直接觀察決策過程的重要一步，雖然它的發現可以有不同的解釋。」[48]

## 二

耐心和不耐煩的生物學遠未確定。令人驚訝的是，巴金森氏症的治療對我們理解耐心的生物學也有啟示。巴金森氏症患者大腦中的視丘下核（位於邊緣系統中心的深處）多巴胺分泌減少，他們因此受運動功能障礙困擾，包括肌肉僵硬和無法控制的顫抖。後來出現一種被稱為「深層腦部刺激」的新療法，外科醫師在視丘下核附近巧妙地植入電極，隨後一個類似心律調整器的電池向該處發送電脈衝，這似乎可以緩解一些症狀。

但醫師觀察到深層腦部刺激一種古怪的認知副作用：它似乎導致一些巴金森氏症患者出現衝動的行為。[49]他們會輕率地決定做一些事，例如走向房間另一頭一張比較舒適的椅子，然後很快摔倒。接受多巴胺促效劑（促進多巴胺釋放的藥物）治療的一些巴金森氏症患者，也出現喪失衝動控制能力的問題，包括病態賭博和性慾亢進的發作。

因為對這些奇怪的副作用感到好奇，亞利桑那大學的神經科學家麥可・法蘭克（Michael J. Frank）及其同事檢驗巴金森氏症患者的決策行為（與年齡相若的對照組比較）。他們的報告指出，深層腦部刺激干擾了人在面臨決策衝突時慢下來的這種自然傾向，導致那些患者貿然作出決定。

法蘭克的理論目前仍在接受檢驗，它認為「當你眼前有多個看似不錯的選項時，視丘下核使你能夠變通地『按兵不動』，爭取更多時間來確定最佳選項。」[50]換句話說，他認為中腦深處的視丘下核裡有一種東西，會在大腦檢測到衝突時，使當事人能夠耐心地作出決定。法蘭克告訴我：「我視它為一種基本機制，使我們有多一點時間作決定，同樣的機制有可能使你在家庭環境中避免說出衝動的話。但是，一旦你進入那種情境，就會有很多其他東西發揮作用，導致我們很難建立模型來說明處理如此複雜情況的機制。但那種家庭情境可能涉及這種基本機制。」[51]

一如道德判斷和憐憫，耐心可能有漫長的演化歷史，研究人員因此甚至已開始在通常不以衝動控制能力著稱的動物身上尋找答案。過去五年裡，德國萊比錫普朗克演化人類學研究所和哈佛大學的科學家已經發表了數篇關於猴子、黑猩猩、倭黑猩猩和人類的耐心演化的文章。[52]由亞歷山卓・羅薩蒂（Alexandra G. Rosati）領導、二〇〇七年發表在《當代生物學》（*Current Biology*）上的研究指出，倭黑猩猩和黑猩猩都表現出其他動物所沒有的耐心程度。事實上，一些靈長類動物展現的耐心程度，甚至在人類身上都找不到！在靈長類動物與人類的比較實驗中，我們證實是比較衝動的，「在等待食物報酬這件事上比黑猩猩更沒有耐心。」[53]研究人員還指出：「相對於食物，人類更願意等待金錢報酬，並且僅在涉及低機會成本的金錢決策方面表現出最高程度的耐心。」[54]

＝

晦澀難懂的雙曲型折現曲線對人類行為乃至人類命運的意義至為巨大。正如經濟學家已經指出，人類最著名的一些長期規劃例子，例如預留財產給孫子、採取行動保護環境、長期儲蓄，都遵循雙曲型折現曲線，而這對我們的孫輩、地球環境和嬰兒潮世代的退休計畫都不是好事。

這條曲線反映我們屈服於誘惑的方式（例如放棄節食計畫並衝動地暴飲暴食），也反映我們拖延必須做的事的方式。它甚至還反映奧古斯丁那種殘酷的行為循環，一千五百年前他將這種行為循環昇華為自我厭惡的永恆文學，懺悔者、神職人員和心理治療師也因為這種行為循環而有事可做：面臨誘惑，然後是衝動之下的讓步，然後是全心全意的屈服和享樂（這一切都被大腦的多巴胺系統記錄下來，其神經化學物質餘燼在滿足的壁爐裡發光），然後是無可避免的後悔和自我蔑視。未來消失於不可抗拒的欲望和無可避免的屈服的迷霧中。

但是，正如奧德修斯和伊索的螞蟻清楚告訴我們，就智慧而言，未來至為重要，而安斯利將這一點在心理和認知上的重要性概念化，這方面沒有人比他做得更好。抵消塞壬誘惑的唯一方法，是培養對未來的一些想法，使未來顯得比現在更令人滿足——安斯利承認，這種想像認知行為有時與幻想相差無幾。這使人類的想像力承受巨大的壓力，但這正是安斯利關於意志力的觀點最吸引人的方面之一。

安斯利認為，在大腦這個市場裡，運用意志力的關鍵在於明白這件事：當你面對誘惑時，你現在怎麼做預告了你未來的所有行為。如果你明白這一點，如果你把下一根菸或下一杯酒與你想創造的較遙遠的未來「捆綁」在一起，你就有機會克服眼前的誘惑。每一次你告訴自己「就這一次」，然後屈服於誘惑，你都是在破壞自己想創造的未來。每一次你屈服於衝動，你都微妙地損害了未來成為理想的自己的機會。每一次你做這種不利於自身未來的事，你都提高了一再重複這種令人後悔的行為的可能性。因此，難怪安斯利認為智慧是一種針對未來制定策略的方式。

他說：「我們不是純粹的計算機器的唯一原因，是折現曲線的雙曲形狀，而這意味著我們必須有一種獲得長期報酬的策略。」[55]安斯利認為，人類面臨任何類型的誘惑時，無論誘惑是性、酒、食物，還是不做功課的藉口，行事明智的關鍵都可以概括為：「就自我控制而言，智慧實際上是意識到你現在怎麼做預告了你的未來。」[56]但是，因為智慧必須考慮脈絡，安斯利所講的自我控制並不是一種二擇一、非開即關的開關。他說：「自我控制是有可能過度的。笨拙地擔心每一項抉擇如何預告了自己的未來，可能變成一種強迫症。因此，最高的智慧是平衡的藝術。」

在科學會議上，喬治．安斯利喜歡展示幾張有趣的幻燈片，它們試著利用伊索寓言重新詮釋這個古老的柏拉圖式難題。其中一張幻燈片引用了麥庫爾理論：它顯示一隻螞蟻和一隻蚱蜢在一輛行駛中的汽車上爭奪方向盤，希望取得車子的控制權。另一張顯示螞蟻騎在蚱蜢背上，拿一根懸掛食物的杆子在蚱蜢面前引導牠的欲望和動機。安斯利認為，蚱蜢體現的衝動驅動大腦，螞蟻體現的明智必須像騎馬那樣駕馭這種衝動。在他看來，有遠見的螞蟻只能藉由向蚱蜢展示某些東西來發揮影響力；藉由有策略和富想像力的計謀，例如將取得報酬的可行路徑與未來捆綁起來，意志力就可以駕馭行為。在安斯利看來，螞蟻（大腦的認知部分）無法控制驅動我們許多行為的衝動和不耐煩的情感核心；但是，如果能發揮一點創造力，並認識大腦對報酬的反應方式，螞蟻就有可能駕馭牠所騎乘的比較強大的野獸。

# 第11章

# 處理不確定性——變化、「元智慧」以及人腦的硫化

無法探索未知的人什麼都看不到，因為已知的道路哪裡也去不了。
——赫拉克利特

我們創造的世界是我們迄今所作的思考的結果，但它產生了我們無法在創造世界的同一思考層次解決的問題。
——愛因斯坦

喬納森．柯恩是普林斯頓大學大腦、心靈與行為中心（Center for Brain, Mind, and Behavior）的負責人，他知道自己某天午餐時說了非常誇張的話，但他顯然對此很得意。在普林斯頓一家小餐館裡，柯恩俯身吃著培根、生菜和番茄三明治，身穿灰色T恤和膝蓋處有破洞的藍色牛仔褲，哈利波特眼鏡後面是烏黑的眉毛，一頭白得發亮的頭髮在他談笑風生時輕輕擺動，而他的思想在巷弄間疾馳，一再換擋、換道，轉彎時也不怎麼剎車。「我確信我能打敗他，」他說。[1]

柯恩是在提出他對智力與智慧的差別的看法，雖然他沒有明確這麼說。他是在解釋（嗯，實際上是揣測）這樣一種情況：訓練有素、熟習專門技能但不甚靈活的頭腦，可能因為它長久以來作決定和解決問題遵循的規則略有改變，行為上和神經上頻頻出錯。他的午餐時間小幻想源自這個大膽的預測：如果你改變西洋棋的一個簡單規則，例如騎士從走日字（六格斜對角）改為走田字（四格斜對角），卡斯帕洛夫（Garry Kasparov）這樣的西洋棋特級大師將會十分困惑，以至於自稱是西洋棋笨蛋的柯恩將能更快適應這種變化，並擊敗這位前世界冠軍。

「我確信我能打敗他，」柯恩邊吃三明治邊說。他對這個離譜的想法越來越有興趣，因此一再重複：「我確信我能打敗他。真的，我確信我**能**打敗他。」

那頓午餐發生了兩件有趣的事，兩者不但都涉及智慧在大腦中滲透的方式，還涉及我們怎麼看大腦處理陌生問題的方式。第一件事與邊吃三明治邊交談有關。在人類認知成就史上，拿穩一個三明治並最終使它消失，並不是什麼令人驚歎的成就。因為多年來吃過許多三明治，柯恩並不需要花很多時間考慮這個過程中每一個獨立和重要的決定：把三明治順利送進他張開的嘴裡，咬下大小適中的一口，咀嚼食物至可以通過食道的狀態，吞下，並確保自己在吞下食物時不呼吸（或笑）——與此同時與人談論智慧、西洋棋和大腦。吃三明治涉及的動作是如此的自動，連續出現的每一個決定是如此的**不假思索**，柯恩的頭腦因此得以同時做其他事，包括聽一個作家隨口提出意思不連貫的問題，嘗試釐清他想問什麼，考慮回答時該用多少專業術語，想出一個答案，然後開始說出來，同時小心不要在滿嘴食物時說話。

這聽起來不像是很考驗認知能力的事，但柯恩當時提出了一個與我們如何處理不確定性大有關係的論點，而處理不確定性的能力是所有現代心理學的智慧定義的基石之一。他認為人類的頭腦藉由調動多個思考系統來處理不同類型的任務和決定。其中一個基本上是自動的，符合我們已知的世界——包括三明治和幾乎所有其他東西。柯恩說，這被廣泛稱為「基於模型的學習」，雖然我們可能只是視之為運用經驗：我們拿過去曾面對的類似情況跟未來可能的行動或選擇做比較，然後決定怎麼做。

處理事情的另一種方式，是神經科學家所說的「無模型」學習。這發生在我們面對新奇或意外的情況，也就是我們的經驗派不上用場的時候。此時我們必須停下來蒐集更多資訊，評估不同的選項，然後作出決定。無模型學習的自動程度顯然低得多，因此比較花時間；它很可能就是尤瑞匹底斯（Euripides）講以下這句話時所想的那種情況：「在這個世界上，再思而行似乎是最好的。」[2]不確定性、變化、意外——這一切都要求我們換一種方式評估情況和選項。說到這裡，我們要講回卡斯帕洛夫和西洋棋世界。

柯恩說，西洋棋特級大師會自動地根據眼前的情況，超前思考出各種結果。這是一般人不會做的。基於模型的下棋方式以大量的經驗為基礎，使專家得以迅速有效地作出決定，但不是十分靈活。一旦遊戲規則有所改變，專家仰賴的整個「知識」資料集就像是感染了病毒，變得不再可靠。換句話說，在歷史重演的情況下，基於模型處理資訊和問題的神經方式是優越的——不但有助於高效地作出可能被認為有智慧的正確決定，在面臨威脅的情況下可能救命。但如果歷史不再重演，眼前有不同的情況必須調整適應，明智的神經行動路線則是保持靈活，不再受舊規則（和舊習慣）束縛，重新評估所有資訊。

柯恩為了表明他的觀點，某程度上很可能誇大了西洋棋決策的自動性質。事實上，在他出版的著作《走對下一步》（*How Life Imitates Chess*）中，卡斯帕洛夫描述了一種非常仰賴適應能力的過程。他寫道：「特級大師的棋步無與倫比，因為它們是基於他希望棋盤在十步或二十步之後呈現的樣子。這不需要計算接下來二十步棋的無數種可能。大師會評估當前情況下獲勝的希望所在，並確立目標，然後想出如何一步步實現這些目標。」[3]卡斯帕洛夫把這一切說得很有邏輯，很靈活，很精明。但後來他承認，他在西洋棋方面的真正天賦源自記憶力以及「快速和深入計算」的能力[4]——這兩種特質都與一種自動的心智處理有關。我們甚至可以視之為一種觸發大腦灰質神經元結構裡的演算法的過程（因為腦科學家已經這麼做了）。

當然，問題是生活不像下西洋棋那樣（而智慧也與棋力不同）。約翰·馮紐曼——賽局理論的祖師爺之一——的以下評論正是指出了這一點：「下棋是一種定義明確的計算……真實的賽局根本不是那樣的。真實的生活也不是那樣的。」[5]

真實的生活並不局限於一個棋盤；它不是對稱和整齊的；它並不總是獎勵勇敢和進取；它並不禁止新事物從意想不到的地方突然冒出來。有時規則會毫無預兆地突然改變。有時情況看起來與以前所經歷的非常相似，但其實不然。有時你認為某件事毫無疑問就是你想的那樣，但結果完全錯了。生活中最艱鉅的一種挑戰，就是如果你試著事先規劃接下來的二十步，你可能會發現，你面對的情境、規則，乃至你原本以為穩定和可預料的各種東西，在你邁向目標的中途已經發生了巨大的變化——可能是家人生病、失去工作、意外失敗，甚至是發生古老的巨大災難如洪水、颶風、火災或瘟疫。我們不知道赫拉克利特是否下棋，但我們知道他了解人生賽局，因為他說：「一切都變動不定。沒有什麼是靜止的。」[6]

在這個關於卡斯帕洛夫的午餐幻想中，柯恩想提出的觀點說到底是關於他基本上脫口而出的「元智慧」（meta-wisdom）。這可說是一種更高層次的領會，幾乎是一種直覺，它使當事人知道什麼時候應該運用經驗指導決策，什麼時候必須拋棄基於經驗的「劇本」，真的重新思考應該怎麼做。在這種高度專門化的領會中，你直觀地知道哪一種決策系統最適合你。換句話說，智慧並非只是知道問題或困境的最佳解決方法，還包括知道尋找這種最佳解決方法的最好途徑。

在通往世俗智慧的荊棘之路上，宣稱確信某些東西往往會遇到隱蔽的流沙，連最威風的知識分子也會墜入這種陷阱。富影響力的二十世紀英國哲學家摩爾（G. E. Moore）一九四一年在柏克萊加州大學發表關於確定性的著名演講，期間恰恰犯了這樣一個錯誤。摩爾指著惠勒禮堂（Wheeler Auditorium）的天花板宣稱，穿透凹窗的光線來自太陽，這是人類可以毫無疑問地相信的事情之一例。哲學家華萊士．馬特森在其著作《未更正論文》（*Uncorrected Papers*）中回憶此事：「但是，在場多數觀眾都知道那些玻璃板是電氣照明的擴散器，這個禮堂的屋頂是實心和不透明的。」[7]觀眾席上有人指出這一點時，分析哲學創始人之一的摩爾衝口說出「我的天啊！」，然後就轉換話題。

正如馬特森在〈確定性簡說〉（Certainty Made Simple）這篇文章中指出，確定性主要是與人和他們的信念系統有關，而不是與任何特定事實有關。儘管我們受不確定性和變化衝擊，我們需要確定性的慰藉（往往還需要確定性的幻覺），才能夠去面對人生中的下一個問題（或困境，或危機）。知識給我們慰藉；智慧則使我們對不確定性感到自在。拉柏雷（François Rabelais）的名言提醒我們，「最好的學者不是最有智慧的人」；[8]這種區分可以一路追溯至古希臘。

從保羅．巴爾特斯到詹姆斯．比倫以至莫妮卡．阿德爾特，研究智慧的心理學者一再強調，在情感上和知性上處理不確定性的能力，是明智行為的一個關鍵面向。[9]但是，我們面對新奇事物和不確定性時，大腦實際上是如何反應的呢？根據柯恩的說法，我們的應對方法是努力調和情緒腦與認知腦的懇求；情緒腦決定了我們迅速、自動的反應，使人類在演化史上得以生存下來，認知腦則對我們未來能生存多久有很大的影響。瞬間的智慧不大可能幫助我們解決這種問題。我們很可能必須停下來，但這種暫停也不能太久。孔子得知一名弟子三思而後行時，表示思考兩次就夠了。[10]根據後來的解釋，孔子認為一個人如果思考一件事超過兩次，就會開始受自利考量影響（這種想法與現代經濟學理論直接衝突）。[11]

適應難以忍受的持續不確定性，可能是人類智慧最崇高的成就之一。在其著作《沉思錄》第五卷的一段優美文字中，羅馬時代被稱為「智者」的羅馬皇帝馬可．奧理略捕捉到生命的不確定本質，並告訴我們可以如何應對。「不妨一再思索現存和未來的事物是何等迅速地出現和消逝。因為萬物有如一條川流不息的河，其活動不斷變化，其因由千變萬化，幾乎沒有什麼是靜止不動的，哪怕是近在咫尺的東西；也請想想過去與未來之間的無限鴻溝，所有東西都消失在裡面。那麼，在這一切之中，如果有人自我膨脹或心煩意亂或無法釋懷，彷彿身處已經困擾他很久的某種持久的場景，豈不是很蠢嗎？」[12]簡而言之，只有蠢人才會因為事物的變化而困擾不已。

面對這種永恆的變化，我們如何作出（明智或不明智的）決定？我們的頭腦裡經常出現直覺與思考、情感與理性的對話，對何謂真實形成假想（或見解），然後進行分析思考，以檢驗我們的猜想是否正確。在它最嚴謹和有效的情況下，這種內部對話類似散文家彼得．梅達華所闡述的科學推理。

在《冥王共和國》（*Pluto's Republic*）中，梅達華討論直覺在科學推理中的作用，聚焦於假想與檢驗、直覺與批判思考之間的來來回回，某程度上捕捉到柯恩所講的「元智慧」的困難和力量。梅達華將科學方法描述為「常識的增強」，並補充道：「一如其他探索過程，它可以分解為事實與幻想、實際與可能之間的對話；也就是可能為真的情況與實際情況之間的對話。」[13]這是一種在假想與現實之間往來，致力尋找與情況「匹配」的程式的過程。神經科學家有時將這種過程稱為「設定框架」（framing）或選擇視角。科學家喜歡說：「如果你未能正確設定問題，你將永遠無法得到正確的答案。」他們通常是在談實驗設計的問題，但這一點對解決日常問題同樣重要——事實上是更重要。我們設定問題的方式預告了我們能否成功找到解決方案。

思考框架設定的另一種方式，是了解智慧講究脈絡這個特質。《論語》第十一篇就有一個簡單但極富啟發性的例子，孔子針對同一個問題給出兩個不同的答案。[14]子路問夫子：「知道了一句格言之後，是否應該立即尋找機會付諸實踐？」孔子答道：「你的父親兄長還在，應該聽聽他們的意見，怎麼能知道了就馬上付諸實踐？」冉求問了同樣的問題，孔子答道：「沒錯，應該立即尋找機會付諸實踐。」隨即有人問夫子為什麼對同一個問題給出截然不同的答案，孔子答道：「冉求個性比較退縮，所以我鼓勵他勇往直前。子路好勇過人，所以我要他退一步想。」根據儒家的智慧，重要的不僅是問題如何設定，還要看是誰在問這個問題，以及他們是否已經準備好接受可能的答案。

元智慧這概念對複雜的判斷和決策至為重要。我們如何評估我們所掌握的資訊（來自書本、工作經驗、悲傷和明智處事的經歷）？如何區分新奇、不確定的情境與可以仰賴過往經驗處理的標準情境？簡而言之，我們如何面對不確定性並仍作出正確的決定？柯恩認為這問題被內化為大腦裡的衝突，但衝突的大腦也掌握解決困難的方法。

**元智慧**既不是科學術語，也不是哲學術語；它只是某次午餐談話時脫口而出的一個詞。但在我看來，它是個非常有用的隱喻，代表了一些較為新興的智慧特質，而且它來自社會神經科學領域中一位比較全面性和勇於冒險的思想家。喬納森·柯恩是我們討論過的幾個關鍵實驗的資深參與者，包括約書亞·格林關於道德判斷的研究、山繆·麥庫爾關於延遲滿足的研究，以及艾倫·桑菲關於最後通牒賽局的研究。柯恩喜歡思索當前大腦研究對處理氣候變遷或未來政策難題有何意義。他喜歡把想法推到最深層，有時甚至是最可怕的地方，例如在未來的核對抗中，我們自動的情感決策機制可能產生嚴重的政治後果。他還喜歡在做這些事時找點樂子，經常在他的論文中提到流行文化，這裡借用《星艦迷航記》的例子，那裡引用巴布·狄倫的歌詞。

柯恩的元智慧概念源自他與其他人發生的一場不甚有趣的爭論，涉及狹窄的神經經濟學領域和較為廣闊的認知處理領域，爭論點在於人類的決策是一種通用的流程，涉及單一的通用神經行動機制，抑或大腦運用許多不同的流程，它們通常處於相對和諧的狀態，有時互有衝突，幾乎總是涉及大腦中比較古老的、最裡面的、情感的部分與比較新的、最外層的、被稱為新皮質的神經組織之間的競爭。某程度上拜安東尼奧·達馬西奧和約瑟夫·李竇的開創性研究所賜，我們多年前就已經知道，大量的決策出乎意料地是由無意識的情緒腦驅動的。此外我們也知道，大腦皮質與較為古老的情緒腦結構的互動非常多，兩者緊密相連、彼此交織，以至於說它們是兩個獨立的實體幾乎是誤導。至於這些情感提示何時有利、何時不利，何時超級能幹、何時不夠靈活，何時促成明智的判斷、何時導致不當的行為，我們花在研究這些問題上的時間則少得多。這場科學辯論怎麼可能不提供關於現代智慧概念的深刻見解？

在我看來，柯恩參與的兩篇科學論文對我們新生的智慧神經概念有重要意義，儘管這兩篇論文完全沒提到智慧一詞。其中一篇是二〇〇五年的〈人腦的硫化〉（The Vulcanization of the

Human Brain），柯恩在當中描述了大腦的情感和認知部分敦促我們採取不同的行動時發生的決策衝突——這是以新方式重述激情與理性衝突這個古老故事，而柯恩認為這種衝突可能對公共政策產生非常不好的影響。另一篇是柯恩與兩名同事於二〇〇七年發表的〈我該留還是該走？〉（Should I Stay or Should I Go?）。該文的標題借用衝擊樂團（The Clash）同名歌曲，它特別討論大腦如何處理不確定性和變化的赫拉克利特式困境。

‖

邁可．鐸布斯（Michael Dobbs）的著作《午夜前一分鐘》（*One Minute to Midnight*）重述一九六二年古巴飛彈危機令人不安的歷史，書中記錄了將世界帶到核戰邊緣的一系列決策點。近年神經科學通俗敘事的一個普遍主題是讚頌情緒腦的「智慧」，但我看完鐸布斯著作後的第一感想是：感謝上帝，還好人類有前額葉皮質！

古巴飛彈危機期間，在情勢惡化之際，一些冷靜的頭腦成功抑制住情緒衝動——那種衝動若付諸行動，世界很可能將陷入核浩劫。一九六二年十月二十七日，激動和偏執的卡斯楚一再敦促他的蘇聯盟友攻擊美國（包括先發制人的核攻擊），好在蘇聯駐古巴大使深知這種行動非常危險，設法化解了卡斯楚的憤怒。[15] 鐸布斯指出，在同一個「黑色星期六」，美國海軍以「演習用」深水炸彈迫使一艘蘇聯潛艇在百慕達以南的大西洋浮出水面，憤怒的俄羅斯指揮官準備用一萬噸的核魚雷攻擊附近的美國船隻作為報復，好在他的下級軍官「說服了他冷靜下來」。[16]

《午夜前一分鐘》呈現的美國總統甘迺迪不但異常沉著和「前額葉」，還具有心理學家近年認為與智慧有關的一些特質，包括「自省、懷疑的天性」[17]——某程度上這是他童年時健康不佳和年輕時的遭遇（尤其是在二戰中與死亡擦身而過）造成的。他「總是在質疑傳統觀念」，而且「擅長透過對手的眼睛看問題。」[18]地緣政治衝突並非與神經科學無關；正如柯恩在〈人腦的硫化〉中所說：「人類情感器官的演化沒有預料到這樣的世界：侵略性可以在相隔很遠的情況下，以彷彿事不關己的方式表達。」[19]

柯恩「硫化」理論的基本論點偏離了對大腦的演化理解，這種理解並不新鮮，實際上是靠數十年煎熬的動物研究而得以變得清晰。在這種觀點中，「舊腦」是一個緊密的、拳頭大小的神經結構核心，位於皮質下前腦的中心，並有一些部分延伸到中腦（柯恩稱之為「邊緣系統」〔limbic system〕，但一些神經科學家認為該詞是過時和誤導的）。這是典型的「情緒腦」，由基本欲求和生理需求驅動，仰賴多巴胺這種神經傳導物質協調（多巴胺會記錄酬償和強化最佳行為選擇）。大腦的「新」部分——新皮質——實際上是人類演化的一種後加產物，是一層富含神經元的組織，薄如腰布，披在舊腦上。但是，這個脆弱的三毫米厚的六層神經元組織卻負責我們所有的高級認知功能，包括計畫、抽象思考、決策，以及考慮行動的未來後果。思考大腦各區域的位置時，我們經常想到前與後，上與下，左與右，但我認為同樣有用的區別是內與外，或核心與外圍。舊的情緒腦是圍繞著腦幹和腦幹上面的神經組織的大團混合球體；新皮質則薄薄地分布在外圍，幾乎像一個浴帽依偎在舊腦上。

柯恩的核心論點是：雖然這兩個系統經常協同運作，但有時會發生衝突。事實上，他引用我們已經討論過的近年幾個研究領域的例子（例如道德推理中基於情感與基於效益的決定之衝突，以及利他精神中個人與集體利益之衝突），作為這些神經系統衝突的證據。他認為這種衝突之所以出現，是因為在晚近的演化時期，世界在社會和環境方面發生了巨大的變化，但情緒腦卻沒有。

此一差別解釋了行為經濟學家近年欣喜記錄的所有的所謂不理性行為——面對延遲酬償時的錯誤選擇（由大腦的情感部分驅動），反映衝動、導致成癮的決定，諸如此類。正如柯恩所說：「許許多多的決定涉及演化上的古老大腦機制，這些機制一貫與情感處理有關。」[20]

情緒腦是迅速、刻板、不靈活的。大腦比較新的部分，尤其是前額葉皮質，則通常比較緩慢和受限，但弔詭的是，它面對意外情況時卻比較靈活。柯恩認為「新腦」有能力使我們的思想和行動與抽象的目標契合，在我們必須克服「對抗性的習慣或反射作用」時特別重要。[21]換句話說，柯恩也把大腦的認知部分視為騎手；相對於海德特等人，他只是為認知腦配備了更好的馬鐙和馬鞭來對付情感的馬。問題是：這足以使我們遠離麻煩嗎？

柯恩寫道：「硫化是處理一種物質（如橡膠）以提高其強度、彈性和實用性的過程。借用這個概念，演化似乎已經藉由發展出前額葉皮質，為人類大腦做了硫化處理。」[22]這層像保鮮膜一樣包裹著大腦的曲線和縫隙的皮質具有多項功能：它提供一般推理能力；它創造了喬治．安斯利巧妙記錄的那種認知「技巧」，以克服情緒腦的衝動；它甚至可能保護我們免受我們古老的演化衝動傷害。正如柯恩指出，神經經濟學研究已經證明，前額葉皮質的活動與克服驕傲或不耐煩的決定有關。此外，大腦比較新的這部分似乎參與了克服情緒腦短期衝動的系統性社會活動和訓練。這種東西我們可能會視之為文明——或制度智慧。

舉例來說，想想醫師和士兵的訓練。他們所受的訓練某程度上是為了克服我們多數人在目睹他人受苦、嚴重受傷或死亡時本能感受到的強烈（而且相當合理）的厭惡；迄今為止，沒有任何實驗證明克服這種厭惡感需要前額葉皮質，但正如柯恩機敏地指出，構思和設計克服這種厭惡感的訓練計畫無疑涉及前額葉皮質。同樣道理，為了對抗人類難以抗拒即時滿足和成癮行為的固有弱點，我們設計了一些金融政策並利用技術創新，包括社會保險制度、四〇一（k）退休儲蓄計畫，以至幫助戒菸的尼古丁口香糖和幫助戒酒的藥物Antabuse。柯恩寫道，「這些措施顯然是為了保護我們免受自己傷害」，[23]呼應了安斯利對奧德修斯抵抗塞壬誘惑的洞見；一如醫師和士兵的訓練，我們必須運用前額葉皮質來設計和執行這些計畫。在這種觀點中，制度和社會智慧創造了許多系統以至龐大的政府官僚機構，以戰勝情緒腦既快速又有自毀傾向的衝動。

這些前額葉能力幾乎影響一切，包括戰爭以至我們對廣告的反應，它們也呼應喬治·安斯利談到多數人作草率決定會繼續輕視未來的相關論點。柯恩說：「在多數（或甚至全部）寶貴資源容易腐壞，或因為缺乏定義明確、執行有力的產權制度而難以捍衛時，大幅貶低未來的價值可能對適應環境很有幫助。但是，隨著人類演化出前額葉皮質，同時發展出從冰箱到銀行帳戶之類的事物，大幅貶低未來的價值和衝動的行為對適應環境的幫助已經大大減少，但人類仍會有這種表現。」[24]此外，他認為前額葉思維也被用在比較邪惡的目的上，例如生產令人目眩神迷的大量誘人商品，同時炮製專門針對消費者大腦衝動部分的巧妙廣告和行銷計畫。結果是人們不斷被引誘消費，導致花錢太多，儲蓄不足。（安斯利也認為，二〇〇八年的金融災難與美國房貸誘人的設計有很大關係，這種設計恰恰是為了引誘大腦中這個古老和衝動的部分。）[25]

並不是說我們現在需要擔心更多東西，但柯恩認為現代創新的速度遠快於人類過往演化的速度，可能是十分危險的事。人類演化出前額葉皮質，加上它催生的各種技術和社會創新，已經以超過演化的速度改變了環境，創造出情緒腦可能導致我們犯大錯的局面和困境。再加上人類的遺傳多樣性告訴我們，不同個體的前額葉發展有巨大差異，這可能很令人不安，柯恩因此擔心「一種潛在的根本不穩定：在這個世界裡，前額葉皮質造就（以及或許有能力控管）的強大技術力量，同樣可以由那些不適合使用這些技術的機制取用。」[26]（說句關於智慧如何攸關軍力運用的題外話：現代有哪位重要領袖比小布希更公開、更自豪地以仰賴情緒腦的「直覺式」決策為榮？）

柯恩關於「前額葉大腦」的想法聽起來刺激又有趣，但若以彼得．梅達華的重要標準衡量，它們是否構成一個關於神經系統的真實故事？許多神經科學家仍持懷疑態度，有些人甚至是強烈懷疑。[27]

但確實有一些證據顯示，決策有多個系統可用，而且這對智慧是有意義的，雖然相關研究尚未成熟。倫敦大學學院的彼得．達揚及其同事發現，「有智慧的老鼠」至少有四種解決問題的不同神經方式。[28]當然，這些齧齒動物解決的問題並不是很複雜，不過是穿越一個迷宮，然後在食物或飲料之間作出選擇。如果情境是「靜止的」（也就是每一次試驗的環境完全不變，而且酬償總是出現在可預料的同一位置），這些動物就仰賴一種「尋求酬償」的純粹演算法，藉由快速和自動的一系列決定穿過迷宮。這種做法的優點是快速和高效，而研究開始顯示，其缺點是一旦行為成為根深柢固的神經習慣，它在神經上就會變得極難改變，即使環境有所改變。[29]相對之下，如果環境有所改變（食物被藏在不同的地方，或者飲料的位置改變了），老鼠要找到酬償，就必須一步步作出多個決定來「推理」，而每一個決定都導向另一個決策點。這種過程顯然比較慢，但也比較靈活。這種自動性與靈活性之間的權衡，很可能也適用於人類。

究竟是兩個獨立的神經系統在爭奪這些決策的控制權，還是兩個不同的子系統將對立的資訊輸送到某個中央評斷器，這問題可以留給神經科學家去研究確定。就我們認識智慧而言，比較重要的一點是，這兩個系統在神經上都是可塑的（也就是可以改變的），似乎都隨著年齡的增長而有所改變，而且只要我們願意比單純的無意識直覺來得努力，只要我們願意重複練習或投入訓練，我們在認知上可以變得更快、更強，以及可能更有智慧一點。

並不是說這解決了任何問題。孔子堅信「智者不惑」，但卡爾・雅斯培提醒我們，蘇格拉底視自己造成的困惑為最高智慧。[30]

‖

平衡是智慧文獻中的一個永恆主題。佛陀勸世人尋求平衡，孔子則說「過猶不及」（過度與不足一樣糟糕）。[31]馬可・奧理略最欣賞他父親的其中一點，是他的馬術恰到好處，尤其是「因為有經驗，知道何時該收緊韁繩，何時該放鬆。」[32]神經系統的運作是否也有恰到好處這回事？

類似神經平衡的東西開始引起科學界的關注。如果包括人類在內的高等生物必須在面對變化時作決定，大腦中會發生什麼事？在嚴格的科學意義上，這正是喬納森・柯恩及其同事山繆・麥庫爾和 Angela Yu 在〈我該留還是該走？〉中探討的問題。[33]在較廣泛的隱喻意義上，他們討論的可說是這種日常困境：我們突然發現周遭的世界在改變時，是否應該放棄原本舒服自在的習慣，尋找更好的替代方案？

柯恩及其同事指出，這是「利用」（維持一種滿足自身需求的行為策略）與「探索」（在慣用的策略不再奏效時試驗替代方案）之間的抉擇。換句話說，利用反映自動的習慣，探索則反映試探性的應變調整。他們寫道：「從決定今天接下來做什麼到規劃職業道路，在所有的行為層面和決策時間尺度上，都需要平衡利用與探索。」[34]就人類決策而言，沒什麼比這更無所不包了。

這是一篇內容縝密的論文，裡面有詳細的行為公式和大量的神經生理學細節。我將跳過這些細節，部分原因在於它們並不構成一個連貫的訊息；事實上，該論文的結論之一是：這是個令人生畏的複雜課題，涉及現實生活中的大量變數，因此除非作卡通式的簡化，或許永遠不可能在神經學上建立模型。但微妙的是，這也正是為什麼這個小小的研究分支與關於智慧的實驗研究方法非常接近，這些問題也很可能因此吸引了社會神經科學領域的頂尖研究人員——不僅是柯恩，還有倫敦的彼得・達揚、普林斯頓的雅爾・尼夫（Yael Niv）、紐約大學的伊莉莎白・菲爾普斯和納撒尼爾・道，以及貝勒醫學院的雷德・蒙泰格等人。你不必是神經科學家，也會為這篇相對簡短的論文本質上涉及的重大哲學問題感到興奮。對那些希望智慧保留一點神祕感的人來說，我們甚至可能瞥見了科學永遠無法逾越的一堵牆。

首先，一如道德判斷、憐憫和情緒調節，這個故事正變得越來越複雜。例如我們如何說服自己戒掉一個壞習慣？我們已經聽過很多關於多巴胺酬償系統的說法，但柯恩及其同事回顧了一些證據，它們顯示，另外兩種著名的神經傳導物質——乙醯膽鹼和正腎上腺素——在打破習慣方面很可能有重要作用。這些分子似乎扮演哨兵的角色，向大腦示意不確定性。[35]它們甚至可能與無聊的神經源頭有關。

但歸根結柢，這是一篇著眼於平衡的論文。它描述了人們如何在神經上權衡堅持某種行為策略或改變行為策略的相對價值，如何判斷眼前的好處與長期報酬何者更有價值，而這一切都是適應不斷變化、不可預料，或如作者所說的「非靜止」環境的產物。一個人身處一個派對、一段婚姻、一份工作之中，或買進了一檔股票基金，面對的問題全都一樣：我該留還是該走？

所有這些縝密、嚴謹、非常高素質，以及揣測性的科學話語，最終是否告訴了我們關於智慧的任何有用東西？

嗯，是有的。首先，它告訴我們，大腦面臨不確定性或變化時，其表現很可能有所不同。因此，我們在隱喻和神經意義上都需要保持開放的心態。由於情緒是即時和自動的（這有很好的演化理由），它也往往是封閉的，有時會排除潛在的資訊取得途徑。情緒總是假設手上的知識多到足以指導決策，即使實情並非如此。很多新神經科學隱含這樣一個訊息：我們必須辨別情緒誤導我們的時候。而且一如奧德修斯，我們必須超前部署，準備好接下來該做的幾步，以便頂住原本勢不可當的神經力量。

由於我們的決策機制很大程度是隱蔽的，這聽起來像是不可能的任務：我們要如何對抗並不是明顯在那裡的東西？但正如我們在其他情況下一再看到的（包括認知行為治療〔處理習慣問題〕、冥想〔建立認知和同理的「肌肉」〕、憐憫〔幫助重設框架〕，以至「像交易員那樣思考」〔訓練頭腦克服由情緒驅動的風險趨避傾向〕），我們有機會介入這個系統的運作以產生有益的結果。

但是，所有這些介入都有一個共同點，那就是努力，包括參與治療、冥想、擴大憐憫心，以及改變習慣和觀點。在人類的種種優秀品質中，智慧無疑不是可以輕易不勞而獲的。但神經科學現在才開始勉強找出這種努力可以產生影響的領域。正如柯恩寫道：「人確實有能力克服情緒反應。」[36]「能力」不是與生俱來的權利或應得權利；它是一種藉由努力使自己變得比較好的可能性，藏在剛開始為人所知的神經迴路中。

元智慧的概念實際上是邀請我們重新設定框架，退後一步，從上到下重新評估棘手的情況。這個過程很可能關係到重新檢視我們的工作知識，並決心取得新資訊，無論新資訊多麼令人不安，因此它意味著勇氣；它迫使我們挖掘不同的記憶礦井；它迫使我們在面對不確定性時重新評估所有這些資訊、事實調查和感覺；它鼓勵我們承認這個事實：脈絡，即圍繞問題的框架，是至關重要的。簡而言之，元智慧邀請和要求我們深思。但坦白說，這正是當代神經科學不足之處，也是它與智慧之謎相遇之處。

目前的社會神經科學和神經經濟學研究，幾乎都不重視深思（deliberation）這個概念。在二〇〇八年紐約大學為期三天的神經經濟學會議上，安東尼奧．達馬西奧是我聽到的唯一在談論決策時提到深思一詞的科學家。[37]在絕大多數研究決策的 fMRI 實驗中，受試者被要求在數秒鐘內作出判斷。在任何名副其實、值得運用智慧的人類困境中，舊知識或舊經驗幾乎必定需要根據新情境重新評估。我們神經的預設是傳統和習慣，而我們更善於變通的反應很可能需要打破傳統和習慣。這種更善於變通的反應需要新資訊、文化線索、心理彈性，以及深思來達成。最後，我們必須對改變持開放態度。我們必須願意打破習慣——無論是行動的習慣，還是更難克服的近乎無意識的感性思考習慣。不確定性至少有助我們克服有害的習慣。

普林尼（Pliny）曾說：「唯一可以確定的是一切皆不確定，而世上最可悲和傲慢的莫過於人類。」[38]蒙田因為非常喜歡這句話，把它刻在他的書房天花板上。我們的不幸和傲慢很大程度上源自習慣之暴虐，而這種僵化是我們固執地作出許多錯誤決定的主要原因。喬納森．柯恩想說的主要是，基於情感的那種決策機制是快速但不靈活的；卡斯帕洛夫極其熟悉和習慣西洋棋的規則與算法，因此可以在下棋時極快地思考，但也可能受這種僵化束縛。另一種決策機制是比較仰賴大腦皮質和由上而下的，運轉速度沒那麼快（認真思考通常是這樣），但也比較靈活。智慧並非僅存在於這兩種決策方式裡；柯恩認為智慧也存在於這兩種方式之間——在那個隨時出現的岔路口，我們必須釐清哪一個系統更適合哪一種情況，哪一條路更可能通往我們最終想去的地方。

我們沒有人能預知未來，但危機和不確定的時刻總是迫使我們審視人生歷來的重要決定。美國金融市場二〇〇八年春開始內爆時，華爾街一家著名投資銀行的員工短短二十四小時內失去了他們一生的積蓄——有些人是失去數百萬美元，另一些人損失四十萬至六十萬美元（雖然少得多，但也是他們亟欲保護的儲蓄）。財富如此迅速地蒸發，足以使人悲痛到雙腳顫抖，但我對《華爾街日報》的一篇報導印象特別深刻，它引述一名飽受打擊的證券經紀人悲歎道：「我花在貝爾斯登的時間，比我與自己家人共處的時間還要多。」[39]

放馬後炮很容易，但在神經和智慧意義上，我們所作的任何決定是否有益，終歸取決於我們最重視什麼，取決於我們認為什麼東西最重要。很難想像大腦如何找到一個共同的尺度來衡量不同事物的相對價值，例如與親人共處或努力為退休存夠錢的相對價值，但我們幾乎每天都被迫作出這種判斷。這提醒我們，雖然經濟人（*Homo economicus*）本質上堅持「偏好」只能以狹隘的物質標準衡量，但智人（*Homo sapiens*）終歸要權衡一套複雜得多的價值觀。

《聖經》中對這種困境有一個簡單的答案，智慧本尊在那裡提醒我們：「得智慧，得聰明的，這人便為有福！因為得智慧勝過得銀子，其利益強如精金。」[40]

但在資本主義的福音中，我們可以找到對此問題更發人深省的評估——年輕的亞當斯密在為他的時代寫墓誌銘時，實際上也為我們的時代寫了一個。他以優美的文字談到物質與精神福祉之間那個永恆的岔路口：「有兩種不同的性格出現在我們的面前，供我們仿效：其中一種，滿懷高傲自大的野心與庸俗賣弄的貪婪；另一種，則是滿懷樸素的謙虛與公平的正義。有兩個不同的模式，兩幅不同的畫像，懸在我們的眼前，供我們據以形塑我們自己的品格與行為：其中一幅，在著色上比較庸俗華麗與光彩耀眼；另一幅則是在輪廓線條上比較正確，也比較細膩美麗。其中一幅迫使每一隻游移的眼睛不得不注意到它；另一幅則幾乎不會吸引什麼人注意，除非是最用心與仔細的觀察者。真心堅定愛慕智慧與美德的，主要是一些賢明有德的人，他們非常優秀，不過，為數恐怕不是很多。絕大多數的人是財富與顯貴地位的愛慕者，而且，也許更為古怪的是，大部分還往往是沒有私心的愛慕者與崇拜者。」[41]

# 第三部 獲得智慧

即使我們可以靠別人的學問變得有學問，但至少我們只能靠自己的智慧變得有智慧。

——蒙田

# 第12章 青春、逆境與韌性——智慧的種子

> 蹄子在粗糙地面上變硬的動物，什麼路都能走。
>
> ——塞內卡

生物學家馬里奧・卡佩奇（Mario Capecchi）在一九九六年之前不曾公開細述他非凡的童年經歷；在這一年，這位義大利出生的科學家從他在猶他大學的實驗室前往日本接受京都獎，這是他十一年後榮獲諾貝爾獎的前奏。在題為「一個科學家的產生」（The Making of a Scientist）的自傳式演講中，卡佩奇講述了他一九四〇年代在歐洲的成長經歷，震撼了在場聽眾。在那段時期，他的單身母親遭逮捕並被送進納粹集中營，理應照顧他的監護人在他四歲時將他趕出家門，使他在戰後破落的義大利淪為無家可歸、營養不良、流落街頭的兒童，如此生活了多年——他對招待他的日本東道主表示，這個故事「體現了與理想的養育相反的情況」。[1] 令人意想不到的是，卡佩奇的故事也有助我們思考智慧的根源。

卡佩奇的母親露西・拉姆貝格（Lucy Ramberg）在義大利佛羅倫斯一棟別墅裡長大，家境優

渥，長大後成為自由奔放的詩人。她的父母（卡佩奇的外祖父母）是露西・陶德（Lucy Dodd；奧勒岡州出生、移居義大利的後印象派畫家）和華特・拉姆貝格（Walter Ramberg；有一定名望的德國考古學家，在第一次世界大戰期間去世）。卡佩奇的母親在拉姆貝格別墅長大，那裡有廣闊的花園和許多保姆、僕人和家庭教師，隨後她去了巴黎，在索邦學院學習文學和語言，在這間大學講課，並在一九三〇年代開始（以德文）發表詩歌——參與政治上活躍、強烈反法西斯的文學團體「波希米亞人」的部分活動。

一九三七年，露西・拉姆貝格搬到義大利阿爾卑斯山區波札諾（Bolzano）以北的小村莊沃爾夫格呂本（Wolfgrübben）。一九三七年十月六日，馬里奧・卡佩奇出生於附近的維羅納。他的父親是義大利空軍軍官，與他的母親短暫相戀，然後就從她和他的生活中消失了。馬里奧出生兩年後，他有了一個同母異父的妹妹，名叫瑪琳（這是他很晚才知道的事）。[2]隨著露西的反法西斯活動面臨越來越大的危險，她針對不確定的未來做了一些安排，包括把瑪琳交給一個奧地利家庭收養，以及與附近一個農民家庭談好條件，萬一她出事，由這個家庭撫養馬里奧。卡佩奇在他的京都演講中說，露西擔心的那一天發生在一九四一年春天：「蓋世太保和黨衛軍軍官來到我們家，逮捕了我母親。這是我最早的記憶之一。雖然我當時只有三歲半，但我感覺到我將會有許多年見不到她了。」他說，德國人把露西送到達豪（Dachau）集中營，把她當作政治犯關在那裡，而他則與那個農民家庭一起生活。他起初喜歡農村的生活，看著收養他的家庭收割小麥，並快樂地參與秋季的葡萄收割。（他回憶說：「孩子們，包括我在內，都脫光了衣服，跳進大桶裡，成為尖叫的紫色能量團。」）

露西變賣了許多財產，才籌到錢給那個農民家庭照顧馬里奧，但短短一年後，也就是一九四二年，那個家庭就決定讓馬里奧自食其力。卡佩奇在日本的演講提及：「因為一些我一直無法釐清的原因，母親交給他們的錢一年後就用完了，我在四歲半的時候就開始自己生活。」卡佩奇表示，他有超過四年時間過著無家可歸的孤兒生活。他回憶道：「我往南走，有時住在街上，有時加入無家可歸兒童的幫派，有時住在孤兒院，大部分時間都在挨餓。我對那四年的記憶是生動的，但不是連續的，而是像一系列的快照。有些記憶殘酷得無法形容，但也有一些是愜意的。」（如果你覺得這個故事不大可信，必須提醒你的是，一九四〇年代初的義大利是一個經戰爭蹂躪後極其貧困的國家；艾爾莎．莫蘭黛〔Elsa Morante〕的著作《歷史：一部小說》〔*History: A Novel*〕對二戰如何影響義大利人的生活有震撼人心的鮮明描述。）[3]

一九四五年春，美軍解放了達豪，露西．拉姆貝格因多年的監禁深受創傷，但她開始按部就班地在整個義大利尋找馬里奧，歷時十八個月。一九四六年十月，她終於在瑞吉歐艾米利亞（Reggio Emilia；波札諾以南約一百六十哩的城市）找到了他。他因為營養不良而住進了一間擠滿數百名無精打采的孤兒的醫院，發燒難受，在一張骯髒的床上裸睡了接近一年。露西五年間老了很多，以至於她第一次出現在他床邊時，馬里奧甚至沒有認出母親。

他們前往羅馬，馬里奧在那裡洗了「六年來第一個澡」，然後母子倆訂了從拿坡里前往紐約的船票。露西．拉姆貝格的精神從未復元；她兒子說「她基本上活在一個想像的世界裡」，[4] 一九八九年逝世於亞利桑那州。與此同時，馬里奧由他的姨媽和姨父撫養長大，他們住在費城郊外的貴格會公社；後來他上了安提阿學院（Antioch College），最後在哈佛大學華生（James D. Watson）的實驗室受訓成為分子生物學家，並在基因操作和幹細胞方面做了開創性的研究，使他榮獲二〇〇七年的諾貝爾獎。

當時七十多歲的馬里奧．卡佩奇是個靦腆的小個子男性，雖然並非沒有自我，但想必不願說自己有智慧。但是，他（某程度上）破碎人生的點點滴滴卻閃耀著我們認為與智慧有關的特質：他畢生致力於社區服務和社會福利，這種社會意識是貴格會的教育灌輸給他的；他有驚人的專注力，能極度投入地鑽研一個問題，不受任何其他事物干擾（這是他的許多同事說過的）；他有自在和自信的耐心，因此能夠處理通常無法迅速解決的重要問題（包括科學和其他方面的問題）；並且，他處理這些難題時當然展現出他情緒上的穩定和韌性。因此，我們有理由認為，他早年的經歷可能以某種方式促使他發展出成年後那些堪稱典範的特質。卡佩奇自己也想過這問題。

他在一九九六年說：「回首往事，那個孩子的韌性使我驚歎。多年前我裸身躺在那張病床上時，心思一直集中在策劃逃跑上。在看不到任何明顯希望的情況下，我仍有明確的生存意志。」

他還說：「到底是那些童年經歷促成了我後來的一些成就，抑或儘管我在童年經歷了那些事，最終還是取得了那些成就，這問題至今沒有明確的答案。這種涉及人生的問題，我們無法做適當的對照實驗。這種經歷會不會有助培養出自力更生、自信或聰明靈巧等素質？我一直認為，能夠長時間專注於一個自己選擇的題目，完全不受周遭事物干擾，是我個人的一個強項……我從自身經歷中認識到的是，有助培養出創造力等才能的遺傳和環境因素非常複雜，是我們目前無法預料的。在缺乏這種智慧的情況下，我們唯一能做的是為我們所有的孩子提供充分的機會，使他們能夠追逐他們的熱情和夢想。」

馬里奧．卡佩奇的人生例子——童年經歷十分可怕但後來成就驚人——考驗流行文化中關於智慧的一個比較令人欣慰的神話：人老比較容易有智慧。人在生命較後期階段確實可能比較容易有智慧，但一些軼事和科學跡象顯示，至少在某些情況下，智慧的產生很可能早得多，而且往往與某種逆境有關。正如卡佩奇暗示，我們無法以合乎道德的方式在幼兒身上做「逆境實驗」。但是，如果我們梳理科學文獻和智慧文獻，尋找關於智慧種子的線索，我們會得到啟發，進而提出一些比較能刺激思考的問題。

智慧的種子會不會其實在生命的早期就已經播下？「年長但更有智慧」這公式，是否有一部分是「年輕但有韌性」？

＝

亞里斯多德有語言障礙，很小就成了孤兒；摩西有口吃問題。蘇格拉底是出了名的醜。伯里克利天生一個形狀奇特的尖頭，以致普魯塔克稱之為「畸形」，雅典的喜劇作家則惡意地說他是「海蔥頭」。甘地感歎自己小時候身體虛弱且極其羞澀，以致其他孩子都嘲笑他的沉默。孔子三歲喪父，林肯九歲喪母。悉達多．喬達摩出生七天就喪母，成年後幾乎可說是被他父親囚禁起來，因為有個預言說他將為了尋求精神上的覺醒而拋棄家庭和財富，他父親因此非常不安。[5]保羅．史查森寫過一本簡短生動的孔子傳記，他指出：「奇怪的是，在創立世上主要哲學和宗教的十幾個人物中，絕大多數是在單親家庭長大的。」[6]（當然，在單親家庭生活未必就是一種逆境，但為人父母者都會告訴你，單親多少會加重家計壓力！）這些不過是人物傳記中的零星軼事，但它們使我們得以將公認有智慧的歷史人物與至少名義上的童年逆境聯繫起來。

若干心理學家不畏艱難研究這問題，結果深受智慧與逆境的關係打動。[7]從逆境中磨練出來的韌性，這種面對情緒考驗時堅持下去的能力，這種應對生活中無可避免的挫折和悲傷的能力（傷痛之出現有如棒球發球機的節奏那麼隨機），在一九九〇年代成為莫妮卡．阿德爾特等人的智慧心理測量中的一個核心特質，並且引起探索情緒韌性的心理學和神經生物學的實驗者注意。

「柏林智慧專案」是現代研究人員第一次（也可能是唯一一次）嘗試有系統地探索智慧的源頭。從一九八四年開始，保羅・巴爾特斯和他在普朗克人類發展研究所的同事著眼於那些在柏林團隊的各種智慧測量中得分高於平均水準的人，嘗試找到這些人背景中的共同特徵。這項研究產生了兩個令人驚訝的見解。

首先，智慧的種子看來遠在成熟成年期之前就已經播下。例如在同期的研究專案「柏林老化研究」（Berlin Aging Study）衍生的至少四項不同的研究中，巴爾特斯的團隊得出結論，彰顯智慧的典型知識和判斷力在成年早期就已經出現，而且不會隨著時間的推移而明顯增加。[8]事實上，有些研究認為智慧早在青少年時期或成年早期就已經扎根。正如巴爾特斯及其長期合作者娥蘇拉・施陶丁格於二〇〇〇年所報告，他們針對青少年的研究顯示，「在成年早期之前，獲得與智慧有關的知識和判斷力的主要時期約為十五至二十五歲這段時間。」[9]與傳統（和文化）期望相反的是，年老不會自動獲得智慧，年輕也未必有礙獲得智慧。

第二，人生早期的逆境往往有助催生智慧。[10]論文共同作者賈姬・史密斯表示，在柏林老化研究中，許多在智慧檢驗中獲得高分的參與者在兒童和青年時期經歷了二十世紀最動盪的一些時期，包括德國人因為第一次世界大戰而承受屈辱，威瑪共和時期的狂熱過度，一九三〇年代的金融蕭條，納粹主義崛起，以及第二次世界大戰對德國的物質、社會和精神基礎建設的徹底破壞。史密斯對我說：「在柏林老化研究中，有一些人經歷了兩次世界大戰。兩次世界大戰！」[11]因為資料太少，研究者無法據此概括隨後世代的特徵，但史密斯在談話中說出了疑問：二戰後出生者所經歷的逆境，或從父母那一代人的逆境中學到的東西，是否足以使他們培養出情緒韌性？史密斯若有所思地說：「嬰兒潮世代的生活很好，對吧？」他為柏林智慧專案工作多年，現在是密西根大學的教職員。「我們並不真的知道生活順遂對我們是否真的有益。生活順遂對你真的是好事嗎？我們不知道。假以時日，情況將會明朗，五十年後或一百年後可能會有人說：『哈哈，嬰兒潮世代。』也許吧。我們不知道。這些人多數成功了。但如果你不成功，那會怎樣呢？」

在巴爾特斯關於智慧的告別作中，他將智慧的獲得歸因於各種因素，包括一般的智力和教育、早期接觸有意義的導師、文化影響，以及終身的經驗積累——這是發展心理學的重心。[12]但他也承認情緒智力的核心重要性：「我們有充分的理由認為，能夠藉由認知模式而不是情感失調模式（affective-dysfunctional modes）有效調節與生活困境有關的情緒狀態的人，有更好的機會被視為有智慧，或在智慧的檢驗中得到高分。」[13]在神經學上，這暗示前額葉皮質在管理、駕馭或以其他方式引導情緒衝動方面有重要作用。

許多在莫妮卡．阿德爾特的三維智慧量表上得到高分的老人也表示，他們在人生較早時期遇到了重大困難。[14]在一篇論文中，她講述了一個化名為「詹姆斯」的人的歷史：除了身為黑人在美國南方長大面臨社會逆境，他在二戰期間於太平洋地區服役時目睹暴力和殘忍行為，受到嚴重的創傷，回國後數度經歷嚴重的憂鬱症；但根據阿德爾特的研究，他成為了有成就的教育工作者、成功的運動員，以及一個內心平靜和情緒安寧的成年人。同樣地，「克萊爾」這個實驗受試者講述了大蕭條時期在肯塔基州一個菸草農場長大所經歷的經濟困難。

「人生早期的逆境是晚年生活的學徒期，」阿德爾特說。[15]在一項針對一九四〇年代畢業的哈佛大學學生的研究中（與喬治．華倫特合作），她說：「人們身上似乎有智慧的種子。那些在中年和晚年有智慧的人，年輕時就已經是以他人為中心。如果你有那顆智慧的種子，智慧就會比較容易開花結果。但這不會自動發生。」

古代哲學家創傷累累的生平或許主要是告訴我們，前現代時期的生活普遍相當困難（當時沒有人能免受逆境考驗），而不是智慧的根源何在。但是，逆境的教訓也彌漫於現代心理學研究中，而提到逆境的警句和箴言構成了智慧文獻的一部分。羅馬哲學家、堪稱逆境吟遊詩人的塞內卡就認為：「通往偉大的道路崎嶇難行。」[16]

但是，逆境的影響可以藉由實驗追蹤，並在生物學上描述嗎？馬里奧・卡佩奇本人承認對此問題有「根深柢固的偏見」。他認為創造力（以及想必還有智慧）之類的人類特質因為太過複雜，人們無法認定自己有辦法協調或操控自身經歷來培養這些高階品質。

我們暫且承認，他對人類的這個看法是正確的。但猴子又如何？

‖

二〇〇一年，也就是卡佩奇臆測人類韌性的生物學原理五年之後，史丹佛大學的研究人員展開了一項雄心勃勃的長期實驗，希望利用一群松鼠猴找出韌性的起源。他們安排了二十對這種靈長類動物交配，在五個半月的妊娠期內照顧母猴，然後刻意控制二十隻幼猴所處的環境，希望藉此釐清生命早期承受溫和壓力在行為和生理層面產生的長期影響。[17]這種研究不但重要，還是不可或缺的，因為倫理和實務問題顯然限制了研究承受壓力如何影響人類兒童的機會。但是，正是這種研究有望提供線索，告訴我們神經系統在我們身體和心理發展的不同階段如何處理逆境。史丹佛的科學家安排約一半的幼猴接受「壓力接種」（類似針對情緒敏感的疫苗接種），然後觀察這如何影響牠們隨後的發展。[18]

實驗是這麼做的：凱倫．帕克（Karen J. Parker）領導的史丹佛研究人員容許在史丹佛動物設施出生的二十隻松鼠猴與牠們各自的母親不受干擾地生活十七週（在自然環境中，這些猴子出生後第五週就能獨立活動，第七週就能自己覓食，第十六週就會斷奶）。

然後在第十七週，這些科學家安排約一半的幼猴反覆面對溫和的壓力考驗。每週一次，連續十週，研究人員將幼猴與母猴分開，將牠們放在另一個房間的籠子裡，與陌生的成年猴子為鄰，持續一個小時。史丹佛研究團隊所講的這種「間歇性壓力接種」[19]引發了可預料的驚恐：幼猴因為與母猴分離而呼叫，激動地在籠裡走動，而且體內釋出更多皮質醇，也就是所謂的壓力荷爾蒙。與此同時，由另外十對母猴與幼猴構成的對照組不受干擾地留在牠們居住的籠裡。

幾個月後，帕克及其同事故意安排這兩組幼猴**都**面對強烈的情緒挑戰：置身陌生的環境。這項實驗安排在幼猴出生後約九個月進行，研究人員將每一對母猴和幼猴重新安置到另一個房間的新籠子裡，裡面有牠們熟悉和不熟悉的物件；帕克記錄了幼猴的行為（緊貼在母猴背上多久，隔了多久才去探索新物件，諸如此類），並測量了牠們的皮質醇和促腎上腺皮質素（ACTH），後者是另一種壓力荷爾蒙。在第五十週進行的第二項實驗中，研究人員在猴籠旁邊放了一個牠們不熟悉的不鏽鋼網籠，兩個籠子有一個開口互通；帕克觀察現在一歲的幼猴花了多久才進入新籠子，在裡面停留多久，以及玩了多少東西。

研究人員在這些經壓力接種的猴子裡沒有發現任何哲學家，但牠們在行為上有所不同。這個精心設計的長達一年的實驗結束時，史丹佛研究團隊發現，那些在出生後四個月左右曾短暫面對壓力環境的猴子（即所謂的經壓力接種），在後來遇到不熟悉或不確定的情境時，處理焦慮情緒的表現比對照組好得多。[20]在行為層面上，牠們沒那麼緊貼母猴，更有好奇心和探索精神，吃下更多哈密瓜和棉花糖（進食較多是不大焦慮的一個標誌）；在生理層面上，驗血結果顯示牠們血液中的壓力荷爾蒙少於對照組，行為差異因此與生理差異相對應。帕克某次受訪時表示：「這些都是焦慮減少的跡象。經壓力接種的猴子能更好地抑制焦慮反應。」[21]事實上，之前曾面對壓力的猴子全都比較勇敢，會冒險進入新網籠裡玩耍，而「未接種」的猴子則全都沒有這麼做。

正如史丹佛的科學家指出，並不是說曾接種的猴子會對壓力免疫——實驗中的**所有**動物面對可能有危險的新情境時，都產生焦慮並釋出更多壓力荷爾蒙（也理應如此）。重點是經壓力接種的猴子能更好地適應新事物，並且能夠比較成功地駕馭情緒反應那匹野馬。正如帕克及其同事後來所說：「這些發現顯示，如果在生命早期曾經歷承受溫和壓力的事件，日後再次遇到考驗情緒的情境時，就有能力展現比較有效的警醒調節（arousal regulation）。」[22]

說到這裡，你可能會合理地懷疑：猴子在鋼絲網籠裡吃棉花糖，真的能告訴我們關於人類智慧的任何東西嗎？你應該記得，情緒調節——調節情緒反應並在面對衝突或壓力時保持冷靜的能力——已經成為老年人的一種關鍵應對機制。這並不是說這種能力無可避免地僅受早期生活事件影響；但相關研究確實表示，靈長類動物大腦的情感迴路可以被早期經歷改變，因此在某些情況下，我們可以合理地聲稱智慧的這一方面有很早的根源。

此外，帕克及其史丹佛同事（利用同一群猴子）的後續研究顯示，這種由壓力引起的應對機制某程度上涉及**認知**功能。[23]換句話說，經壓力接種的猴子大腦前額葉部分似乎對壓力反應產生了某種調節作用。他們證明這個事實的方法，是安排他們的猴子挑戰一項已知需要前額葉皮質發揮作用解決問題的實驗任務：在一個透明的塑膠盒裡放置食物，猴子只能從側面伸手才能取得。衝動的猴子直接衝向食物，結果牠們的手被盒子透明的一面擋住了，然後往往因為無法拿到食物而相當沮喪。帕克說：「那些經壓力接種的猴子比較有能力控制它們的衝動反應，而且零星的證據顯示，這些傢伙沒那麼沮喪。」[24]未發表的資料顯示，這種認知控制至少持續三年，而初步大腦掃描顯示，經壓力接種猴子的腹內側前額葉皮質「非常選擇性地擴大」[25]——這個初步發現戲劇性地透露，早期生活經歷可以導致顯著的大腦生理變化。帕克說：「如果這發生在生命的早期，它會更有能力編排你的大腦。」

眼下的大趨勢是其他研究開始填補相關空白，告訴我們早期承受壓力的經歷如何形成長期的生物影響，包括正面和負面的影響。洛克菲勒大學的布魯斯·麥克尤恩（Bruce McEwen）和新墨西哥大學一些學者數年前做的實驗顯示，安排老鼠出生後不久就暴露在一個新環境中，會產生戲劇性和持久的神經變化，尤其是社會記憶能力增強，而且這種變化會持續到成年。[26]這些動物遇到新環境時，大腦活動有所改變，而且下視丘—腦垂體—腎上腺軸（HPA axis）會顯著改變——動物受到壓力時，ＨＰＡ軸會釋出皮質醇和腎上腺素等荷爾蒙。但是，早期受壓的影響可好可壞。紐約州立大學的研究人員最近就指出，非常年幼的猴子若曾在食物方面承受壓力，會比較容易在青春期出現肥胖和胰島素抗性問題。[27]

這整個動物研究學派是從所謂的「人類韌性之謎」發展出來的。約從一九七〇年起，心理學家開始記錄早期的受壓經歷導致後來的壓力反應減少的情況，例如住過醫院的兒童和青少年再次入院不會那麼焦慮，面對緊張的實驗室測試不會有那麼多情緒反應，曾受酷刑者的創傷後壓力減少，甚至曾經歷洪水或地震的人再次從這種天災中倖存下來時不會那麼焦慮。[28]其中一些與壓力有關的變化可能在發育中的年輕大腦留下印記。

將近三十年前，理查・大衛森（我們在關於憐憫的那一章討論過他的研究）發現了前額葉皮質左右兩側的腦電活動差異——他稱之為一種「不對稱」。[29]左側腦電活動較多，與比較樂觀、積極的情緒基調有關，而這種差異早在嬰兒期就能發現。在一九八九年發表的一項非常有趣的研究中，大衛森和納森・福克斯（Nathan A. Fox）將十個月大的嬰兒與他們的母親短暫分開，然後密切觀察他們隨後的行為，藉此考驗嬰兒的情緒韌性。[30]他們發現，應對分離的表現最好的嬰兒（他們不哭鬧，與母親分開後就開始探索自己面對的新環境），正是那些在之前一項實驗任務中左側前額葉活動較多、右側活動較少的嬰兒。對比之下，那些與母親分開時嚎啕大哭的嬰兒（換句話說，他們展現出較差的韌性），其大腦活動形態剛好相反。

我要趕緊補充一點：這並不是說在我們還是嬰兒的時候，我們的情緒韌性商數就已經是固定的。大衛森自己的研究就顯示，這些獨特的大腦活動形態雖然在成年之後通常保持穩定，但在兒童成長階段是變動不定的。在一項持續八年的研究中，大衛森及其同事測量同一群兒童的這種大腦活動，從他們三歲的幼兒階段一直測量到他們接近青春期的十一歲。結論是「幾乎沒有證據顯示這種大腦活動形態是穩定的。」[31]從這些發現看來，與韌性和情緒表現的其他方面有關的神經迴路（已知涉及前額葉皮質、杏仁核與海馬體之間持續時間以毫秒計的對話），在童年和青春期具有極大的「可塑性」。大衛森寫道：「在這個時期，核心情緒迴路可能具有明顯的可塑性，尤其是在前額葉皮質，它至少在青春期之前仍在經歷重要的發育變化。」[32]如果前額葉皮質負責駕馭情緒的野馬，則我們在青少年時期意外或甚至不由自主地學到的騎馬技術就似乎特別重要。但同樣清楚的是，我們目前遠未掌握關於這問題的任何明確答案。大衛森一九九五年指出：「在未來一個世紀裡，人類情感神經科學的主要挑戰之一，是更好地認識塑造情緒迴路的環境力量。」[33]

史丹佛的松鼠猴研究似乎是學者首次嘗試利用精心設計、實證、非事後的實驗探索壓力接種的生物學。但在我們對基於猴子的幾項研究過度興奮之前，必須提醒大家一些事。首先，深厚得令人沮喪的心理學文獻清楚告訴我們，人生早期承受壓力的經歷可能在當事人身上引發典型的病態；[34]韌性之所以是個謎，正是因為有些人從這種人生早期挑戰中獲得力量，但也有一些人似乎會因此受到永久的傷害。

此外，也有一些很好但可能造成矛盾的證據顯示，嬰兒出生後初期發育階段的母親照顧品質可以成為緩衝早期壓力的一個重要因素。例如加拿大麥基爾大學的麥可．米尼（Michael Meaney）團隊就做了一組漂亮的動物實驗，結果顯示母親的照顧（母鼠舔自己的幼崽），實際上引發了新生幼鼠永久的生物變化，改變了幼鼠ＨＰＡ軸的基因表現模式（史丹佛猴子實驗探索的是相同的壓力應對迴路）。[35]這種發現使我們很想說，每一個好母親都是智慧的源泉（這並非只是玩笑話），但史丹佛的實驗似乎顯示，壓力接種的好處可能與母親的照顧無關，至少靈長類動物是這樣。

最後，正如關於智慧的討論一定會提到：脈絡至關重要，而令人困惑的變數非常多。帕克及其同事就承認：「在特定的物種中，壓力源的類型、時機、持續時間和嚴重程度，很可能是決定早期經歷最終產生保護性還是有害結果的重要因素。」[36]

但是，無論智慧可以多早形成，這並不意味著它一定會在生命早期成形（當然，這是假定它會發展成固定形狀）。人生心理學著眼於我們的情感核心在一生中如何演變，在這問題上對我們特別有啟發。正如蘿拉．卡斯滕森針對「情緒調節」所做的巧妙的縱向研究顯示，年長者的情緒往往比年輕人來得平和，部分原因在於餘生日短（和被迫承受越來越多情感損失）促使他們選擇比較積極和有意義的情感互動。費達．布蘭查德費爾茲的研究則一再證明，老年人利用這種情感力量，以年輕人不會採用的方式處理衝突和解決日常關係或社會問題。如果我們假定成年人和兒童的基本情緒迴路是一樣的（隨著我們對大腦的認識增加，這個假設很可能將必須調整），那麼韌性、應對能力或任何形式的情緒調節能力看來就真的可能**經由學習獲得**。[39]

如果我們從演化的角度思考韌性，一個基本事實會震撼我們，它偶然反映在許多關於逆境的哲學箴言中，包含從賀拉斯到窮漢理查的箴言。避免承受壓力很可能不是天擇關心的問題，因為在幾乎所有動態環境中，新狀況和威脅不斷出現，承受壓力是無可避免的。但一些理論家認為，天擇可能關心如何培養一種神經機制，利用它調節並在某種意義上駕馭對於風險的情緒體驗。無論這種駕馭能力某程度上是在生命早期獲得（一如壓力接種研究所表示），還是在生命後期獲得（一如威斯康辛大學卡蘿．雷夫〔Carol Ryff〕等人的研究發現），最終結果都是一種顯著增強的情緒調節能力，顯然有助當事人適應環境。[40]

我們距離開發出有效的「公餘自學的十週智慧課程！」還非常、非常遙遠。但這些研究——以及關於憐憫、注意力和延遲滿足的研究——背後藏著這個想法：某種實踐方式，某種主動和有系統的心智鍛鍊，有可能改變我們的頭腦應對逆境挑戰的方式。有些人可能會說這種實踐方法已經出現，我則認為現在下任何結論都還太早。但這種研究令人興奮之處，恰恰在於我們開始認識到這種心智鍛鍊的**生物學**原理。這種鍛鍊有望增強我們的情緒調節和認知能力，而或許在目前看來仍遙遠的未來某一天，它甚至可以幫助我們變得更有智慧。

生命早期的逆境或許可以使我們更有能力應對後來的壓力，並增強我們的情緒韌性——這是個有力的反直覺見解，可能迫使我們重新思考關於智慧如何發展出來的想法，無論是抽象而言還是在我們自己的生活中。智慧甚至可以培養出來——這個刺激人心的見解則開始改變關於這整個話題的文化感知。無論我們多大年紀，無論我們身處怎樣的生活環境，我們所有人，包括兒童，至少在理論上都處於變得有智慧的過程中。正如赫拉克利特觀察到，「時間是孩子們玩得很漂亮的遊戲」，[41]而或許孩子早早接觸逆境的經驗以某種方式奠定了他發掘智慧的節奏。

另一方面，針對像智慧的根源這種非常難以捉摸的問題，我們不應該太迷戀精確和決定性的生物學解釋。在《沉思錄》第一卷，馬可．奧理略列出他個人價值觀的美麗譜系（文學界和哲學界都正確地認為這些價值觀極有智慧）：從他的祖父那裡學到「高尚的人格和平和的情緒」，從他的父親那裡學到「謙遜和男子氣概」，從他的母親那裡學到「虔誠和慷慨」。[42]他的感恩陳述寫了好幾頁，同時微妙地指出，無論我們獲得怎樣的智慧，那都是源自基因、教養、指導、文化，以及可能最重要的對學習和自強不息的一種開放態度。

儘管血統如此優秀，馬可．奧理略的智慧有個發人深省的矛盾，它給我們的啟示主要是關於智慧有限的保存期，而不是智慧的根源。吉朋在其著作中曾發出這個著名議論：在整個歷史上，安東尼王朝兩位君主安東尼．庇護及其養子馬可．奧理略統治期間，是人類社會最幸福和繁榮的時期。[43]儘管如此，馬可．奧理略從未擺脫憂鬱的外衣，它像僧侶的蒙頭斗篷那樣籠罩著他，永久地影響我們對他的看法。雖然他的《沉思錄》流傳至今，被視為含有異常深刻的智慧，但歷史學家被迫承認，他可能作出極不明智的判斷。[44]他擔任公職期間作出的可說是最重要的兩項政治任命，一是指定政治上無能的路奇烏斯．維魯斯為與他共同執政的元首，二是指定他惡毒的兒子康茂德為繼承人，結果其嫉妒和偏執導致羅馬血流成河——看過電影《神鬼戰士》（*Gladiator*）的人應該都會記得。正如吉朋所言：「兒子的滔天惡行令人懷疑父親的美德有多清白。」[45]

我承認，馬里奧・卡佩奇的童年與人類韌性生物學的關聯非常薄弱。但這故事的終章非常能說明卡佩奇本人的情緒調節能力。二〇〇七年秋天他榮獲諾貝爾獎的消息公布（以及媒體大量報導他不尋常的童年經歷）之後，一些記者調查卡佩奇童年記憶的真實性，發現了「幾個不一致的地方」。[46]美聯社的報導指出，在他「無家可歸」期間，卡佩奇實際上曾多次與他父親短暫共住（他父親記得「有三次，每次最多一週左右」）；[47]沒有紀錄顯示他母親是達豪集中營的囚犯（雖然她遭逮捕並且很可能被送到德國應該是可信的）；逮捕她的不可能是蓋世太保，因為這些納粹德國祕密警察一九四一年並沒有在義大利活動（但常識告訴我們，這件事最重要的情感事實，尤其是對一個三歲的孩子來說，是凶惡的軍警人員到他家帶走了他母親，而不是這些人屬於納粹戰爭機器的哪一個部門）。

但是，這故事令人著迷的情節發生在美聯社一名記者到他在猶他州的家裡，拿著新資料當面質問卡佩奇時。卡佩奇並沒有像受質疑的公職人員那樣，在緊閉的門後顧左右而言他，而是大方邀請記者進門。美聯社的報導指出，在漫長的訪談中，「卡佩奇對美聯社的調查結果展現出近乎學術性的興趣，耐心地研究日期和比對他的回憶與歷史紀錄。在整個過程中，他不曾變得有防備心或不合作。」[48]

這可能反映了他的智慧，也可能不是，但他看來無疑能夠很好地控制自己情緒，而且可能在很小的時候就掌握了這種有智慧的技能。

第13章

# 老而彌智——年老的智慧

在許多方面，我們年老時比年輕時快樂。年輕人縱情享樂，老年人增長智慧。

——邱吉爾

假設你是個上了年紀的婦人（其實已經是個祖母），而你的一個媳婦剛剛生下她的第一個孩子——你的第五個孫子！[1] 你去了醫院，到產房看望兒子一家，而你的新孫子被送來時，你自豪地走上前去，把他抱在懷裡。你這輩子抱過無數次嬰兒，包括你自己的三個孩子。你搖晃新生的孫子，把他抱在肩膀上，拍拍他的背。當他在你懷裡漸漸變得比較自在時，你輕輕搖晃他、拍拍他，同時在他耳邊低聲說話。

突然間，你聽到媳婦以明確無誤的冷淡語氣說：「媽，把孩子給我吧。拜託你了！」你聽到敷衍的禮貌背後那個情緒強烈的訊息：「天啊，媽，你會弄斷他的脖子！現在就把孩子給我！」

在蘇格拉底式審問和絕對命令的大局中，這個關於新生兒的小爭執可能不像是一個需要非凡智慧的尤達（Yoda）時刻。但是你突然面臨一個必須瞬間作出的決定，一個可能對家庭產生長遠影響的決定。你是否要告訴這個媳婦，這個二十幾歲的新手媽媽，你他媽知道怎麼抱孩子，而且遠在有香味的拋棄式紙尿褲面世之前，你就已經經常為孩子換尿布？還是你要帶著典型的祖母微笑，把嬰兒遞給他母親，安靜地離開房間——然後在確定不會被人聽到的地方，像女妖一樣發洩怒氣，日後再對你媳婦說些什麼（當然是謹慎地）？

費達・布蘭查德費爾茲正是思考過這種情況——注意，不是作為一個被責備的祖母，而是作為一名社會心理學家，將關於情緒如何影響社會認知的最新知識納入一系列的巧妙實驗中。自一九九〇年代以來，她在喬治亞理工學院的團隊做了大量研究，比較年輕人和年長者對壓力情境的反應。布蘭查德費爾茲模擬家庭和其他社會關係中的典型衝突情境，然後探究不同年紀的人如何應對這些日常困境。她發現，雖然年長者到了六、七十歲時會遇到眾所周知的認知衰退問題，但他們似乎在社會知識和情感判斷方面顯著進步，足以抵消生理衰退的影響有餘，結果是他們解決問題的能力實際上有所增強（此一發現的一致性應該會使嬰兒潮世代的人全都感到振奮）。[2]根據她的研究，相對於十八至二十七歲的年輕成年人，六十至八十歲的人更有策略地（也更成功地）思考如何解決問題，包括非關個人的智力問題和人際社會問題。[3]

在某種程度上，這些研究結果甚至可能不夠資格作為西塞羅以下觀點的現代註腳：偉大的功業源自思想、性格和判斷力，「這些特質不但沒有隨著年齡增長而衰減，反而會增強。」[4]事實上，多個世紀以來，「老而彌智」（older but wiser）一直是年邁自戀者心理辭典中一個恰到好處的自我恭維說法。但是，傳統觀念以至文學妙語面對嚴格的實證檢驗往往會枯萎，而沒什麼研究人員像布蘭查德費爾茲那樣，願意以嚴謹的實證方式仔細研究年長者的情緒智力。

她的研究結果顯示，事情涉及評估情感衝突時，年長者在察覺社會情境方面比年輕人更敏銳。年長者更有能力作出保護人際關係的決定。一如蘿拉・卡斯滕森，她發現年長者能夠維持比年輕人平和的情緒狀態。她也發現，隨著年齡增長，我們在情感上會變得更有彈性——我們會更有能力根據我們的情緒智力和人生經驗適應不斷變化的情況，因此相對於年輕人，年長者（通常）可以作出更好的決定。簡而言之，年長者是「更有效的」問題解決者，[5]而在某種意義上，這種表現非常符合心理學的智慧概念。

回到平靜地離開產房的那位祖母身上，正如布蘭查德費爾茲指出：「考慮到當時的情境和她以避免爭吵為目標，這位老婦人對情緒調節的主要運用是有效的（或許也是有智慧的）。」[6]

||

說到底，智慧可能是與時間賽跑遊戲的認知版，是生活經驗與衰退心智的較量，是增強的洞察力與萎縮的認知能力的較量，是衰弱的身體中有所強化的精神。在馬可・奧理略陰鬱的觀點中：「我們對事件的理解和調整自己以適應事態的能力，在生命結束前就開始衰退了。」[7]

一九八〇年代之前，關於老年人心智表現的研究是一條指向病理學的單行道，只有一條軌跡（走下坡）、一個目的地（衰老），以及一個結局（不快樂）。隨著人生發展心理學的出現，情況變得遠比以前微妙和複雜；這種心理學著眼於個體的整個人生，考慮個人所處的社會、文化和歷史背景。詹姆斯・比倫和保羅・巴爾特斯之類的先驅心理學家開始尋找那些隨著年齡增長反而有所增強的心智和認知特質，而且真的找到了。事實上，關於智慧的現代實證研究是基於以下認識發展起來的：年齡增長賦予當事人某些情感乃至認知上的優勢。

正如布蘭查德費爾茲第一個承認，七十歲的大腦與二十幾歲的大腦是不一樣的：它反應比較慢，而且更有可能分心。其他人僅止於臆測，但布蘭查德費爾茲是率先研究以下可能的人之一：老化並非只是認知衰退；如果能設計出不同的衡量標準，我們甚至有可能辨識出年長者社會情感表現與年輕人的一些重大差異。

隨著老化而來的各種衰退是神經科學熟知的。[8]（事實上，我自己的大腦掃描圖片出現在《紐約時報雜誌》上時，一名醫師朋友歡樂地指出，那些圖像證實了大腦老化的兩個常見特徵：整體體積縮小，腦室擴大；腦室乃圍繞著神經組織、充滿液體的腔室。[9]當時我四十七歲，但我覺得自己就像一個剛被告知在公共場合掉了內褲而不自知的八旬老人。）在《死亡的臉》（*How We Die*）中，許爾文·努蘭（Sherwin B. Nuland）以令人沮喪的精確度記錄了這些變化：五十歲之後，大腦每十年損失百分之二的重量，而皮質神經元尤其像太陽照過的人行道上的雪那樣消失——運動皮質損失百分之二十至五十的神經元，視覺皮質損失約百分之五十，皮質的身體知覺部分損失約百分之五十。[10]「最終結果是大腦相對於年輕時有所萎縮，而且運作得沒那麼好，」努蘭寫道。[11]

令人不安的是，任何人只要超過二十歲，就已經在健忘和容易分心的下坡路上走了頗長的路。時間的流逝以許多惡毒的方式損害大腦的功能。隨著年齡增長，心智處理速度下降。幾種形式的神經注意力開始衰退，它們對辨識事物的重要性和調整適應多重專注區域起著至關重要的作用。幾種形式的記憶出現衰退的跡象——主要不是很多人擔心的記不起名字或電話號碼之類的問題，而是「工作記憶」衰退，它幫助我們檢索和處理與手頭任務有關的知識。感官處理能力也退化。一些研究顯示，即使到了晚年，大腦也能夠在認知能力最強的皮質據點生出新的神經元，努蘭對此審慎寄予希望，甚至將這發現與智慧聯繫起來。他在一九九四年寫道：「我們傾向認為有些智慧是可以隨著年齡增長而累積的，神經科學家實際上可能已經發現了這種智慧的來源。」[12]

不幸的是，從研究結果看來，這一點不是那麼樂觀。大腦面對衰老最脆弱的部分剛好是前額葉皮質，也就是大腦中對高階決策、計畫、抑制衝動、發揮耐心最重要的部分。[13]事實上，背外側前額葉皮質被視為前額葉皮質中最容易因衰老退化而損害的部分，而一些科學家認為它在認知腦與情緒腦的許多神經衝突中扮演關鍵角色。換句話說，一些神經科學家認為，大腦的智慧武器庫中最重要的槍砲之一，是神經系統最早生鏽的其中一部分。

即使是「老年學正確的」心理學家也未能找到智慧隨年齡增長的證據。作為柏林智慧專案的一部分，保羅．巴爾特斯及其同事做了幾項研究，探索智慧與年齡的關係，結果一直未能找到令人信服的證據證明按照他們的衡量標準，智慧從二十歲到九十歲會有顯著增長。智慧隨年齡增長可能是我們直覺相信的東西，但沒有實證數據支持它；巴爾特斯及其同事施陶丁格這麼說：「活得比較久本身不足以在智慧領域獲得更多的知識和判斷力。」[14]此外，正如巴爾特斯觀察到（而且人們普遍承認），平均而言，認知表現在七十五歲左右開始「比較全面地衰退」。[15]因此，對我們許多人來說，退休後十年左右，潛在的智慧之窗開始無情地關閉。

考慮到這堆可怕的科學資料，「老而彌智」看來像是一張紙那麼薄的陳腔濫調，顯然不正確，而借用彼得．梅達華的說法，它是個剛好並不真實的美麗故事。但這個故事還有另一部分，常被指責的心理學家比神經科學家更早發現它。

早在一九八〇年代，柏林的巴爾特斯團隊就做過一些研究，結果顯示經由適度的訓練，年長者可以提升他們的認知表現至**未經訓練**的年輕人的水準（換句話說，在包括訓練在內的所有條件相同的情況下，平均而言，年輕人在某些認知任務中的表現總是好過年長者，但年長者可以藉由練習顯著改善認知表現）。[16]較為晚近和精細的研究為這個故事增添了有意義的細節。潔西卡．

安德魯斯漢娜（Jessica Andrews-Hanna）及其哈佛同事的研究顯示，年長者大腦各部分之間的溝通變差，但他們也發現，研究樣本中頗大一部分老年人不受此趨勢影響，能夠維持良好的神經迴路——比例之高出人意表。[17]大致完好的硬體加上幫助自我改善的軟體（認知鍛鍊），有助解釋為什麼加州大學舊金山分校著名的神經科學家邁可．莫山尼克（Michael Merzenich）認為，他稱之為「健腦操」（neurobics）的心智鍛鍊有助年長者改善心智表現。[18]事實上，幫助老年人維持認知能力的訓練計畫已經發展出一個家庭工業。

但是，這些認知訓練計畫掩蓋了研究社群發出的一個更根本的重要訊息：認知表現並非只是與認知有關。情感滲透並影響認知的幾乎每一個方面，包括記憶、推理和執行功能。布蘭查德費爾茲和卡斯滕森發現，一些年長者制定解決問題策略的表現相對較好，恰恰是因為他們處理情感的方式往往與年輕人不同。

例如布蘭查德費爾茲指出，神經科學研究已經確定了腹內側前額葉皮質的核心作用，這一部分皮質協調大量的情緒處理，而研究顯示，年長者的這部分大腦保持相對完好的狀態，即使背外側前額葉皮質可能已經顯著退化。因此，雖然神經學教科書仍描述老年人的「心智彈性」衰退，但一些相當嚴謹的心理學研究發現，有些證據顯示情況恰恰相反：相對於年輕人，年長者感知日常問題脈絡差異的能力反而比較強。甚至文化詞彙也開始改變。神經科學家埃爾克諾恩．高德伯（Elkhonon Goldberg）就提出「神經侵蝕」（neuroerosion）一詞，認為它比「神經退化」（neurodegenerative）更準確地捕捉到我們老化時的認知表現衰退——是逐漸而非突然的，是選擇性而非全面的，通常只是一種討厭的麻煩而不是徹底的損傷。[19]

但是，布蘭查德費爾茲等人的研究有一個內在的限制。這些研究就像是利用X光透視老年人和年輕人的社會心理與認知表現，拍下快照後並排比較。為了捕捉個人一生中的心理變化，包括可能成就明智行為的那種變化，我們必須做科學家所講的「縱向」研究。這種長期研究持續追蹤（和檢測）同一群人的表現，從他們的青春期追蹤到他們進入中年，有時甚至是直到老年。

縱向研究相當罕見，因為它們複雜、困難，而且成本極其高昂。但是，有一項縱向研究很久以前就開始了，當時大腦掃描技術和現代神經科學甚至還沒面世，連嬰兒潮世代都還沒出現。這項研究二戰之前在麻省劍橋市啟動，雖然說它與智慧有關會有點牽強，但它產生了關於成就幸福生活（或導致不幸福生活）的各種行為和人生選擇的大量資料。它還成為佛洛伊德的防衛機制理論與現代智慧研究之間一道令人意想不到的橋梁。

＝

一九三〇年代末，哈佛大學的醫師展開了一項雄心勃勃的縱向研究，追蹤數百名年輕男性的職業、文化、身體和心理發展；他們是一九三九至一九四四年間，在哈佛大學讀二年級時開始參與這項研究（其中一名匿名參與者據稱是後來成為總統的約翰·甘迺迪）。[20]這項研究起初名為格蘭特成人發展研究（The Grant Study of Adult Development），至今仍進行中。每隔二至四年，在世的參與者會填寫問卷或接受詳細的訪談，內容包括他們的職業軌跡、文化價值觀以至是否滿意家庭生活。

在一九七〇年代，也就是這些男性已進入中年時，哈佛精神病學家喬治·華倫特與他們做了深入訪談，以評估他們的各種認知和情感策略。《適應人生》是華倫特講述這些榮幸受選的中年男子的著作，如今在心理學界以外幾乎無人知道，但薇薇安·克萊頓提到她辦公室書架上的這本書時，我很有興趣。事實證明，這是一份了不起的文件，彷彿是英國著名紀錄片《成長系列》（一九六四年開始記錄十四名英國七歲兒童的生活，每七年一集）的常春藤聯盟前傳與續集。《適應人生》記錄了這些研究參與者的決定、個性，以及生活軌跡。因為細節豐富和以近乎小說筆觸敘述個人生活史，它實際上成了讀者可以自己在家裡做的一種心理測驗，而且對思考智慧問題的人產生了巨大的影響。喬治．安斯利因為深受這項研究的力量吸引，曾與華倫特討論合作的可能，而克萊頓後來對我說：「這裡面有很多智慧。」[21]

格蘭特專案的研究人員毫不諱言這項研究的固有偏見——借用華倫特的話，它僅關注「條件很好和生活過得好的人」。[22]但是，儘管它的社會學視野狹窄，但研究得出的主要發現與智慧相關研究大有關係。在這項研究中，每一名受試者的人生都是不可預料的，這並不令人驚訝，但這些哈佛校友適應不確定性的能力顯著有別。成功的適應者懂得善用有益的技巧，不大成功的人則採用適應不良的策略，對他們自己或所屬社群（家人、同事或社群網絡）沒有好處。華倫特對這些心理策略的解釋深受佛洛伊德精神分析理論影響；他將各種情緒策略描述為昇華、被動攻擊、解離、投射、幻想，以及其他「自我防衛機制」。[23]但是，撇開這些心理學詞彙中相當於古拉丁文的東西，你會發現這些純正的哈佛受試者提供了大量有用的行為資料。

華倫特指出，情緒應對機制在人的一生中會有演變，儘管人們不會有意識地「選擇」它們。他為這些策略分級，從不大成功排到比較成功的類別，並將一些較為精細的防衛機制與較高的情感成熟度和生活滿足感聯繫起來。華倫特的結論是：「就決定人生歷程而言，個人的適應能力與他的遺傳、教養、社會地位，或他獲得精神健康服務的機會同樣重要。」[24]華倫特甚至暗示，這些較為健康和成熟的適應表現與「當事人神經系統的改變」並行；[25]對一九七〇年代的一名佛洛伊德學派精神病學家來說，這是一個非常有先見之明的見解。此一洞見預示了如今人們普遍接受的這個概念：學習和成熟伴隨著大腦中的物理變化（事實上是需要這種變化配合），而這就是所謂的「神經可塑性」（neural plasticity）。

現在的人很容易對《適應人生》嗤之以鼻，理由是它的佛洛伊德詞彙完全過時，而它的精神分析視角使它蒙上致命的陰影。但是，即使可能被視為不必要地逗留於智慧心理學一個不相關的死胡同裡，我還是想再談一下格蘭特專案，因為雖然它用了一些古老的術語，而且是從一個意想不到和在某些人看來不大可靠的方向研究問題，但它的許多發現實際上支持和證實了心理學家認為與智慧有關的許多基本行為。

正如喬治．安斯利喜歡指出的那樣，佛洛伊德至今仍有價值並不在於他提供的答案，而是在於他針對人類行為提出的問題。在他所講的「防衛機制」中，佛洛伊德看到了我們現在可能認為有利於助長智慧的心理特徵。[26]他認識到，這些機制是控制本能和情緒的嘗試（也就是嘗試控制內心的大象、蚱蜢或野馬的方法——看你喜歡以哪一種動物比喻情感衝動）；它們往往是無意識的；以及最重要的一點：這些行為可能有助當事人適應環境（而非只是一種病態），使他能以健康的方式調整適應不斷變化和充滿衝突的世界。在極少數情況下，這些適應性機制是有意識和刻意的努力，目的是戰勝我們的本能傾向，此時它們使人想起安斯利從認知角度對奧德修斯與塞壬的重新解釋：因為非常清楚自己的情感傾向，我們必須構思一種策略（估計是利用前額葉皮質）來智取它們。

佛洛伊德的女兒安娜最終在她父親去世後梳理出這些行為的意義。她在一九五〇年代提出：「否認、扭曲和投射是精神病的防衛（defenses of psychosis），而在連續體的另一端，昇華、利他、幽默和壓抑是成熟的防衛（defenses of maturity）。」[27]隨著年齡的增長，這些行為策略有**可能**——而不是無可避免地——逐漸、持續地演變，從童年和青春期不成熟的脾氣發作過渡到中老年比較成熟的情緒調節；這種**可能性**代表了支持年長者更可能有智慧最有力的心理學論點之一（雖然這個論點是不言明的），而這種邁向成熟的逐步發展並不排除這種可能：有些人因為環境或個性的原因，在成熟的階梯上爬得比較快，相對年輕時就已經有智慧。

然而這種佛洛伊德式防衛機制概念與比較現代的智慧概念確切來說有何交集？華倫特呼應安娜·佛洛伊德的觀點，認為成功成熟的成年人展現諸如「利他、幽默、壓抑、預想、昇華」等情感策略。[28]聽起來很耳熟，對吧？在傳統的智慧文獻中，我們已經無數次遇到利他。昇華則可能只是以一種花俏的日耳曼方式表達情緒調節的意思（華倫特將它定義為一種「引導而不是阻斷或轉移」[29]感想的技能）。我們可以用我們熟悉的一些名詞——例如**耐心**、**目標導向的思考**、**以他人為中心的行為**、**謙遜**——代替其他一些防衛機制。華倫特還說，在展現這種情緒策略的人中，「這些機制整合了人類行為四個有時相互衝突的決定因素——良心、現實、人際關係，以及本能。」

對華倫特來說，這些品質是「方便的美德」。但對我們來說，它們聽起來可能像我們現在已熟悉的智慧基本要素——良心對應道德判斷和社會正義，現實對應洞察力，人際關係對應同理心和情緒調節，本能對應情感在決策中的作用。在我看來，華倫特和佛洛伊德是以稍微不同的專業術語談論同一事物（智慧）。沒錯，格蘭特專案中的男性無意識地採用了他們的應對策略，但最好的策略還是造就了最成功的人生。

格蘭特專案最吸引人的一個方面，可能是這些「明智」的防衛機制的存在與否如何影響那些哈佛男性校友到中年時的生活。華倫特在一九七七年的報告中指出，相對於適應能力沒那麼成熟的同儕，展現「成熟防衛機制」的哈佛校友比較快樂，對自己的事業和婚姻比較滿意，而且「投入工作和戀愛的條件好得多」。[31] 他們賺到更多收入，從事更多公共服務，擁有更有益的友誼，身心健康問題比較少，甚至可以更自在地對其他人展現自己的攻擊性。例如根據華倫特在《適應人生》中的敘述，其中一個化名為大衛．古德哈特（David Goodhart）的男子來自美國中西部一個普通藍領家庭，但他展現比較成熟的利他、幽默和情緒應對機制，而且「特別擅長描述他的感受」。[32] 雖然經歷了「恐懼、孤獨」的童年，古德哈特後來成為倡導為低收入舊城區居民提供公共服務的一名全美領袖，並為福特基金會提供顧問服務。正如華倫特在與他第一次見面時敏銳地觀察到：「儘管古德哈特先生具有自謙的特質，他使我恭敬地意識到，我是在和一個比我更有智慧和經驗的人交談。」

華倫特努力總結堆積如山的資料和觀察結果，而幾個凌駕性結論震撼了他。他發現與傳統觀念相反，「孤立的創傷事件很少影響當事人的人生。」[33] 他發現，即使身為一名精神病學家，少從精神病的角度思考，多從情緒習慣的角度思考是有用的（他將情緒習慣稱為「對壓力的典型反應模式」[34]）。而且他承認，在某些方面調整適應挑戰，是人生成功的關鍵決定因素。他寫道：「正是對壓力的有效調適，使我們得以生存。」[35] 演化人類學家談到我們這個物種在史前時期生存下來時，恰恰提出了相同的觀點。

儘管如此，對於我們的智慧是否隨年齡增長這問題，華倫特充其量仍是不可知論者。在他二〇〇三年出版的《哈佛教你幸福一輩子》（*Aging Well*）中，他談到格蘭特專案中那些哈佛校友的最新情況，並檢視另外兩項長期研究的資料，包括史丹佛特曼資優兒童研究（Terman Study）中的女性。他承認，在生命的後期，我們會建立較為廣闊的社交圈，通常能夠更好地應對逆境。但是，在提醒讀者「智慧涉及對模糊性和矛盾的容忍」之後，華倫特總結道：「若想對智慧保持明智，我們必須接受智慧確實可能隨年齡增長，但也可能不會。」[36]這句模糊、費解的話似乎想告訴我們：隨著年齡增長，我們比較有可能得到智慧，但距離**很有可能**還很遠。

為了將格蘭特專案與關於智慧的現代心理學研究結合起來，社會學家莫妮卡．阿德爾特與華倫特合作了幾項追蹤研究。在一項研究中，他們對那些哈佛校友的分析顯示，宗教實踐與心理健康沒有關聯。[37]在未完成的第二項研究中，阿德爾特正在評估格蘭特專案中的男性在慈善衝動方面的表現（在她的三維智慧量表中，她稱之為「以他人為中心」的特質）。[38]她的初步分析顯示，華倫特指出的那些成熟防衛機制與比較重視慈善和憐憫的行為模式有很強的相關性。她發現，這種以他人為中心的特質與財富無關；一些富裕的哈佛校友在慈善捐款和慈善活動方面特別有成果，但不少具有這種特質的人並不十分富有。

‖

如果智慧確實可能隨年齡增長，但也可能不會，我們這些即將年過六旬、正排隊等待領取那張智慧的黃金通行證的人該怎麼辦？領取那張黃金通行證，似乎是嬰兒潮世代每一個人與生俱來的權利。

逾三十年來關於情感如何影響社會認知的研究，已經為我們打開了一扇過去被我們對病理學的文化痴迷所關閉的大門。藉由設計比較精細的心理學研究，費達．布蘭查德費爾茲和蘿拉．卡斯滕森之類的研究人員已經一再證明，在解決問題的認知方法上，老年人與年輕人確實顯著有別，尤其是在處理那些涉及重要的社會和情感因素的問題時。這些正是往往要求我們作出明智決定的情況——這種決定要求的智慧，當然不是指向蘇格拉底式抽象終極真理的智慧，而是比較謙遜、務實的亞里斯多德式智慧，也就是做正確的事以便過美好、有意義的生活。

心理學研究還顯示，在處理不確定性和模糊性時，年長者比年輕人來得自在，而這無疑是有智慧的性情的一項基本優勢。研究顯示，年長者對問題的評估比較靈活；他們能夠比年輕成年人更好地感知社會脈絡，並相應調整自己的行動。或許最重要的是，在確定行動策略時，他們展現出較大的彈性，某程度上受惠於他們較強的情緒調節能力。在布蘭查德費爾茲有用的說法中，年長者發展出一種**感覺**，類似一種情感直覺，使他們知道什麼時候最好「做些事」，什麼時候最好「隨它去」。[39]這可能是「我該留還是該走？」的一種較為柔和及心理化的表述。

我們很容易會認為，年長者這種「隨它去」的哲學不過是人因為衰老而希望避免衝突的表現——在布蘭查德費爾茲的一個實驗情境中，有些人在發現伴侶外遇後決定「隨它去」，此時作出上述結論似乎更有道理。在神經科學的非感性觀點中，這種情感彈性甚至可能是年邁心智衰退偶然產生的一種副作用。

但是，伴侶不忠這種危機並不罕見，而我們有可能像社會心理學家開始做的那樣，在審視這種情況之後，得出「隨它去」正是最明智處理方式的結論——是否如此取決於個案的具體情況，包括年紀與社會地位、是否有孩子、經濟考量，以及導致我們很難作出明智決定的各種現在與未來的變數。這項研究認為，邁向智慧的第一步可能正是暫時抑制直接的、衝動的、情感驅動的本能，避免出於本能衝動而去對抗、破壞關係、「做點什麼」，避免因此造成無法補救或挽回的損失。在這種情況下，「設定框架」、看清大局的能力是個重要因素，而謙遜也是。我們並不經常承認這一點，但我們憤怒或感到受委屈時，我們對即時情感滿足的渴求無疑含有虛榮的成分。

如果狹義的智慧可定義為大腦模式辨識（pattern recognition）的一種高級形式，如埃爾克諾恩．高德伯等神經科學家所說的那樣，那麼關於情感如何影響年長者解決問題的研究就使生物學家面臨一些重要挑戰。[40]社會認知研究清楚顯露的意義是情感與記憶交織在一起，情感因此也是模式的一部分。在這種觀點中，智慧並非只是感知一種關於景觀或背景的熟悉模式，而是還包括提取與該模式有關、具有重要社會或情感意義的細節。因此，在緊張的社會對抗中，情緒可能影響我們如何搜尋和評估那種左右判斷和決策的資訊。簡而言之，情緒甚至影響我們在作出自己希望是明智的決定的過程中蒐集的資訊類型。在這個過程中，我們應該注意我們內心的蚱蜢。

最後，即使這可能使我顯得像是跳針的唱片，我還是要指出，布蘭查德費爾茲等心理學家的研究使神經經濟學和決策生物學的現行研究結果面臨頗大的挑戰。站在人生發展心理學的角度，許多神經經濟學研究採用的方法存在巨大的實驗偏差，因為它們幾乎完全仰賴大學生年紀、自願參與實驗的受試者。[41]如果人生發展心理學家是對的，如果年長者的行為受惠於他們比較精細的情感策略，那麼年長者處理決策參考資訊（以及調節影響這種決策的情感）的方式大有可能與年輕人顯著不同。這並不一定意味著年長者比較有智慧，但可能意味著年長使你更有可能有智慧。

一九八八年，在他生命的第八十七個年頭，那位將智慧納入心理學研究範圍的人對智慧在老年的角色發表了一些看法。艾瑞克．艾瑞克森和妻子瓊（也寫過關於智慧的著作）與作家丹尼爾．高曼（Daniel Goleman）談到智慧在生活中越來越重要。年屆八旬的艾瑞克森夫婦將人的發展的典型階段（這些階段在艾瑞克森更早期的研究中確立）視為一種成就老年智慧頂峰的促發機制。關於我們一直討論的許多特質，包括同理心、韌性、幽默、謙遜、直覺知識、利他、慷慨、對極限的正確認識，艾瑞克森認為它們的起源是在生命的較早期階段，從嬰兒期、幼兒期、青少年時期，直到中年時期。

「什麼是真正的智慧？」瓊．艾瑞克森（Joan Erikson）在談話中一度問道。[42]「它來自充分消化的人生經驗。它不是來自閱讀偉大的著作。說到領悟人生，體驗式學習是唯一有價值的方式；其他的都只是道聽塗說。」

但是，智慧的終極表現或許在於艾瑞克．艾瑞克森所說的「生成性」（generativity）——主動擔起責任，與未來世代分享你在自己一生中學到的東西。艾瑞克森在訪談中說：「唯一能拯救我們這個物種的一件事，是認清我們的生活方式如何不顧未來世代的死活。我們缺乏的是生成性，一種可以在下一代的生活中促進積極價值觀的生成性。不幸的是，我們示範了人類的貪婪，什麼都想要更多更好，完全不考慮如何為我們的曾孫那一代創造一個更好的世界。」

艾瑞克森在接近一個世代之前關於生成性的評論提出了一個重要問題：在我們這個技術上無所不知的社會裡，智慧是否還有作用？如果有，是什麼作用？

# 第14章 教室、會議室、臥室、密室——日常世界裡的日常智慧

> 如果他們懂得鄙視多數人崇尚的東西，那麼人類看來是正在增長智慧。
>
> ——窮漢理查

約西亞．富蘭克林（Josiah Franklin）的育兒奇異旅程展開很久之後（他總共生養十七個孩子），在最小的兒子進入青少年時期後面臨他的叛逆：他拒絕父親的請求，不願投入生產肥皂和蠟燭的家族小事業。[1]他的一個哥哥也曾因此與父親對抗，當時約西亞維護了自己的權威並贏得意志之戰，但卻失去了兒子。令家人永遠遺憾的是，這個年輕人違背父親的意願，離家出走，成為一名水手，最終死在海上。

約西亞如今再次面臨這種永恆的鬥爭，它是父親對兒子、成年人對青少年、權威對仁慈、家族忠誠對獨立自主、傳統對變革的鬥爭。如果家庭智慧包括從情感歷史中學習，而不是重蹈覆轍，那麼約西亞與他的第十五個孩子（最小的兒子）發生衝突時，他已經很好地吸取了教訓。這一次他沒有訴諸父親的權威，而是採取比較精明和間接的做法。父親知道么兒非常討厭做蠟燭，

擔心他也會離家出走、一去不回，於是開始陪他輕鬆散步，藉機觀察其他工匠的工作，包括磚匠、木匠、細木工之類，希望找到這個年輕人比較喜歡的一門手藝。最後這個兒子也離家出走，但沒走多遠；他選擇以印刷為職業，在費城建立了興旺的印刷事業。這個人後來成為電力科學的奠基者之一，而即使在電力普及之前的時代，大概很少人會認為，富蘭克林家留住最小的兒子從事蠟燭生產事業，會比他另謀發展來得重要。班傑明·富蘭克林後來對他父親這方面的智慧表示讚賞。他這麼寫父親：「他卓越之處，在於對必須審慎處理的事能周全理解和明智判斷，**私人與公共事務**皆然。」[2]（變字體強調為作者所加。）

富蘭克林家的故事暗示，智慧有外在的聲音，也有內在的聲音，在最宏大的舞臺上發揮作用，但也能影響未來偉人的人生軌跡。富蘭克林在他的自傳中指出，他的父親不曾參與公共事務，但北美殖民地的重要人物源源不絕地來到他在波士頓的家，在他家用餐，並請教這位長者關於教會、政府和一般生活問題的意見（「許多人在私人事務遇到困難時也請教他，他也經常被選為爭議各方的仲裁人」[3]）。事實上，富蘭克林家的餐桌是個智慧育成中心，充滿有益的談話，帶給孩子們「益智或有用的話題」。[4]因為談話的品質極高，富蘭克林家的孩子是在「完全不注意」眼前食物品質的情況下長大的；[5]「完全不注意」這說法會立即引起現代認知科學家的注意，畢竟注意力反映大腦對什麼東西重要的判斷。簡而言之，約西亞·富蘭克林是個有智慧的人，雖然除了他兒子，似乎沒有人曾公開提到這一點。

班傑明·富蘭克林的人生是一本世俗智慧的入門書；他的著作滿是敏銳的觀察。富蘭克林經常區分狡猾（走捷徑解決短期問題）與智慧（「不要愚蠢，不要狡猾，但要有智慧」），[6]但他自己在務實之餘也重視美德。他的一生體現了日常努力的許多領域，在這些領域中，我們所有人都能以「不為人知」的方式，努力追求智慧，並且在日常中改善我們自己和我們最重視的人的生活。對富蘭克林來說，這一切始於對學習的熱愛和對自我改善的堅持，他從中獲得的營養不比餐桌上的食物所提供的少。他在作為教育家、企業家、政治家、外交家以至家庭伴侶的生活中，開出了自己的智慧處方。

富蘭克林提醒我們，人類活動的這四個中心——教育、商業、政治、家庭——是我們現今（尤其是此刻）可以多運用一點智慧的地方。

## 教育領域的智慧

> 如果不了解事物的本質，知道名稱有什麼意義？
>
> ——窮漢理查

多年前，麻省梅福德市塔夫斯大學本科生招生辦事處開始邀請申請人自願提交一篇作文，而申請人或許不知道的是，這篇文章將打開一扇窗，使招生人員得以窺見申請人在創造力、實務、批判思考和智慧方面的潛力。作文題目往往有點奇特，但有很大的修辭空間可以發揮。有一年，作文題目是：「大猩猩（gorillas）與遊擊隊員（guerillas），哪一個更有趣？」[8]另一年，作文題目先引用天文學家愛德溫．哈伯（Edwin Hubble）的話：「人類利用自身的五種官能探索周遭的世界，將這種歷險稱為科學」，然後提出要求：「運用你的科學原理知識，選擇你想投入的一項科學『歷險』，並說明你將如何探索它。」

本科生與智慧這兩個詞出現在同一個句子裡，可能顯得有點奇怪，但塔夫斯大學的作文要求絕非偶然。自二〇〇六年以來，該大學的招生辦事處每年都想出一套新題目來「探測」申請人的智慧，而每年春天，本科生招生主任李．科芬（Lee Coffin）及其同事都會細閱近八千篇文章。那些少年應對這種挑戰的能力一再使他們感到驚訝。科芬告訴我：「我發現很多人寫得非常好。」[9]

那些學生的文章揭示了我們一直在討論的許多特質：設身處地的能力、看到比自己更重要的社會需求的能力、看清大局的能力，以及明白形勢和真相隨著時間的推移而改變的能力。這些能力在標準化的測試中當然是看不出來的。正如科芬所說：「在高度主觀的選擇過程中，資料越多越好。」

多個世紀以來，許多頂尖人才曾感歎，正規教育與卓越智慧之間的鴻溝何其大。蒙田就曾如此嘲笑狄奧尼修斯（Dionysius）的一名學生：「你從他身上看到的，只是他在學了拉丁文和希臘文之後，比他上學之前多了些自負和傲慢。他本應帶著充實的心靈回來，結果他的心靈只是變得浮腫；它只是膨脹了，而不是真有增長。」[10]

雖然每一所高等院校都很可能希望提高學生的智慧（或至少**應該**追求這一點），極少院校像塔夫斯大學那麼系統性地努力將智慧的各方面融入課程、招生過程以至學校的日常任務中。這主要是因為該校文理學院現任院長、美國心理學會前主席羅伯．史登堡押上他三十年的學術生涯，決定檢驗這個見解：如果世界有改變的希望，那麼智慧是可以在年輕人的頭腦中培養的——事實上是**必須**這麼做。

在某種意義上，史登堡成為倡導智慧的鬥士，是因為替他贏得最大學術聲譽的研究工作失敗了。他在耶魯大學擔任心理學教授三十多年，發展出一套全面的人類智能理論。簡而言之，史登堡的理論認為，有才智的成功人士擁有三種關鍵技能——提出新想法的創造能力，辨識真正好想法的分析能力，以及說服其他人相信其價值、使構想得以實行的實踐能力。[11]

但是，一九九〇年代中期，史登堡開始認識到他的理論存在致命缺陷。簡而言之，其缺陷可由這個簡潔的問題概括：一些無疑有才智的人，怎麼會做出極其愚蠢、有時甚至極其邪惡的事？史登堡重視大型公共舞臺上出現的智慧（和智能），他因此受這個不方便的事實困擾：希特勒和史達林之類的人完全符合他的智能標準——他們很有想像力、聰明、長袖善舞，而且具有實踐自身想法的意志。但這些人是魔頭。

史登堡某次受訪時說：「真正偉大的領袖與沒那麼偉大的領袖，差別在哪裡？我檢視甘地、馬丁・路德・金恩、德蕾莎修女和曼德拉等人，如果你拿他們與史達林、希特勒和毛澤東等人比較，他們的智商很可能相差不多。他們的差別看來在於智慧。」[12]他意識到，史達林等人欠缺的是運用所有智能要素服務「公共利益」的能力。正如史登堡與塔夫斯大學的琳達・賈文（Linda Jarvin）和蒙特克萊爾州立大學的阿琳娜・雷茲尼茨卡亞（Alina Reznitskaya）在一篇文章中指出：「重要的**不僅**是你有多少知識，還在於你如何運用那些知識。」[13]

重視**如何**運用知識，當然就是承認關注公共利益非常重要——如果你接受利他精神的演化史，這可說是個**非常**古老的觀念。但史登堡也意識到，智慧代表一種超越標準智力指標的精神狀態，而此一認識迫使他看到了教育系統和教育檢測理念固有的不足，以及智商之類的狹隘指標在預測人生滿意度方面的可悲表現。（他後來成為智慧研究領域的大師之一，一九九〇年編輯了關於智慧的第一本正規學術著作。）[14]

那麼，史登堡究竟認為智慧是什麼？他和他的同事將智慧定義為（請各位包涵下面的學術表達方式）：「以價值觀為中介的智力、創造力和知識的應用，致力於實現某種公共利益，藉由在(a)短期和(b)長期內平衡(a)自身（intrapersonal）、(b)人際（interpersonal）和(c)自身外（extrapersonal）的利益，以達至(a)適應現有環境、(b)塑造現有環境和(c)選擇新環境之間的**平衡**。」[15]

沒錯，這個定義讀起來像某種你永遠不想買的東西的購買契約，但如果你分析它的要素，會發現它極有彈性，而且適用範圍遠遠超出教育領域。史登堡談到平衡短期與長期目標，這涉及我們未來的自己與當前欲望的永恆角力，以及造就明智規劃和審慎精神的成熟。他談到適應現有環境，這關係到運用必要的情緒彈性以應對婚姻中的困難時期或令人生畏的財務狀況。他談到「塑造」環境，這表示智慧可以成為變革的推動力，利用決定和行動重塑家庭或商業狀況。他談到選擇一種新環境，這是承認在某些情況下，智慧的運用者會尋求改變環境，無論是結束一種虐人的關係還是決定換工作。最重要的是，智慧是一種尋求平衡的努力，是一種精神陀螺儀，在不斷變化的力量和利益面前尋求和要求平衡。

史登堡的智慧概念滲透現代生活的幾乎每一個方面，正如他所說，代表「解釋真實情境中的真實行為的一個複雜模型。」[16]它還為大量的現代神經科學內容披上人文外衣，以其他名稱描述時間折扣、設定框架、探索與利用行為、情緒調節，以及「元智慧」。

史登堡的智慧定義既宏大又**棘手**，使傳統的智力成就衡量標準面臨巨大挑戰。正如他所說，目前我們對各種考試成績的重視，從SAT、GRE以至中小學教育中標準化的數學和英語檢測，是「與智慧無關的」。他遺憾地承認，塔夫斯大學曾經是問題的一部分，其商學院為金融界教出肯尼斯．雷伊（Kenneth Lay）和安德魯．法斯托（Andrew Fastow）這兩個非常聰明的畢業生，他們作為安隆（Enron）的高層，是商業史上最大企業醜聞和破產案之一的創造者。史登堡說：「我們建立了一個教育系統，培養出來的人具有把我們引向我們不想去的方向的技能。」

重視智慧的教育會是怎樣的？史登堡及其同事一直努力解答這問題。他們的努力沒有得到很多注意，但它是高等教育中最有趣的實驗之一。

在塔夫斯系統中，教師被要求充當智慧的楷模，而這種角色可追溯至最初的柏拉圖學院和亞里斯多德學園。[17]教師利用展示而非講述的蘇格拉底式方法，嘗試引出學生的新思維習慣，這關係到如何在日常決策中平衡相互競爭的利益，如何將自己的道德和倫理價值觀融入思考過程，如何進行「對話式」思考（利用以他人為中心的方法，嘗試理解多種觀點），如何進行「辯證式」思考（明白某時某地正確的解決方案在環境改變後大有可能是錯誤的），以及如何以積極和富啟發的方式自我覺察，從智慧的視角監督自己的思考過程和決定。史登堡寫道，在基於智慧的教學方式中，教師「採用的教學方式遠比傳統方式接近蘇格拉底作風」，而「學生將必須更積極地參與建構自己的學習。」[18]

而且，將智慧融入學習是永不嫌早的。史登堡還在耶魯時，就與一些同事開始為中學生設計一個名為「智慧教學」（Teaching for Wisdom）的課程，目的是培養學生的智慧和批判思考能力。二〇〇二年，紐澤西州北部的鞍溪學區（Saddle Brook School District）開始試行該課程，實驗只做了一個學期，但那裡的教師對該方法的作用至今仍讚不絕口。鞍溪學區資優課程協調員瑪麗蓮．哈莫特．萊恩（Marilyn Hamot Ryan）表示，實驗結果「令人讚歎」。[19]她說：「對我來說，這樣與孩子們一起努力，知道這麼多超越常規學術的東西，幫助孩子們跳出固有的思考框框，真的太棒了。我們採用了這個試驗計畫的一些基本理念，將它融入一般課程。」

「智慧教學」的理念被應用在歷史、科學、文學和外語的學習上。在一項特別能引起年輕人共鳴的教育活動中（萊恩表示，鞍溪的學校至今仍奉行），學生閱讀班傑明·富蘭克林的《窮漢理查的曆書》（*Poor Richard's Almanac*），然後製作個人筆記本，上面寫滿他們在自己的生活中以及藉由訪問祖父母和其他老年人學到的格言。萊恩表示：「這是激勵孩子們的妙方，也是使他們超越自己原有思考的妙方。」

一個小型試驗計畫無法成就一場教育革命，但它確實引出了一個大問題：為什麼教育專業人員那麼沒興趣在孩子的智力和情感發展中培養智慧？是不是因為檢測代數和語法的學習成效，比檢測敏銳、以他人為中心的思考能力容易得多？史登堡堅信，在我們努力處理全球暖化、大規模毀滅性武器和社會正義等問題之際，以公共利益為重培養智慧對我們社會的前途至關重要。他說：「說到底，智慧是唯一能救我們的東西。這都是為了做正確的事。」

## 工作場所的智慧

> 勤奮不需要許願。
>
> ——窮漢理查

工作場所的智慧通常意味著兩個獨立且相當不同的明智行為領域。其一是企業決策的智慧，以及與老練的商業判斷有關的所有東西：知道作決策該用什麼資訊，創造一種知識文化以便及時獲得這些資訊，利用短期和長期框架評估這些資訊，當然還有獲取這種精明決策帶來的財務報酬。在許多情況下，這主要有賴單純的辛勤工作，與神經迴路沒什麼關係。正如窮漢理查所言：「勤奮是好運之母。」[20]

但是，商業理論幾個趨勢似乎有意無意地以大腦自身的決策過程為模型——在這種過程中，基於事實的知識（或經驗）與情感衝動（直覺或預感）競爭。麻省貝森學院資訊科技教授湯姆·達文波特（Tom Davenport）專門研究「商業智慧」，稱之為「系統地運用關於自身業務的資訊以了解、報告和預測績效的不同方面。」[21]達文波特受訪時表示，領導力是建立這種組織思考過程的最重要因素，他舉的例子包括亞馬遜的傑夫·貝佐斯（Jeff Bezos）、哈拉斯娛樂（Harrah's Entertainment）的蓋瑞·拉夫曼（Gary Loveman）和網飛（Netflix）的里德·哈斯汀（Reed Hastings）——順帶一提，這三個人都受過較為精深的數學訓練。「關鍵在於公司高層有多大的決心堅持基於事實和分析的決策方式，以及藉由試驗學習而非憑直覺行事這個理念。」[22]

但是，精明的商業頭腦主要對應的不是我們內心的蚱蜢與螞蟻的鬥爭，而是明智行為基本神經支柱之一的情緒調節。在一篇關於傳奇投資人華倫·巴菲特（Warren Buffett）的著名簡介中，財經作家約瑟夫·諾切拉（Joseph Nocera）一再提到兩種特質，因為他認為它們解釋了奧馬哈的先知「聖華倫」為何成就驚人。其一是巴菲特的洞察力。如果會計是商業的語言，如巴菲特所說的那樣，那麼他真的精通這種語言；如諾切拉指出，「他在數字中看到一般人看不到的意義。」[23]一如許多形式的智慧，巴菲特的金融智慧是建立在專業知識的基礎上。但他的另一種特質則與智力或知識無關。諾切拉寫道，「真正偉大的投資人需要一種極少人具有的氣質。」[24]他接著指出，巴菲特「從不曾被激怒——我認為這是偉大投資人的一個關鍵：他的判斷力似乎從不受情緒影響。」[25]

那麼，商業智者就是冷靜分析、重視實證、願意從錯誤中學習，而且能夠控制或駕馭情緒，對嗎？嗯，並非這麼簡單。商業技能比較不受好評的一個方面是社會智慧——這種技能常被強制冠上「人際關係」這個名稱（通常帶嘲諷意味）。

工作場所的衝突、壓力和人際關係緊張消耗我們大量的身心能量，但我們往往只用標準的市場尺度——銷售額、利潤、股息之類——衡量「經濟智慧」。最受重視的總是財務指標，從不考慮工作滿足感、個人成就感，或群體的創業或創新潛力是否充分發揮之類。但是，隨著這種不滿的代價變得隨處可見，或許有另一種方法可以在工作場所發揮智慧——找到方法充分發揮組織和員工的潛力，並付諸實踐。現實中多少公司帳面上看似成功，但因為領導層災難性的不智行為而倒閉？

幾乎所有管理人員都會告訴你，管理者的大部分時間花在裁判、操控、安撫、激勵、勸誘和以其他方式駕馭工作場所的社會關係上，藉此創造一種企業環境，使團隊的績效最大化，同時盡可能減少往往拖累績效的個人之間的社會和情感摩擦。一如在婚姻中，你在辦公室能否有效傳達訊息，並非只看你說了什麼，還取決於你說話的方式和時機。此外，社會智慧往往涉及複雜和視情況而定的行為，在工作場所發揮智慧因此有時必須付出額外的努力，以不同的方式對待不同的人，視為個體待之，以便團結整個群體為大於個人的共同目標努力。

如果有人認為這種因人而異的做法太過費時或經濟效率低下，或許應該提醒大家注意凱西·史丹格（Casey Stengel）。這位名列棒球名人堂的領隊帶領紐約洋基隊，在十二個賽季裡七奪世界冠軍，在極大壓力下激勵團隊發揮最佳表現的能力罕有其匹。史丹格以一句常被引用的話解釋道：「管理的祕訣，就是讓那些討厭你的人遠離那些立場未定的人。」[26]在這個例子中，更衣室的道理也適用於會議室和工作場所（雖然並非總是如此）。

孔子其實為職場中人貢獻了許多慧見，只是注意到的人並不多。《論語》中的無數見解可視為工作場所明智、謹慎、成功行為的指南；事實上，孔子致力建立一套封建社會下的行為準則，結果交出了一份了不起的官僚生存指南，對中層管理人員尤其有價值。他的忠告一部分與個人行為有關，一部分與人際關係有關，但全都有助奉行者以一種重視功績、有時無我、往往謙遜、總是精明的方式，在任何層級結構中妥善應對與上司和下屬的關係。

孔子曾告訴弟子仲弓：「先有司（使下屬各司其職），赦小過，舉賢才。」[27]仲弓問：「怎知誰是賢才而提拔？」孔子說：「提拔你所知道的；你不知道的，別人會埋沒他嗎？」[28]他也以較高的標準要求管理者（「君子」）：「君子喻於義，小人喻於利。」（君子重義，小人重利。）[29]

憐憫與好企業相容嗎？研究顯示（至少在金融危機之前是這樣），企業慷慨、正直、以他人為中心，可能正是公司強大、健康的絕佳標誌，雖然這似乎是矛盾的。紐約大學和德州大學的學者發表的一項研究顯示，對慈善捐贈和慈善事業更有承擔的公司，經營表現一貫良好，例子包括嬌生、輝瑞、百事、Nike、金百利克拉克，以及雅芳。[30]這項研究的結論是「行善對公司顯然是好事」。[31]

事實上，康乃狄克州格林威治鎮的多佛管理公司（Dover Management）經營的一檔共同基金，正是以這種標準——為社會做好事——篩選標的，投資於以慈善捐贈聞名的公司，理由是只有財務健康的公司才有能力慷慨解囊。二〇〇七年秋，當時的多佛公司總裁邁可．卡斯汀

（Michael Castine）對《華爾街日報》表示：「最高管理層的理念會滲透整個組織。」[32]後來的一年裡，這檔重視行善的基金創造的投資報酬甚至高於標準普爾五百指數。

卡斯汀接受我訪問時表示，以他人為中心的企業性格通常是執行長塑造的，長期以來這一直是資本雄厚的大公司的一個特徵。他說：「約翰．洛克菲勒在醒著的時候一直努力賺錢，但他捐錢與賺錢一樣努力。」[33] Nike和雅芳等公司視慈善為自身商業形象的一部分，但也精明地將慈善活動與公司品牌聯繫起來——Nike送出運動鞋，雅芳則致力宣傳乳癌防治意識。企業慷慨解囊甚至可能涉及文化因素。卡斯汀指出，總部設在明尼蘇達州的公司向來在慈善方面特別慷慨。他說：「塔吉特（Target）、戴頓哈德森（Dayton-Hudson）、通用磨坊（General Mills）、貝氏堡（Pillsbury），這些公司多年來都是捐贈大戶。明尼蘇達州有很多人來自北歐，來自斯堪的納維亞，而這些地方對回饋社會很有承擔。」但這種企業慈善也是脆弱的。二〇〇八年秋我再與卡斯汀通話時，他告訴我多佛公司已經結束了那檔重視行善的基金——「在市場崩跌之前，但當時大勢已定。」

最後，一個常被忽視的與智慧有關的商業問題是工作場所的品質。作為一名科學作家，我一直對科研實驗室的社會學很有興趣，相關問題包括：哪些實驗室穩定地保持高生產力和創新能力？它們作為社會有機體如何運作？實驗室主任在建立群體倫理方面發揮了什麼作用？各群體如何應對挫折和失敗？三十多年前，我在為自己的第一本書《看不見的邊境》（*Invisible Frontiers*）做採訪時，對實質上開創了生物科技產業的三間實驗室的「性格」著迷不已。[34]這三間實驗室參與了一場攸關重大利益的競賽，競相率先複製人類胰島素基因，結果在一九八三年產生了市場上第一款基因工程藥物。

其中一間實驗室由哈佛大學的華特．吉伯特（Walter Gilbert）領導，以內部競爭激烈著稱，在這裡，你在科學競賽中如果不是第一名，就根本沒有一席之地。但是，對博士後研究員和研究生的訪問顯示，這裡的研究團隊緊密團結、勤奮工作、自由奔放，享有成功（和失敗）的自由，也有責怪和批評實驗室負責人的自由，最後這點實屬罕見（他們以影印製作一份名為《午夜騙子》〔*The Midnight Hustler*〕的諷刺性實驗室報紙，經常取笑吉伯特和實驗室裡不夠謙遜或試圖搶人功勞的人）。雖然在英國的一次實驗慘敗使哈佛團隊註定無法在胰島素競賽中勝出，但吉伯特仍保持沉著和達觀；他後來榮獲諾貝爾獎，並與人共同創立了生物科技公司百健（Biogen）。

第二組研究人員屬於基因泰克（Genentech）這家新興公司，同樣享有不尋常的自由、不尋常的支援（包括財務和情感方面的支援），以及不尋常的同事情誼。他們在幾乎不設階層式控制的情況下日以繼夜地工作，最終贏得了競賽。在胰島素競賽中勝出約三十年後，基因泰克繼續在最佳工作場所的企業調查中名列前茅，也許並非偶然。[35]

第三間實驗室設在加州大學舊金山分校，情況截然不同。其成員的內部競爭、相互嫉妒、偷偷摸摸和尖酸刻薄已成傳奇，至今仍困擾一些前成員；它的一名實驗室主管一九七七年被帶到國會作證，講述實驗室如何違反DNA重組實驗的聯邦指引，[36]而一些衝突衍生訴訟，在歷史性的實驗完成逾三十年後仍未結束。[37]正如商界有它著名的案例研究，科學界也有，這些例子在科學界至今仍是生動的警世故事。我聽到一位著名的諾貝爾獎得主在與同事談論「快樂實驗室」和「不快樂實驗室」時提到了這三間參與胰島素競賽的實驗室。那些科學家承認，快樂與不快樂實驗室的風氣，總是最高層設定的。

我訪問過的哈佛實驗室人員，幾乎全都記得華特．吉伯特不斷向年輕科學家灌輸的一句話，該觀念除了適用於追求卓越的研究表現，也適用於追求卓越的商業表現。吉伯特說，解決一個困難的問題與解決一個容易的問題所花的時間一樣多，所以你不妨接受挑戰，選擇處理一個困難和重要的問題。勤奮真的不需要許願。

## 家裡的智慧

> 正如詩人唱道，男人和女人死去時，他最後停止活動的部分是他的心，而她則是舌頭。
>
> ——窮漢理查

雖然班傑明．富蘭克林有很多務實的智慧，但他在家庭關係方面看來不曾達到令人景仰的水準，至少從他以「窮漢理查」之名發表的東西看來是這樣。《窮漢理查的曆書》充斥著令人反感的性別歧視調侃（像前引那句話一樣），而這不過是確認了心理學家經常提出的這個觀點：即使是像富蘭克林這種有德行、堪稱模範的凡人，也很難一直保持明智。雖然探討如何在家庭生活中發揮智慧不難寫成一本書，但我不打算這麼做，只是想指出，我們在這方面的行為模範幾乎總是我們的親人，而且他們「不為人知」——這是富蘭克林貼切的說法。說明這一點之後，容我提出一些觀察，就從打理草坪說起。

在我成長的過程中，父親似乎耗費太多閒暇打理草坪。至今我還能想起他除草的樣子：他穿著短褲，彎著腰，露出他在二戰中受槍傷留下的可怕腿部疤痕，剪子的聲音像某種可怕的郊區節拍器，標誌著草坪經歷了又一次修剪，以及父親耗掉了又一個下午。我十幾歲時總是覺得這是在浪費寶貴的家庭時光。

如今在我這個週末除草工的中年生涯中，我已經認識到，父親當年很可能發現這種不費心思的例行重複活動是一種後院正念修行——這種儀式可以使他非常平靜，暫時清除他的日常憂慮，重設思考框架和專注思考更重要的事。我是在許多年後的一個早晨意識到這一點，當時我與妻子發生了激烈的爭吵，結果流了淚且憤怒不已。我退到我們家的後院去除草（在你面臨工作期限而且有帳單要付的時候，這總是一種有益的時間運用方式）。隨著我越來越專注於後院的雜草，我的怒氣漸漸消退，最後意識到是我引發了這場爭吵，以及爭吵為何發生（一如往常，是我心裡壓抑著沒說出來的怒氣）。我呆站了一會，手持一束野草回到屋裡，向太太道歉。她看來比我送她一束花還要開心。

我們渴望得到家庭生活的智慧，以便處理好與父母、子女、配偶和愛人的關係。這種智慧不需要大型公共舞臺，但其作用可能影響我們孩子的生命軌跡，也可能影響婚姻的命運。薇薇安・克萊頓最初對智慧這東西著迷，是因為觀察她父親作為一家之主的表現。[38]她回憶道，她父親有能力辨別哪些決定必須立即作出，哪些決定需要深思熟慮；更重要的是，他總是有能力清楚看到什麼東西符合整個家庭的最佳利益。這些務實生活的智慧具有永恆的價值——當年克萊頓在傑基・羅賓森（Jackie Robinson）登上美國職棒大聯盟和蛋蜜乳飲料（egg cream）流行的布魯克林長大時，這種智慧很珍貴，現在是一樣可貴（和必要）。

對我們多數人來說，家庭生活是關於人際智慧和社會風度的一連串突擊測驗——無論我們面對的是伴侶還是靈魂伴侶，是身處核心家庭還是大家庭，是住在宿舍套房裡還是三代人同居在一個屋簷下。無論這些不同的關係溫度設定如何，它們全都需要合作、彈性，以及（借用靈長類朋友的語彙）社交梳理。因為非常多智慧取決我們在人際關係上的決定，我們關於智慧的幾乎所有討論，無論是在神經學還是心理學上，最終都會回到關於社會智力的討論。

我的後院小修行助我喚起對自家社交梳理至關重要的三種特質：情緒調節、站在別人的角度考慮問題，以及謙遜——這是擠出那些困難的道歉所需要的情感潤滑劑。在面臨挑戰時保持沉著，或至少退到一個可以平靜下來以便轉換情緒的地方，顯然對保持平和的情緒至為重要。正如蘿拉．卡斯滕森在史丹佛的研究一再顯示，年長者似乎特別擅長迅速釋放負面情緒，而且他們這麼做的動機看來非常明確。他們更重視社會關係，而不是破壞社會關係可能帶來的自我滿足。如果判斷力最終取決於我們能多好地評估事物的價值，這些確實是明智的價值觀。

第二，家庭關係往往像是一種輸家勝出的弔詭遊戲——我是帶著對「輸家」最大的敬意說這句話的。有些人堅持自己永遠正確、堅持贏得每一場爭論、堅持自己永遠不該受指責（我在這方面頗有經驗），他們往往覺得自己在親密關係中以力量壓倒別人是理直氣壯的。但是在持續的社會互動中，一如賽局理論下的重複賽局，那些堅持不惜代價獲勝的人，他們的自我利益壓倒社會性，（財務或情感方面的）貪婪超出公平的界限，最終只能玩單人紙牌。西西里有句著名的諺語說「獨自玩的人永遠不會輸」，[39]但在我們多數人經歷的社會現實中，這也意味著這種人永遠不會贏。道歉是社會和情感上的「犧牲打」（loss leader）；道歉需要投降，而沒有謙遜是不可能投降的。

耐心是對維持良好的長期關係至關重要的另一項特質。作為一名父親，我經常犯錯，而這種錯誤幾乎總是始於不耐煩。不耐煩的語氣、痛苦的表情、惱怒的肢體語言——你可以像讀一本書那樣讀我，而我的孩子都學會了速讀。這是情緒調節的另一面，也就是設法頂住誘惑，不藉由表達那種澎湃（而且往往合理）的不滿以獲得即時滿足。如今我改變了立場，有時會沮喪地承認，為人子女往往像為一個事事干涉、要求苛刻、從不滿意的上司工作，而且這種關係的**習慣**很容易沉澱為一種草率的情感速記。耐心所需要的精神紀律和力量比在健身房鍛鍊一小時還要累人，但對一個家庭的日常健康來說，沒什麼比這更重要了。

我們如何學會耐心？我想部分靠努力，部分靠榜樣。我父親是個極有耐心的人，雖然我給了父母很多失望和惱怒的理由。我特別記得某天深夜的一次談話，當時我突然走進父母的臥室，告訴他們我打算第二天就從大學退學。母親的反應是受傷的憤怒和謾罵（我當然不曾忘記，也幾乎沒有原諒過——憤怒時所說的話會留下難以磨滅的情感紀錄）。

父親先讓這個意外炸彈引起的言語風波平息下來，然後指出我才剛獲得學校的一個特殊課程錄取，至少應該去試試看，否則對該課程的其他申請人不公平。當時我對智慧的認識一如任何十八歲的年輕人，也就是什麼都不知道，但我現在意識到父親當時的反應是多麼精彩，就像約西亞・富蘭克林帶他的么兒在社區裡散步那麼高明。它沒有表現出不耐煩；它把談話帶離家人之間的衝突；它訴諸一種公平和責任感，不是對我的家人（這對多數十八歲的年輕人完全無效），而是對我的同學。

那天晚上我們都有好好睡覺，第二天我就回去學校上課。我們會遇到這種決定人生的時刻，而如果我們運氣夠好（一如當年的我），現場會有至少一個智者。

## 政治智慧

> 王權所及甚遠，但不及厄運：任何人都不要妄想自己在厄運可及的範圍之外。
>
> ——窮漢理查

二〇〇七年，專欄作家大衛．布魯克斯（David Brooks）評論了埃默里大學心理學家德魯．韋斯頓（Drew Westen）的著作《政治頭腦》（*The Political Brain*），嚴厲批評了韋斯頓關於情感驅動選民抉擇的論點。布魯克斯的結論是：「贏得選票的最佳方式——這將是令人震驚的——是向人們提供對世界的準確看法，以及一套看來很可能產生好結果的政策。」[40]二〇〇八年，布魯克斯寫了一篇題為「選民如何思考」的專欄文章。這一次，他認為選民事實上不會「冷靜和理性地決定投票給誰」。[41]相反，選民會「感性和直觀地決定喜歡誰，然後以事後的合理化說辭解釋自己在有意識的知覺之下早已作出的選擇。」

沒有哪一個主流評論者比布魯克斯更理解現代神經科學的重大社會意涵，因此他可說是一種有親和力的象徵，象徵著我們認識這門新科學的影響和它對政治智慧的意義所做出的努力。在我看來，第二個布魯克斯遠比第一個更接近事實——無意識的情緒驅動我們的大部分決策，無論是在政治還是其他方面。不過，在我們開始探討政治智慧的可能性之前，我們先要承認，我們要談的是明智的領袖和明智的選民這兩個相當不同的政治智慧領域，而它們的責任負擔也很不一樣。

很久以前，一個句子裡同時出現領袖和智慧這兩個詞，並不會自動顯得矛盾。古希臘七賢之一的梭倫當年大規模改革雅典的整個法律結構，證明了他的政治智慧名副其實之後，精明地「休假」（普魯塔克的說法）十年，以免古希臘的「特殊利益集團」遊說他再度改變法律。[42]即使在那個黃金時代，立法者和選民的愚蠢仍是顯而易見到令人難堪。普魯塔克說，梭倫的朋友阿那卡爾西（Anacharsis）「驚訝地發現，在希臘，有智慧的人談論公共事務，但作決定的是蠢人。」

因為自由民主政體很大程度上是哲學的孫子，智慧的歷史與政治的歷史是緊密交織在一起的。事實上，在一些人看來，智慧的實現在十八世紀之前是一種個人努力，但在法國與美國革命的理想推動下，它變成了民族國家的一種偉大事業。尚・方斯華・何維爾說：「正義和幸福的實現將成為組織一個正義社會的藝術，藉由集體正義帶給其成員幸福。在那一刻，哲學的整個倫理分支以政治制度的形式重生。」[43]這種政治轉型的代價，尤其是在二十世紀，不僅是人類對法西斯主義、馬克思主義、社會主義，以及或許還有資本主義連續幻滅，還有個人層面上的精神幻滅。何維爾認為：「所以不再有個人倫理，也不再有個人對智慧的追求。」

現實中也看不到多少政治智慧。雖然針對明智（或不智）的政治領導的評論幾乎與文字本身一樣古老，但極少人像歷史學家巴巴拉・塔克曼（Barbara Tuchman）那麼直率和敏銳地處理這個問題。在一九七九年對美國西點軍校的一次演講中（後來以文章的形式發表，廣獲引用），塔克曼生動地討論了歷史，稱之為「對政府中持續的不智表現之探討」。[44]這是對人類局限的權威分析，有志從事政治工作的人（以至每一個即將成為選民的人）都應該閱讀它。

在這場演講中，塔克曼提到一些明智領導的榜樣，包括伯里克利、凱撒大帝、馬可・奧理略、查理曼，以及喬治・華盛頓。不過，她的文章主要是透過人類愚行來探討治理問題；雖然她寫這篇文章時，人類遠未進入現代神經科學時代，但她的洞見呼應認知科學家一直在研究的許多特質。

在塔克曼看來，不智的領導往往可歸結為品格缺陷，是因為個人疏離了我們認為與智慧有關的美德，包括公平感、謙遜、情緒調節，以及深思熟慮。因此，「制定明智的政策只能以**有見識**的判斷為基礎，而非自動的判斷。」[45]缺乏自制力也是不智的一個特徵，此外還涉及性別因素：「政府至今仍是最重要的不智場域，因為男性在這裡尋求凌駕他人的權力，結果卻失去自制的能力。」[46]自欺嗎？政府「激發了對權力的貪慾，而這種欲望強烈受制於情感衝動、自戀、全知幻想，以及愚蠢的其他來源。」塔克曼以悲觀的語氣總結，表示嘗試藉由教育統治階級來解決政治上的不智問題很可能徒勞無功，最好是集中力量教育大眾。她認為：「政府最需要的是品格健全的人。不過，我不知道如何才能發現和鼓勵這種人才，並將他們引入政府。」[47]

早在一九七九年，塔克曼就哀歎金錢和「形象製造」開始操縱選舉過程。我們可以想像，如果她看到現在的情況，想必覺得非常恐怖，因為現在的參選者甚至會雇用神經科學家來幫助他們了解和塑造選民的偏好。《華爾街日報》在美國二〇〇七至二〇〇八年總統初選期間報導，一些參選人找來臨床心理學家和其他競選顧問幫忙，利用包括 fMRI 掃描在內的神經測量技術，窺探潛在選民的大腦對競選演講和政綱的反應。[48]這些新的神經科學顧問實質上告訴他們的客戶（據稱包括約翰・愛德華茲、米特・羅姆尼，以及小布希），如何使選民理性短路，如何訴諸他們的潛意識偏見。其中一些方法希望釐清選民決定喜歡誰時觸發哪些「神經網路」。例如加州的神經科學政治顧問公司 EmSense 在潛在選民觀看電視政治辯論時監測他們的大腦活動；據媒體報導，一名候選人宣稱他有能力完成任務、兌現競選承諾時，潛在選民的「前額葉活動出現明顯的變化」。[49]此外，另一名候選人指美國從伊拉克撤軍將使恐怖分子得到一個庇護所，此時研究人員注意到潛在選民的腎上腺素增加了（代表恐懼反應有所增強）。

如果你相信無意識的、情感驅動的直覺可造就良好的政治判斷，那麼這些手段就只是一種比較精細的選民教育。但如果你相信柏克萊加州大學神經語言學家（和政治自由主義者）喬治・雷可夫（George Lakoff）的話，這就是一種非常有害的神經操縱。[50]雷可夫在他的著作《政治心智》（*The Political Mind*）中談到政治決定的生物學，認為可以靠著將選項呈現給選民的方式，在認知上「框定」政治決定，其根據是數十年來的神經科學和心理學實驗，尤其是普林斯頓大學教授丹尼爾・康納曼（Daniel Kahneman）榮獲諾貝爾獎的研究。[51]而且，這種框定往往利用含強烈言外之意、經焦點團體訪談檢驗的詞語來完成——當中有些是隱微的，例如 tax relief（租稅寬減）；有些則有明確的內涵，例如 Willie Horton（美國一名重罪犯，因謀殺被判終身監禁，服刑期間獲准暫時外出，藉機逃逸並犯下襲擊、搶劫和強姦等罪）或 Swift Boating（不公平或捏造的政治攻擊，該詞源自二〇〇四年美國總統候選人約翰・克里所受的政治抹黑）。在雷可夫看來，政治語言，無論是演講還是廣告，都是由暗語、語氣詞和隱含聯想精心構成的馬賽克。正如在強納森・海德特的催眠實驗中，這些暗語的用意在於引起無意識的情緒反應，尤其是恐懼和噁心。

正如其著作所述，雷可夫有時會在語意學課堂上激他的學生做一件看似簡單的事：**不要**去想大象！重點是一旦提起大象這個詞，它就會自動觸發一個神經框架，結果是你不可能不想到大象。雷可夫寫道：「並非只是『大象』一詞是這樣，而是所有的詞都這樣。此外，詞語自動在無意識層面上喚醒的並非只是一個框架，而是一整個框架和隱喻的系統。這個系統越常被喚醒，其神經突觸就越強，它在你的大腦裡就越牢固——而這一切都是在你沒有意識到的情況下發生。這就是為什麼保守派的宣傳機器運作了超過三十五年，變得非常有效。」[52]這也是為什麼一如馬特・貝

（Matt Bai）在《紐約時報雜誌》一篇迷人的文章中所述，民主黨在競選中急著採用雷可夫的框架見解。[53]

如果說近年的認知神經科學研究確實告訴了我們一件事，那就是閃電般快速的情緒反應系統，雖然無疑幫助人類在漫長的演化過程中生存了下來，並使我們沉浸在令人振奮的神經傳導物質裡，但它往往搶占先機，導致我們沒有投入一種比較慎重和理性的決策過程。但是，大腦中比較緩慢、比較新、比較理性的那一部分（在喬治・安斯利令人難忘的說法中，就是那隻緊緊貼在蚱蜢背上的螞蟻），對展望、規劃和延遲情感滿足至為重要，而我們認為這些東西與開明（和往往令人不悅的）政治領導密切相關。如果我們相信深思熟慮對智慧有用，那麼現代政治競選手冊中的幾乎每一種手段看來都是希望（在**神經系統**的層面！）阻止選民深思政治議題。

而如今神經科學家聲稱，他們對選民大腦的認識越來越詳細。科學文獻中簡短（和有爭議）的報告聲稱揭露了自由主義和保守主義的神經認知特徵。加州大學洛杉磯分校的馬可・亞科波尼是鏡像神經元研究的主要專家之一，他在二〇〇四年啟動了這方面的努力，做了一項小實驗，希望揭露註冊的共和黨人和民主黨人大腦活動的同理模式，他們在看三名主要總統候選人（小布希、克里、納德）的照片時接受了MRI掃描。許多人知道相關研究發現，因為《紐約時報》曾重點報導；不過，這些實驗最終沒有得出結論（甚至亞科波尼在他的書中也承認這一點），而且未能證明媒體廣泛報導的事——但知道這一點的人少得多。[54]

神經政治學看來沒有一個領域是神經科學家力所不及的。二〇〇七年秋天，紐約大學的大衛・阿莫迪奧（David M. Amodio）及其同事為我們提供了沉浸在意識形態中的政治頭腦的神經學圖像。[55]在他們的大腦掃描實驗中，自稱保守派的人面對衝突時確實比較固執，顯然更傾向固守習慣。相對之下，自稱是自由主義者的人在他們的背側前扣帶迴出現更多活動，大腦的這一部分負責監測衝突的環境資訊，所以由此看來，他們對環境中要求固有習慣以外的反應的線索比較敏感。如果你記得近年心理學研究界定的一些標準智慧要素，應該會發現這項研究的結論——自由主義者「對資訊的複雜性、模糊性和新穎性比較敏感」[56]——呼應了柏林智慧專案描述的若干智慧基本前提。

這是否意味著自由派比保守派更有智慧？當然不是。這只是一項小型的初步研究，其目標十分有趣但也令人生畏：「闡明人類大腦如何反映抽象和看似不可言喻的構想，例如意識形態。」[57]但它也標誌著神經科學對當代政治決定的一種新的、可能很有問題的入侵。

最後，情感直覺有其盲點，並不是像一些科學作家（有時還有科學家）所說的那麼完美。在一九八〇年代，美國選民對雷根產生了一種真實的情感依戀，但這種感情可能導致許多選民未能較超然和敏銳地評估雷根——不是評估他的政治表現，而是評估他的健康狀況。神經科學家埃爾克諾恩．高德伯在二〇〇五年出版的著作《大腦的悖論》（*The Wisdom Paradox*）有驚人之論：作者聲稱，他只是觀察雷根仍在總統任內時的幾次公開露面，就看到了他罹患早期阿茲海默症的明確跡象。因為高德伯在紐約大學醫學院以評估失智症為職業，我們不能說這只是沒有實際經驗的人隨口說說。看著雷根在老布希的總統就職典禮上打瞌睡，高德伯對自己說：「腦幹不行了。」[58]他補充道：「我確信雷根的第二個任期有頗大一部分時間，是在他滑向早期失智症的陰影下度過的。」如果我們的情感導致我們未能看出一名政治家不斷加深的認知缺陷（或任何其他嚴重缺陷），情感作為我們的政治嚮導能有多好？

在這種情況下，政治世界裡不再有政治家，不再有鄉村長老，也就不足為奇。不是因為選民不想要；人們其實渴求政治智慧和政治指導。但是，一個致力創作訴諸情緒的口號和暗語的系統，基本上就是會創造出一種建立在恐懼基礎上的政治文化。遺憾的是，神經科學雖然可以幫助我們了解政治脈絡下的人類決定，但神經科學家如今卻在幫助從政者與我們大腦中那隻衝動、急躁、反應迅速的蚱蜢對話，而不是與那隻深思、審慎、著眼未來的螞蟻對話。既然如此，二十一世紀的政治領導看來非常欠缺智慧，又有什麼好奇怪呢？

有些人認為情緒可靠地幫助我們評價政治判斷，他們應該好好想想塔克曼那篇文章中的另一個論點。他寫道，法國、俄國和中國的革命最終失敗可歸咎於「太多的階級仇恨和流血」[59]——簡而言之就是過度的政治情緒化，而這扼殺了「公平的結果或永久的憲法」。相對之下，美國制度長青的傑出之處在於其制衡結構（承認人性的缺陷）和對公民權利的保障（堅持對社會正義的承擔）。塔克曼寫道：「我相信，為創建一個新的政治制度投入這麼多周到和明智的思考，是空前絕後的。」

---

因此，我們在商業世界裡渴求智慧，但卻因為自私自利（貪婪）和情緒調節的嚴重缺失（恐慌）而製造出經濟危機。我們明白智慧對家庭和樂至為重要，但卻無法克服習慣、虛榮、自我放縱和即時滿足的強烈神經誘惑。我們迫切需要明智的政治領導，但巨大的政治經濟卻正在資助神經操縱技術的精進，使政治宣傳能更有效地訴諸我們大腦中最古老、最容易恐懼和最不耐煩的那一部分。人人都聲稱希望我們的教育過程有更多智慧，但我們目前對於優秀的標準卻一如班傑明・富蘭克林逾兩個世紀前嘲笑的那樣，只追求淺薄的東西。（富蘭克林說：「如果不了解事物的

本質，知道名稱有什麼意義？」）

人類智慧文獻裡藏著一個令人非常沮喪的訊息：在人類文明史上的某些時期，野蠻（或只是輕浮）的歷史文化使顯露智慧變成不智的行為。蘇格拉底死於這種時代，孔子認識到這種時代的危險，蒙田哀歎這種時代所牽涉的意義。這種時代的共同主題是智慧的退隱。

孔子忠告：「天下有道則見，無道則隱。」[60] 蒙田也曾提出類似忠告，認為在公共事務因無能或缺乏想像力而無可救藥地遭腐化時，應該從公共事務中抽身。在〈習俗〉（Of Custom）這篇文章中，他寫道：「智者應該把他的靈魂收回內心，遠離人群，使它保持自由和有力的狀態，以便自由地判斷事物。」[61]

赫拉克利特的退隱更戲劇性。他厭惡地辭去公職之後，被看到在神廟前與小孩玩耍，以弗所人因此嘲笑他行為幼稚。赫拉克利特答道：「比起和你們一起治理國家事務，這不是好得多嗎？」[62] 政治造就奇怪的夥伴；真智者有時寧願獨行。

第15章

# 敢於明智

## ——智慧有未來嗎？

每個時刻都予我們啟迪，每一個物件亦然：因為智慧注入了每一種形體。智慧化為血液灌入我們體內，化為痛楚使我們抽搐，化為愉悅潛入我們心裡，在乏味憂鬱或歡快勞動的日子裡籠罩我們；我們要到很久之後才猜到它的本質。

——愛默生（Ralph Waldo Emerson），〈自然〉

開始得好等於成功了一半。敢於明智。開始行動吧！

——賀拉斯，《書信集》

現在每次我停下腳步夠久並思考我們這種狂熱、後現代、準末日（quasi-apocalyptic）、一心多用（multitasking）、雙薪（dual-income）、接人送人、順路造訪、多國籍、分裂、情感緊張、知性上壓力巨大、經濟上充滿挑戰，以及精神上麻木的生活，我總會想到這個簡單的問題：我們這個世界真的容得下智慧嗎？

我們且從一個思想實驗說起。我們且重新梳理到目前為止你讀過的所有內容，並將它放到一個更大、更黑的盒子裡。想像一下，世上其實沒有智慧這種東西，只有一種行為和精神上的幻覺，它像哲學殭屍那樣不斷吸引我們前進，看似有目的地走向未來，但實際上只是跌跌撞撞地隨機漫步。想像一下，智慧對許多不同的人意味著許多不同的東西，以至於它只能代表最淺薄的核心價值觀；再想像一下，這些價值觀遠非代表永恆和基本的美德，而只是反映短暫的文化現象，是特定時代和部落的產物，因此智慧可能只是一面鏡子，其擺設方式是為了討好使用它的人。例如在文藝復興時期的義大利，十五世紀佛羅倫斯的銀行業大家族崛起時，最機敏的一些學者表示，智慧的一個基本前提是財富；[1]這就像我們這個時代的許多聰明人在金融危機發生前都還認為，追求經濟自利所表現出的貪婪是一種美德。

最後，想像一下這些核心價值觀——例如關於耐心的格言——已經被消費經濟商品化和重新包裝；這種消費經濟崇尚智慧的碎片，只要它們夠短小精悍，可以印在咖啡杯或T恤上。即使可能顯得過度尖酸，我還是想說：不久之前，在紐約公共圖書館（可能是地球上最美好的人類知識和智力積累殿堂）的禮品店裡，我發現有個待售的冰箱磁鐵上面寫著：「與其詛咒黑暗，不如點燃蠟燭——孔夫子。」這是我們以當代大量生產的琥珀保存金玉良言的一種方式，抑或規模經濟已經將來之不易的箴言智慧變成了另一種小玩意？

因此請考慮這種可能：也許自從蘇格拉底認定追求智慧是值得為之犧牲性命的事以來，我們一直在欺騙自己。也許我們極度高估了智慧的價值，而且理應在哲學上經歷一次痛苦的去槓桿。如果它不過是古老時代的過時美德，而在人類存在的大部分時間裡（當然包括古騰堡和蓋茲之前的那一大段時間），沒有所謂的集體智慧，沒有可以作為我們決策基礎的人類經驗和見識的綜合體，事實上也沒有作決定的迫切性，那將如何？

也許一直以來，我們只是從智慧這個**概念**得到慰藉——該概念告訴我們，世上有一種所有人都可以嚮往的高層次人類卓越表現和洞察力。也許我們對聖賢的渴求，無論他們是長著極長的鬍鬚和兩眼凸出，還是帶著水晶和喋喋不休的預言式叮噹聲出現，都只是一種個人崇拜，反映人類渴望屈服於強勢、果斷、看似通曉一切的魅力人物，渴望擺脫深思熟慮和作抉擇的辛勞負擔（當然還有個人責任），使自己只需要輕鬆地當追隨者和旁觀者（並為此暗自鬆一口氣）。

我們就面對現實吧：考慮到人類社會漫長的智者受難史，頭腦正常的人誰會想要承擔顯露智慧的後果？在任何時代，聖賢這種角色都應該得到危險勤務加給。蘇格拉底被判處死刑，耶穌被釘在十字架上。沒有人願意雇用孔子，沒有人能夠保護馬丁．路德．金恩。他們嘲笑伯里克利，鄙視邱吉爾，並且刺殺甘地。甚至歐普拉的收視率也急跌（因為她選擇支持歐巴馬這個相對不知名的年輕人的政治事業）。如果今天我們當中真的有個智者，那麼我們甚至還沒有機會弄清楚這個人是否真的有智慧，她就會在電視和電臺節目上被解剖、取出內臟、浸泡和嘲笑；更有可能的是，我們甚至只會視她為社會蔑視的流浪者、怪人或精神異常者。正如卡爾．雅斯培令人難忘地提醒我們，蘇格拉底受審時「諷刺地解釋道，因為任何人坦率和公開地對群眾說話都無法確定可以保住性命，正義鬥士哪怕只是想保命一小段時間，最好是只對個別的人說話。」[2]群眾的智慧不過如此。

但是，你可以感受到一般人在一般情況下對智慧有一種強烈和近乎顯而易見的渴求——他們渴望利用任何藉口提高自己的水準和找回更好的自己。

為什麼智慧對我們的日常生活如此重要？為什麼智慧如此難以獲得？首先，智慧通常涉及人與人之間的協商，而這總是棘手的——不僅是在傳統的智慧領域（例如《聖經》中的審判和裁決故事），那些不大正式但更常見的群體處境也是這樣，無論那是一個家庭、一個班級、一個教會、一支球隊、一個委員會或一個工作小組處理他們面對的問題和衝突。在（必然棘手的）所有這些困境中，我們渴望成為智者；我們渴望從他人的智慧中獲益；我們渴望所處的環境能促進和強化我們對智慧的薄弱掌握。但是，通往智慧的道路很少是清晰的，而且就如蒙田觀察到的，每一個人都以不同的途徑獲得自己的智慧。

如果有一個所有文化（從儒家的仁到耶穌的慈愛）都適用的自明之理，那就是智慧來之不易。莎士比亞的名言說：「有些人天生偉大，有些人靠努力成就偉大，還有些人的偉大是被強加的。」套用這句話，我們當中有些人（極少數）天生有智慧，有些人靠努力變得有智慧，還有些人的智慧是被強加的。但與偉大不同的是，我們每天都被迫需要智慧來處理各種問題，無論那是重大還是一般事務，是像臥室如此私人的場合還是像陪審團評議室那麼公共的場合。每一個家庭、每一個潛在公民群體都需要智慧，也應該渴求智慧，因為智慧是一種不朽的東西，是你不再屬於群體很久之後回饋群體（並幫助它生存下去）的一種方式。

但僅僅渴求智慧不代表這種飢渴會得到滿足。飢渴是生命和演化的一個事實；在生物學上，我們的身體非常緊張要等多久才會有下一餐可以吃，因為我們害怕死亡，而這種需求看來已經牢固地嵌入我們的決策和抉擇的神經機制。那麼，為什麼我們如此渴求智慧這種看似非常不實在的東西？

我認為這是因為人類有別於地球上所有其他生物，頭腦裡有另一個無情的認知時鐘滴答作響，以一種隱蔽但無可置疑的方式倒數我們在人世間的生命還剩下多少小時和分鐘。一如我們實際上渴求糧水以防止生理上的死亡，我們在象徵意義上渴求智慧以防止精神和存在意義上的死亡。正如那些哲學奠基人，那些最初的「智慧熱愛者」所深知，美好、高尚的生命道路之所以有意義，正是因為對每一個活著的靈魂來說，無論實際路線多麼迂迴曲折，這種道路都會到達完全一樣的目的地。

II

二〇〇七年，蘭迪．鮑許（Randy Pausch）的著作《最後的演講》（*The Last Lecture*）在出版界引起轟動。鮑許是卡內基梅隆大學年輕的電腦科學教授，自稱是個「正在康復的混蛋」，[3]二〇〇六年被診斷出罹患胰腺癌。他在最後一次學術演講中整理出他想留給他的妻子、三個孩子和眾多學生的關於人生的建議、觀察和智慧，而事實是他的這些心得也留給了世界各地數以百萬計的讀者。沒有人會誤以為鮑許是蘇格拉底或蒙田那樣的人物，但我們全都暫停手上的事以關注他的最後演講。為什麼呢？二〇〇八年七月二十五日，也就是鮑許去世那一天，我碰巧在汽車收音機裡聽到一段預錄的鮑許訪談。他說，他的絕症診斷，以及他即將死亡的悲劇，賦予他的最後演講一種若非如此不會有的「道德權威」。

我們不需要暢銷書排行榜（或認知神經科學）來告訴我們，死亡使人的思想奇妙地集中在生命的意義上。在題為「學習哲學就是學習死亡」這篇著名文章中，蒙田一開頭就寫道：「西塞羅說，學習哲學無非就是為死亡做準備。這是因為學習和沉思某程度上把我們的靈魂抽離出來，使它在身體之外忙碌；這種狀態有點像死亡，可說是一種死亡練習。又或者是因為世上所有的智慧和道理，最終都是為了教導我們不要害怕死亡。」[4]這種靈魂的「抽離」，這種古老的正念

（mindfulness）概念，迫使我們超越日常的瑣碎急事，重視另一個時鐘，需要不同的焦點和不同的勇氣。正如作家朱利安・拔恩斯（Julian Barnes）在他關於死亡的沉思中指出，蒙田「是我們關於死亡的現代思考的起始點。」[5]

聖賢的文化刻板印象一直是老翁或乾癟的老太太，這絕非巧合；恰恰是因為這些滿臉皺紋的人在統計上「比較接近死亡」，他們的見解和忠告因此具有道德權威，可以引起我們的注意和重視。蘇格拉底在思索死亡的三十天裡，一次又一次地想到死亡的解放作用，而且深信智慧在死亡逼近的奇特肥料中蓬勃生長，這也絕非巧合。蒙田對這個主題的探討有許多變奏。他寫道，我們在死亡將至時保持沉著，「無疑是人類生命中最值得注意的表現。」[6]正如一名斯多葛派哲學家在年輕的羅馬人圖利烏斯・馬爾塞林努斯（Tullius Marcellinus）努力對抗絕症時對他說：「活著沒什麼了不起，你的僕人和動物都活著，但光榮、有智慧且堅貞地死去是很了不起的。」[7]

「有智慧且堅貞地死去」，那是怎樣一種死亡？為什麼智慧與死亡的關係如此密切？答案當然是：在我們努力以最有意義、最高尚、最滿足的方式生活的過程中，智慧幫助我們作出所有決定，無論事情是重大還是瑣碎的，無論是在人生的早期還是後期，無論那是私事還是公事。我們通常不會去看那張評估自身表現的計分卡，直到我們快要失去生命時，幸運地還有機會反省（許多人因為意外迅速死去，甚至不曾有機會做這種回顧——這是我們應該持續記錄自身表現的另一個理由）。

堅貞這概念尤其重要。就在我寫這本書時（確切而言是在我做筆記並思考如何收尾時），我父親在長期患病之後於二〇〇八年夏天去世。他是「最偉大世代」的一員，出生於卑微的小鎮，童年經歷艱苦的大蕭條時期，青年階段則參與第二次世界大戰的戰鬥（父親的戰鬥並未隨戰爭結束，因為在歐洲停戰之前一個星期，他被德國狙擊手擊中，隨後兩年大部分時間在軍方醫院度過）。一如幾乎所有失去親人的人，我們回顧他一生的事件和價值觀，此時我認識到，父親以他典型的安靜和謙遜的方式，體現了許多構成智慧行為基礎的價值觀，包括巨大的耐心、無畏的知識集成、有原則的憐憫心（不僅是對人類，對動物也是）、非常堅定的道德判斷和公平感，以及一種以他人為中心的精神（使他得以將他所有的知性能量和情感資源都傾注在他生命中最重要的事業，也就是他的家庭上）。我們在文化上習慣以林肯或所羅門的風範思考智慧，但就日常、終身的影響而言，很難想像人生舞臺上還有比當一個有智慧的父親或母親更偉大的成就。

死亡擠壓我們在多數時間裡用來觀察生活的取景器。如果我們夠幸運，它能使我們日常的狂熱時鐘慢下來，使我們得以窺見一個比較遙遠的未來，看到更有價值的目標，以及設想一個更好的自己。這種暫停，這種形式的框架設定，如今比以往任何時候都更難做到，因為我們的許多現代科技創造出壓縮時間和製造急迫感的「個人」裝置——更快的電腦，使別人隨時可以找到我們的手機，反映綿綿思緒的推特，以及各種互動網絡（它們大大增加了常識，但以某種不明方式剝奪了我們藉由學徒式學習獲得智慧的機會）；這種數位陰霾使我們難以看清未來，使我們更不懈地關注現在，而且更堅信追求速度本身是一種美德。只有勇敢的人、強大的人、警覺的人，以及或許還有窮人（他們負擔不起這種自我沉溺所需要的設備），才有機會抵抗這種要求我們加快生活步調、更加活在當下和減少沉思的科技壓力。他們至少可以合理地想像一個包含他們自身擁有的智慧的未來。

最早的哲學家早就說過這一切：死亡——它的無可避免，它的接連降臨（帶走我們周遭的人），以及它最終耐心或貪婪地包圍我們——使我們更敏銳地看清美好生活的細節，並在我們堅持追求明智的決定和行為時磨練我們的心靈和思想。我們這麼做，並將一直希望這麼做，因為智慧勸導的善超越自我的薄膜和我們有用的自利，向外輻射一種包羅萬象的生成能量，使我們所愛的人、親屬、學生、和我們有關的各種團體，以及我們的政治體（如果我們特別幸運和特別明智）獲得力量。它給予我們一個機會施展既無私又自我提升的魔法。

如果智慧本質上是一種無法實現的理想，就像那些最深入研究它的學者所堅稱的那樣，那麼它就是這樣一種幻覺（就像人類的頭腦想像一個充滿希望的未來的能力，或人類的心靈克服過往創傷的能力）：在這種幻覺裡，即使是失敗的殘餘（畢竟這可能就是我們最終得到的），也會使我們比一開始就不敢追求智慧來得好。

只要生物學上有一個我們不再存在的時刻，只要人類有獨特的能力去思考這個時刻的關聯意義，人類就將一直渴求智慧。在這個意義上，智慧的未來是無窮無盡的。如果它仍是一種看來遙不可及和難以捉摸的烏托邦式理想，那麼有一隻腳在現實世界裡站穩總是好事，但講到冒險探索未來，無論是個人、家庭還是集體的探索，我都贊同王爾德（Oscar Wilde）這個恢宏大度、重視可能性的製圖師，因為他說：「沒有烏托邦的世界地圖是不值一顧的。」[8]

---

如果智慧也能簡化為地圖上的一個點就好了。如果這樣該有多好：我們有某種精神形式的GPS定位系統，它能引導我們去到物理（或神經生理學）上的某個位置，那裡有它自己的情境景觀，它自己的情感氣候，它自己會變化但至少大致可預料的地方習俗和動態，是個我們有合理的機率可以到達，也有合理的機率在那裡找到我們期望的東西的目的地。但智慧太大、太分散、

太神祕了，不可能如此輕易捕捉；它是建立在愛默生所說的「力量和思想的祕密流動」之上。[9]雖然這種流動最終將我們帶到死亡這個無可避免的目的地，一如每一條河流最終都流入大海，我們是經由許多獨特生命創造的無數條不同路徑到達那裡。

智慧是我們比較樂於前往的另一個目的地，但其路徑可能遠比我們所想的更上游和難以捉摸。我們因為受文化薰陶，習慣視智慧為人類特有的美德，是認知、情緒智力和適應能力的產物。但其他生物可能也有類似智慧的東西。約翰．米查姆發現牛有智慧。[10]獲獎的微生物學家史丹利．法爾科（Stanley Falkow）描述了細菌的智慧。[11]愛德華．威爾森（Edward O. Wilson）把他的職業生涯用來探索螞蟻的智慧。[12]薇薇安．克萊頓上次和我見面時恰恰提醒了我這一點。

二〇〇七年，克萊頓和我在陰鬱的十一月某天共進午餐。雖然近三十年來都不曾發表關於智慧研究的文章，但她仍非常關心這個主題，而且對教導智慧有一種近乎母性的熱忱，認為智慧是一種值得培育、保護和思考的東西。我們吃著現今的佛陀追隨者不會陌生的菜色，一邊討論智慧的各個方面，她一直試著梳理我對智慧各個方面的想法。當然，克萊頓是養蜂人，她認為蜂巢有序的運作體現了一種智慧，一種共同的利他使命團結和驅動其成員，而在午餐期間，她一直想留給我一個她想強調的重點——當然是與蜜蜂有關的。

西方哲學經典文本提到蜜蜂的次數之多，一定會使你感到驚訝。[13]二〇〇七年在加州第一次訪問克萊頓之後，我不斷看到各種著作提到蜜蜂：當然有亞里斯多德，但還包括馬可．奧理略、富蘭克林、愛默生和達爾文的著作。那些內容往往涉及無私精神、社會組織，以及或許還有昆蟲版本的伽馬振盪——一種使整個社群達到完全和諧狀態的同步能量波。

克萊頓指出，要在蜂巢裡找到蜂后是非常困難的。她想說的是，我們往往耗費大量精力和注意力嘗試辨別智者，以至於我們有時忽略了更重要的東西，也就是智慧本身。她說：「奇妙的是，昆蟲這種生物中有這樣一種奇妙的群體，產生了這樣一種奇妙的東西，而且它是如此協調，以至於科學家們對此讚歎不已，並說『如果人類能像這樣相處就好了。』而最難的事情之一就是找到蜂后，她是這整個社會的起源。」[14]事實上，克萊頓曾為她當地的教會寫過一篇非神職人員布道文，當中談到無法找到蜂后的隱喻意義。

她繼續說道：「對我來說，這是以一種具體的方式說明了這些非常神祕的東西的起源就是這樣——很難找到，但確實在那裡。這種類型的知識總是有點難以捉摸和掌握，但它總是在那裡。蜜蜂就是一個實在的例子。」

克萊頓從蜂巢得到啟發，接著談到了共有知識那種整體、和諧的嗡嗡聲。「這種永恆的知識——它有脈動。智者可以利用它，但並不擁有它。宇宙的這種脈動，宇宙的這種構造，這種……我不確定該如何比喻，」她繼續說，努力想要找到合適的詞語來捉住這種極難捕捉的獵物。

最後，她給了我一個我很樂意採納的臨別建議。她說：「我想說的是，讓它保留一些神祕感吧。」

# 致謝：孔夫子說……

孔子曾說：「君子欲訥於言而敏於行。」由此可知孔子認為君子宜寡言慎語。但是，到了著作付梓，應該感謝所有為此出力的人時，我想任何作者都會樂意冒惹怒孔子的風險。

首先，我想藉由簡短的免責聲明向一些人致謝。任何人膽敢處理像智慧這種重大課題，無疑是自討苦吃——一方面是廣大讀者眼睛雪亮，對這個豐富課題的集體認識超過任何一個作家；另一方面是比較小（但可能沒那麼寬容）的親友圈子或許會合理地期望作者在日常生活裡展現多一點智慧。對這兩類人，我預先感謝他們對本書的錯誤、遺漏和矛盾的諒解。儘管我完成了這本書，對智慧的探索總是未完成的。

我一直想寫一本關於神經科學的書，只是從沒想到會是這一本。這個意外轉折是拜幾位神經科學家所賜，他們使我做好準備寫這本書，雖然他們完全沒有引導我走向探索智慧這個方向（而且很可能會希望與我的最終目的地保持距離）。因此，我要先感謝我的四位神經科學導師，他們在二十年的時間裡引導我走過日益茂密的腦科學森林。

一九八五年，我首度訪問哥倫比亞大學的 Eric Kandel。由此可知，我不僅是在三十多年前開始接觸記憶的生物學，而且多年來一直被灌輸這個概念：這種典型的人類能力是一種將我們的經驗轉化為分子層面上的神經變化的日常過程。一九九七年，我有幸向《紐約時報雜誌》的讀者描述這個創造記憶的神經蛋白質和活化基因的世界（文章題為「操縱記憶」）；神經可塑性這概念對任何關於智慧的現代觀念都是至關重要的。

一九九八年，我為《紐約時報雜誌》撰寫另一篇報導（文章題為「恐懼之解剖」），從紐約大學的 Joseph LeDoux 那裡獲得指導，深入了解了恐懼的生物學；他是環航大腦情感部分每一個節點的現代麥哲倫。從那時起，Joe 一直是我一個持續和慷慨的資訊和啟迪來源，而他也經常糾正我的錯誤。在分子和神經迴路的層面上，我很幸運地早早接觸到情緒無意識地引導我們的許多思想和行動這個重要觀念，而 Joe 一直是傳達這個訊息的模範人物。

隨著 fMRI 技術的出現，我對神經科學的報導變得更具參與性，而我在這方面同樣幸運，能將我的大腦託付給這個領域的幾個頂尖人物。作為那篇關於恐懼生物學的報導的一部分，我在一九九八年夏天接受了我的第一次「新聞工作」MRI 腦部掃描，當時是參與耶魯大學 Elizabeth Phelps 所做的一項恐懼實驗。你可以說我以優異表現通過了考驗，因為僅僅是將受到電擊的預期就使我的杏仁核（我們這些科學作家經常稱之為「恐懼中心」）像葛魯奇（Grucci）兄弟設計的煙火那樣爆發。Liz 後來轉到紐約大學工作，一直是社會神經科學研究的領先人物；她的研究顯示，我們的大腦可以接受訓練以便在各種困難的情況下優化認知表現——這對所有對智慧有興趣的人來說都是個好消息。

最後，在一九九九年，我有幸與當時任職於斯隆凱特琳癌症中心（MSKCC）的神經科學家 Joy Hirsch 合作，針對我的大腦特別設計了一系列的 fMRI「實驗」，而相關報導出現在《紐約時報雜誌》的千禧年特刊上（文章題為「通往我大腦中心的旅程」）。「實驗」要加引號，是因為只研究一個人的大腦無法宣稱具有科學效力。儘管如此，我們還是做了一些有趣的神經偵察，而且我希望可以這麼說：我們在概念上有所開拓，對後來出現在文獻中的研究實驗有幫助。在這項研究中，我在做一些日常瑣事時，例如看諷刺漫畫（探索人類的幽默感）、凝視親人的照片和聽自己孩子的聲音（探索情感記憶的神經基礎），我的大腦正接受觀察。

我們還想知道，我在做我理應擅長的事，也就是運用語言和講故事時，我的大腦裡面發生了什麼事。因此，已經轉到哥倫比亞大學主持成像與認知科學計畫的 Joy 把我送進掃描機器，然後要求我做一些比較需要創造力的事，包括在觀看一組隨機的圖像時立即編一個故事，根據幾張圖片編造句子，以及創作比喻。MRI 影像沒有得出戲劇性的明確結果，例如大腦裡面有個「隱喻中心」或「講故事的節點」之類。但是，神經激活的純交響樂式開展，就像有時在西方的天空像突觸那樣分布的巨大閃電格子，既令人興奮又令人謙卑。就連我們在看蓋瑞．拉森（Gary Larson）的漫畫時，大腦裡面也是有很多事情發生。

我當時沒有意識到，但現在看來，神經活動的擴散開展有個極為重要的關於智慧和神經科學的啟示。我們現代的大腦探索者目前仍在致力確定大腦的基本「地理」，就像十六世紀的探險家和製圖師那樣。但是，在智慧和很可能多數其他高階人類思想中，真正重要的活動是在那些剛剛成為關注焦點的神經迴路和連結，而這些迴路的連結力量的日常動態變化也很重要。我非常幸運地從這個領域的大師那裡學到了這些東西，而能夠將他們的知識傳播給大眾是我的榮幸。

除了我的四位神經科學導師，我必須以同樣的精神感謝我在《紐約時報雜誌》的可敬贊助人，感謝他們支持我持續探索神經科學問題；過去多年來，我有幸與 Adam Moss、Jack Rosenthal、Gerald Marzorati、Katherine Bouton、Stephen Dubner、Michael Pollan 和 Vera

Titunik 這些編輯合作。具體而言，《紐約時報雜誌》多年前送給我一份非常珍貴的禮物，當時 Vera 為了專門討論嬰兒潮世代的特刊，請我寫一篇關於「智慧研究」的文章，這激起了我對這個課題的最初興趣。除了編輯那篇文章的 Vera，我也感謝為那篇報導做了一些概念性準備工作的 Robert Wallace、策劃整個題目的 Jim Schachter，以及幫我確認內容正確的 Eric Nash。

如果智慧的一部分是留住老朋友並結交新朋友的能力，那麼我和這本書可說是得到了三重福佑。一九九〇年，我在義大利貝拉吉歐（Bellagio）塞貝隆尼別墅的草坪上第一次遇到 Wallace Matson，當時他向我透露：「槌球是我最擅長的運動。」我當時想了一下：什麼樣的人敢聲稱自己擅長這種冷門運動？原來他是一位出色的古典學者和二十世紀哲學家。從他對愛比克泰德的精彩翻譯，到他出色的哲學史知識，以至他對哲學問題的睿智建議，Wallace 在我遇到相關困難時，總是予我極大的幫助（簡直是縱容我）。另一位親愛的老朋友 Nelson Smith 在哲學文獻方面浸淫極深，長期與我在法內利（Fanelli's）餐廳酒吧討論哲學問題，單槍匹馬充當我的論文審查委員會，挑戰我的思想，質疑我的論斷，並逼我清晰地思考和寫作。最後，在報導關於智慧的早期實證研究時，我不但找到了這方面的開創性人物 Vivian Clayton，還在這個過程中結交了一個朋友。她在智慧的歷史、心理學和神學方面的豐富知識對我幫助極大，無私地分享了她的忠告、建議、深思熟慮的批評、布道文，以至養蜂的細節，使我這本書變得更好。

除了上述三人，我還要感謝對書稿部分內容提出意見的人，包括 George Ainslie、Fredda Blanchard-Fields、Roger Blumberg、Richard Davidson、Ernst Fehr、Vittorio Gallese、Ursula Goodenough、James Gross、Donald Hambrick、Rabbi Robert A. Harris、Stephen Kosslyn、Joseph LeDoux、Michael Lotze、Thomas Murray、Thomas O' Neill、Karen Parker、Matthieu Ricard、

Jacqui Smith，以及 Stephen Spear。

所有作家都知道，完成作品的旅程充滿不確定性，而舊雨新知的善意對寫作大有幫助，無論他們是對你說句好話、提供一個有用的建議、提出刺激思考的想法，還是與你共進美好的一餐。我在哥倫比亞大學的同事（尤其是 Marguerite Holloway 和 Bill Grueskin）和紐約大學的同事（尤其是 Dan Fagin）一直予我有力的支持。在科學作家圈子裡，我感謝以下各位的長期鼓勵：Charles Mann、John Benditt、Gary Taubes、Robin Marantz Henig、Dennis Overbye、David Shenk、Robert Bazell、Amy Harmon，以及 Michael Pollan。我也很榮幸可以感謝 Blythe Carey 和 Liam 在最艱難的日子裡陪伴我；感謝 Bob Ray 和已故的 Marion Stocking 一直關心我這個多年前的學生；感謝 Joel Kaye 的亞里斯多德式點撥；感謝 Thea Lurie 無限的鼓勵；感謝 Michael Gazzaniga 的神經學解釋；感謝 A. O. Scott 的許多有益討論；感謝 Justine Henning 豐富的猶太文物知識（這方面也要向 Dahlia Bernstein 致意）；感謝 Joe Helguera 的終身哲學提示；感謝 Richard Klug 和 Kate Stearns 的熱情款待和激勵話語；感謝 Peggy Northrop 和 Sean Elder 的長期支持；感謝 Steve Burnett 睿智奇特的筆墨鼓勵；感謝 Welker White 和 Damian Young 的穩定支持；感謝 David Black 提醒我注意有意義的目標；感謝 Yael Niv 為我指出有趣的論文；感謝 Josh Greene 總是可以在和我談話時刺激我思考；感謝 Alex 和 Sarah Prud'homme 的鄰居式安慰和膳食；感謝 Ellen Rudolph 給我不亞於血親的無條件支持；感謝 Jessica Nicoll 和 Barry Oreck 在神經緊張的高點提供 Adirondack 式招待；感謝 Joe McElroy 一如既往地在我們長期、多元的友誼世界裡予我各種支持。我特別感謝我親愛的已故朋友 Anne Friedberg 和 Howard Rodman 數十年來在勇氣、嚴謹治學和個人風度方面予我的指導。

這本書在Knopf有兩位編輯父親，他們都值得特別讚揚。Marty Asher認識到智慧的科學是個具有巨大文化意義的課題，他的熱情和理解對說服我可以寫這樣一本書至為重要。他在這個計畫的概念化方面提供了許多精明的建議，幫助我確定了本書的樣貌。Dan Frank對哲學的熱愛、嚴謹的才智，以及明智的編輯建議，使這本書變得更好、更清晰、更集中。Knopf整個製作團隊提醒我，與那些非常擅長自身工作的人互動是多麼愉快的事，所以我很榮幸可以感謝文字編輯Carol Edwards、製作編輯Ellen Feldman、書封設計師Jason Booher、文字設計師Robert Olsson、製作經理Lisa Montebello，以及宣傳人員Kim Thornton。一如馬可・奧理略的父親，編輯助理Hannah Oberman-Breindel知道何時應該鬆開轡繩，何時應該拉住轡繩；Hannah離職之後，Jill Verrillo幹練接過轡繩，引導我們完成了任務。

特別感謝我的經紀人Melanie Jackson。我們的關係比許多婚姻（當然包括我的婚姻）來得長久，而且具有那種結合的許多最佳特質，包括忠誠、信任、良好的判斷力、毫不保留的誠實，以及相互尊重。二十五年來，她一直是我職業上最好的朋友，但她對這本書的幫助和洞察力仍令人驚歎。我對她的慧眼和精明建議感激不盡。

一如既往，家人對我的支持是無條件、慷慨和穩定的，他們包括我的父親Robert和母親Delores，我的兄弟Eric及其家人，還有我的姻親Gerri與Hindley Mendelsohn，以及Susan與Jedd Levine；如果你考慮我的大家庭的義大利和賓夕法尼亞分支（在思考氣質、傳統、儀式和我們認為重要的東西的根源時，這是必要的），你會發現我得到許許多多親人的支持。Robert Hall未能活到見證這本書完成，但我想，他的風度、正派和勇氣影響這本書的每一頁和每一個想法。他體現了佩脫拉克（Petrarch）所說的「積極謙遜」（active humility），而我希望這個蘋果沒有從那棵樹上掉得太遠。

最後要感謝最親的家人。在日常生活中，對智慧的最大考驗莫過於不斷調整自己與親人關係的弦。我每天都得到祝福，因為我有 Micaela 和 Alessandro 這兩個孩子，他們好奇、有創造力、以各種正確的方式頂嘴，在爸爸關在辦公室裡工作時展現出成年人的耐心（大部分時間是這樣）；對父母來說，孩子的坦率可說是最大的禮物，往往能有效誘發謙遜。但就福氣而言，對我特別重要的是我的一生摯愛 Mindy 予我的愛與支持（還有她敏銳的頭腦和犀利的編輯筆鋒）。智慧是由你身邊的人塑造的，而 Mindy 比我所認識的任何人都更明白什麼東西最重要。我生活中的一切全賴這一點。

評論，源自她 2008 年 6 月 26 日電話受訪。

20 Franklin 1997, p. 1200.
21 Lawton 2007, p. B2 引述達文波特。
22 同上。
23 Nocera 2008, p. 185.
24 同上，第 184 頁。
25 同上，第 185 頁。
26 Thorn and Palmer 1989, p. 539.
27 Confucius 2000, p. 161.
28 同上。
29 同上，第 97 頁。
30 Greenberg 2007.
31 同上。
32 同上。
33 邁可・卡斯汀 2008 年 10 月 31 日電話受訪。
34 關於「快樂」與「不快樂」的實驗室以及胰島素競賽，參見 Hall 1987。
35 在對該領域最佳雇主的年度調查中，《科學》期刊的商務辦公室過去七年有六年將基因泰克列為第一名（Gwynne 2008）。
36 Hall 1987, pp. 169-73.
37 Barinaga 1999; Egelko and Tansey 2008.
38 薇薇安・克萊頓 2007 年 3 月 27 日於加州奧林達市個人受訪。
39 Dolci 1970, p. 4.
40 Brooks 2007.
41 Brooks 2008.
42 Plutarch 1960, p. 47.
43 Revel and Ricard 1999, p. 216.
44 Tuchman 1979.
45 同上，第 7 頁。
46 同上，第 8 頁。
47 同上，第 9 頁。
48 Alter 2007.
49 同上。
50 Lakoff 2008.
51 Kahneman 2002.
52 Lakoff 2008, pp. 223-34.
53 Bai 2005.
54 Iacoboni 2008, pp. 239-43.
55 Amodio et al. 2007.
56 同上，第 1246 頁。
57 同上，第 1247 頁。
58 雷根出現的失智臨床症狀可參見 Goldberg 2005, pp. 61-63。
59 Tuchman 1979, p. 5.
60 Confucius 2000, p. 127.
61 Montaigne 2003, pp. 103-4.
62 Montaigne 2003, pp. 120 引述。

## 第 15 章 敢於明智

1 Rice 1958, pp. 48-49.
2 Jaspers 1962, p. 7.
3 Pausch 2008, p. 116.
4 Montaigne 2003, p. 67.
5 Barnes 2008, p. 40.
6 Montaigne 2003, p. 556.
7 同上，第 561 頁。
8 Wilde 1931, p. 28.
9 Emerson 1979, p. 195.
10 Meacham 1990, pp. 181-83.
11 Falkow 2008.
12 Wilson 1994.
13 參見 Aristotle 1984, p. 975; Marcus Aurelius 1992, p. 43; Emerson 1979, p. 135; Darwin 2003, p. 721。根據 Dugatkin 2006 的說法，達爾文的孩子幫助他利用蜜蜂做實驗。
14 薇薇安・克萊頓 2007 年 11 月 20 日於紐約市布魯克林區個人受訪。克萊頓在她的非神職人員布道文中寫道：「蜂后本質上不會向你展現她自己……她一直隱藏起來，難以捉摸。然而，找到她的最好方法是不要直接『看』。」

州奧林達市個人受訪。如華倫特在《適應人生》中（原著第 11 頁）寫道：「他們的人生對科學來說太人性化了，對數字來說太美好了，對診斷來說太悲傷了，對日記來說太不朽了。」

22 Vaillant 1977, p. 3.

23 同上，第 75-77 頁。

24 同上，第 19 頁。

25 同上，第 81 頁。

26 感謝喬治・安斯利為我說明這些問題（2009 年 3 月 11 日個人受訪）；安斯利認為佛洛伊德是「第一個從經濟角度構想內部動機衝突的作者」（Ainslie 1989, p.11）。他還指出，Jane Loevinger 創造了防衛策略的等級結構，構成《適應人生》的解讀框架，值得稱讚。

27 Vaillant 1977, p. 78.

28 同上，第 84 頁。

29 同上，第 386 頁。

30 同上，第 85 頁。

31 同上，第 86 頁。

32 古德哈特的故事參見 Vaillant 1977, pp. 15-29，這也是後面關於他的引述的來源。

33 同上，第 368 頁。

34 同上，第 369 頁。

35 同上，第 374 頁。一些相同材料的一個更學術的版本可參見 Vaillant 1993。在 *The Wisdom of the Ego* 一書第 7 頁，華倫特寫道：「心靈的防衛——就像身體的免疫機制——提供各種幻覺來過濾痛苦和幫助我們自我撫慰，藉此保護我們。」他進而指出：「本書書名提到的自我的智慧不是虛榮的智慧，而是綜合適應性中樞神經系統的智慧。」

36 Vaillant 2003, p. 256.

37 Vaillant et al. 2008.

38 莫妮卡・阿德爾特 2007 年 3 月 7 日電話受訪。

39 有關「做些事」和「隨它去」，參見 Blanchard-Fields 2007, p. 28；有關伴侶外遇的討論，參見 Blanchard-Fields 1998, p. 256。

40 有關高德伯對智慧和模式辨識的看法，參見 Goldberg 2005, pp. 149-60。

41 美國國立老化研究所的利斯貝斯・尼爾森 2008 年 9 月 5 日電話受訪。

42 艾瑞克森這句話和後面的評論來自 Goleman 1988。

## 第 14 章 教室、會議室、臥室、密室

1 Isaacson 2003, pp. 10-35; Van Doren 1938, pp. 5-13; Franklin 1969, pp. 1-8.

2 Franklin 1969, p. 8.

3 同上。

4 同上。

5 同上。

6 Franklin 1997, p. 1192.

7 同上，第 16 頁。

8 該題目和塔夫斯大學 2007-2008 年其他智慧作文題目見 http://admissions.tufts.edu/print.php?pid=186。

9 李・科芬這句話和隨後的評論來自他 2008 年 11 月 7 日電話受訪。

10 Montaigne 2003, p. 123.

11 Sternberg 1990, pp. 142-59.

12 史登堡這段話和其他評論，除非另有註明，均源自他 2007 年 3 月 15 日電話受訪。

13 Sternberg, Reznitskaya, and Jarvin 2007, p. 144.

14 *Wisdom: Its Nature, Origins, and Development* (1990).

15 Sternberg, Reznitskaya, and Jarvin 2007, p. 145.

16 同上，第 150 頁。

17 Sternberg, Reznitskaya, and Jarvin 2007, pp. 148-50；琳達・賈文 2008 年 2 月 28 日電話受訪。

18 Sternberg, Reznitskaya, and Jarvin 2007, p. 149.

19 瑪麗蓮・哈莫特・萊恩這句話和隨後的

16 Seneca 1962, p. 285.

17 Parker et al. 2004; Parker et al. 2006.

18 Parker et al. 2004, p. 933.

19 同上，第 934 頁。「間歇性」在這裡是個重要概念，因為帕克認為，一如傳統疫苗接種的加強針，定期反覆承受壓力對「壓力接種」的效果至為重要。

20 同上，第 938-40 頁。

21 凱倫・帕克 2009 年 3 月 5 日電話受訪。

22 Parker et al. 2004, p. 938.

23 Parker et al. 2005.

24 凱倫・帕克電話受訪。

25 同上。同一團隊早期一項實驗（Lyons et al. 2002）顯示，早期經歷可促成較大的前額葉發育。

26 Tang et al. 2003.

27 Kaufman et al. 2007.

28 Parker et al. 2004, p. 934 引用。

29 Davidson and Harrington 2002.

30 Davidson and Fox 1989.

31 Davidson and Harrington 2002, p. 122.

32 同上。

33 同上，第 121 頁。

34 相關文獻回顧可參見 Curtis and Cicchetti 2003。

35 Weaver et al. 2004.

36 Parker et al. 2004, p. 939.

37 Carstensen et al. 2000.

38 Blanchard-Fields 2007.

39 另一種可能是保羅・格萊齊指出的：年長者情緒比較平和，或許是年老神經系統衰退的一種幸運副作用（格萊齊 2008 年 8 月 28 日於紐約個人受訪）。

40 Lomranz 1998.

41 Heraclitus 2001, p. 51.

42 Marcus Aurelius 1992, p. 1.

43 Gibbon 1932, p. 70.

44 有關馬可・奧理略不智的判斷，參見 Gibbon 1932, pp. 73-74; Marcus Aurelius 1992, pp. vii-xi。

45 Gibbon 1932, p. 74.

46 Barry and Foy 2007.

47 在更新的諾貝爾獎陳述中，卡佩奇還透露，他的父親曾對他施以身體虐待。

48 Barry and Foy, 2007.

## 第 13 章 老而彌智

1 這個例子是基於 Blanchard-Fields 2007。

2 相關發現參見 Blanchard-Fields, Mienaltowski, and Seay 2007; Blanchard-Fields, Stein, and Watson 2004; Watson and Blanchard-Fields 1998。

3 Blanchard-Fields, Mienaltowski, and Seay 2007.

4 Cicero 1971, p. 220.

5 Blanchard-Fields 2007, p. 26.

6 同上。

7 Marcus Aurelius 1992, p. 12.

8 關於與老化有關的認知衰退類型，參見 Carstensen 2007; Hedden and Gabrieli 2004; Goldberg 2005, pp. 43-48。

9 Hall 1999b.

10 Nuland 1994, pp. 55-57.

11 同上，第 57 頁。

12 同上，第 56 頁。

13 Goldberg 2005, p. 45.

14 Baltes and Staudinger 2000, p. 128.

15 同上。

16 同上。有關認知心理學和情感在社會認知中的作用的新研究，參見 Blanchard-Fields 1998, pp. 238-65。

17 Andrews-Hanna et al. 2007.

18 Mahncke et al. 2006.

19 Goldberg 2005, p. 19.

20 這項研究的早期歷史可參考 Vaillant 1977, pp. 3-12，關於它的通俗敘述參見 Shenk 2009。

21 薇薇安・克萊頓 2007 年 3 月 27 日於加

3 日電話受訪。

29 Dayan 2008.

30 Confucius 2000, p. 176；關於蘇格拉底與困惑，參見 Jaspers 1962, p. 8。（在與 Meno 和 Theaetetus 的對話中，蘇格拉底承認他用困惑「感染」了其他人；他並告訴 Theaetetus，「頭暈目眩」是哲學之始——也就是智慧之始。）

31 Confucius 2000, p. 147.

32 Marcus Aurelius 1992, p. 3.

33 Cohen, McClure, and Yu 2007.

34 同上，第 933 頁。

35 同上，第 937 頁。

36 Cohen 2005, p. 3.

37 安東尼奧．達馬西奧 2008 年 1 月 11 日在紐約大學「神經經濟學：決策與大腦」研討會上發表的題為「情感、決策與社會認知」（Emotions, Decision Making and Social Cognitions）的演講。在他的評論中，達馬西奧似乎認同人類有超過一個的價值評估系統，如果說不上是決策系統的話。「無論是好是壞，我們人類有兩個價值系統。」他說，其中一個顯然是非意識的，以情感為基礎；另一個在大腦皮質運作。但他也強調，這兩個系統不是各自獨立的，而是交織在一起。他說：「情感是在理性的迴圈中。美妙的是，人類這兩個系統是一直都在運作的，但這也是很大的問題。有時一個系統會壓倒另一個。這不是哪一個系統比較好的問題，而是我們必須與兩者共存。」

38 Montaigne 2003, p. 563.

39 Lattman and Strasburg 2008.

40《箴言》3:13-14。

41 Smith 1976, p. 62.

## 第 12 章 青春、逆境與韌性

1 這些自傳資料來自馬里奧．卡佩奇 1996 年領取京都獎的演講「一個科學家的產生」（本書的引述取自略經編輯的版本，可在 Howard Hughes Medical Institute 的網站找到：http://www.hhmi.org/news/nobel20071008a.html；經更新的類似敘述為 Capecchi 2008，可在諾貝爾基金會的網頁上找到：http://nobelprize.org/cgi-bin/print?from=%2Fnobel_prizes%2Fmedicine%2Flaureates%2）。隨後的細節和引述也可能出自 Stix 2008; Gumbel 2007; Collins 2007; Sample 2007。

2 卡佩奇直到 2007 年才經由新聞報導知道自己有個同母異父的妹妹，見 http://www.msnbc.com/id/25007775。

3 Morante 1977.

4 參見 Sample 2007。

5 有關亞里斯多德，參見 Matson 1987a, pp. 111, 114；有關摩西，參見《出埃及記》4:10-17；有關蘇格拉底，參見 Jaspers 1962, p. 5；有關伯里克利的「畸形」，參見 Plutarch 1960, p. 167；有關甘地的童年，參見 Fischer 2002, p. 11；有關孔子，參見 Jaspers 1962, p. 41；有關林肯的母親，參見 Shenk 2005, pp. 13-14；有關佛陀，參見 Strong 2001, p. 44。

6 Strathern 1999, p. 13.

7 Baltes and Staudinger 2000; Ardelt 2005b.

8 總結陳述參見 Baltes and Staudinger 2000, p. 128; Staudinger 1999。亦見 Pasupathi, Staudinger, and Baltes 2001。

9 Baltes and Staudinger 2000, p. 128.

10 密西根大學社會研究所的賈姬．史密斯 2007 年 3 月 23 日和 2009 年 3 月 27 日電話受訪。

11 賈姬．史密斯 2007 年電話受訪。

12 Baltes 2004, pp. 179-83.

13 同上，第 182 頁。

14 Ardelt 2005b.

15 莫妮卡．阿德爾特 2007 年 3 月 7 日電話受訪。

2005; Rosati et al. 2007。

53 Rosati et al. 2007, p. 1663.

54 同上。

55 喬治．安斯利 2008 年 8 月 18 日電話受訪。

56 同上。

## 第 11 章 處理不確定性

1 這句話和喬納森．柯恩的其他評論，除非另有註明，都是源自柯恩 2007 年 10 月 31 日於普林斯頓個人受訪。

2 Euripedes, *Hippolytus*，Fitts 1947, p. 261 引述。

3 Kasparov 2007, p. 26.

4 同上，第 45 頁。

5 Poundstone 1992, p. 6.

6 這句話被普遍視為源自赫拉克利特，例如柏拉圖的《克拉梯樓斯篇》（*Cratylus*）就曾提到。

7 Matson 2006, p. 15. 馬特森在〈確定性簡說〉（Certainty Made Simple）中指出，人類可能是唯一以信念和試誤經驗為行動基礎的動物（「信念」是指當別人當面或在書中告訴我們影響我們行為的事實時，我們相信了）；他還提出一個更有趣的論點：即使是錯誤的信念（包括對未來的想像），也能刺激思考和行為——這在哲學上呼應了喬治．安斯利關於想像力對意志力至關重要的論點。

8 Montaigne 2003, p. 118.

9 Baltes 2004, p. 28; Birren and Svensson, 2005, p. 24; Ardelt 2005b, p. 7.

10 Confucius, 2000, p. 104.

11 同上。

12 Marcus Aurelius 1992, p. 11. 馬可．奧理略在《沉思錄》第二卷的美妙結論中，闡述了大致相同的主題：「在人的一生中，他的時間轉瞬即逝，他的存在變動不居，他的感知模糊不清，他的整個肉身會腐朽，他的心智迴轉不休，他的命運殊難預料，他的名聲無法確定。簡而言之，肉身的一切如河流；靈魂的一切如夢幻；人生是一場戰爭，是異鄉的一段旅程，身後則被遺忘。那麼，他的一生可以靠什麼護衛？惟有哲學。」用通俗的話說，哲學就是對智慧的熱愛。

13 Medawar 1984, p. 110.

14 Confucius 2000, pp. 148-49.

15 Dobbs 2008, pp. 190-94, 203-5.

16 同上，第 317 頁。

17 同上，第 225 頁。

18 同上。

19 Cohen 2005, p. 12. 基本理論參見 Miller and Cohen 2001。

20 Cohen 2005, p. 3.

21 同上，第 10 頁。

22 同上，第 19 頁。

23 同上。

24 同上，第 18 頁。

25 喬治．安斯利 2008 年 8 月 18 日電話受訪。

26 Cohen 2005, p. 21.

27「多系統」辯論有一部分涉及社會學，涉及人類決策的不同實驗方法。在〈人腦的硫化〉這篇論文的一個註腳中，柯恩列出了反對神經經濟學某些實驗方法的許多理由，顯然有意顛覆人們普遍接受的關於最優行為的經典經濟概念。他提出的論點包括：個人最優行為最大化是否可能以某種方式削弱或破壞群體的最優行為？最優決策的時間成分是什麼：我們應該選擇眼前、明天、明年，還是一生的利益？一個決定是否可以是最優的，但同時在最嚴格的經濟意義上對決策者是不好的？換句話說，一旦我們偏離了實驗上嚴格的、基於經濟學的最優行為定義，「好決定」的概念就突然變得非常複雜。柯恩談到一些決定如何「偏離最優狀態」時承認了這一點。

28 Dayan 2008；彼得．達揚 2008 年 8 月

13 Rachlin and Laibson 1997.

14 喬治・安斯利個人受訪。

15 下方插圖是雙曲型折現曲線的一個例子（基於 Elster 1999, p. 171）。雙曲型折現對人類的行為之所以意義重大，在於隨著一個人（或一隻鴿子或老鼠）越來越接近比較小的短線報酬，他感知到的該報酬的價值會超過實際上比較大的長線報酬。基本概念是選項 B（延遲的較大報酬）的價值在時間點 T1 大於選項 A，但在時間點 T2 卻小於選項 A，而這是曲線的性質導致的。

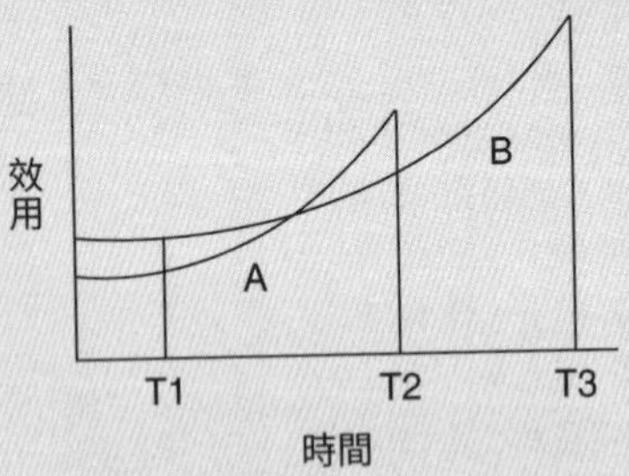


16 Glimcher et al. 2008 評論了這些實驗。

17 Ainslie 2001, p. 4 引述。

18 喬治・安斯利 2008 年 8 月 18 日電話受訪。

19 Ainslie 1975.

20 Ainslie 2001, p. 27.

21 同上，第 36 頁。

22 喬治・安斯利 2008 年 8 月 18 日電話受訪。

23 Ainslie 2001, p. 65.

24 Saint Augustine 2001, p. 17.

25 同上，第 42 頁。

26 同上，第 49 頁。

27 同上。

28 同上。

29 Ainslie 2001, p. 14.

30 同上，第 289 頁。

31 Augustine 1847, p. 546.

32 Hume 1978, p. 415.

33 喬治・安斯利 2008 年 8 月 18 日電話受訪。

34 Laibson 1997, p. 443.

35 大衛・賴布森電話受訪。有關賴布森的數學研究的通俗說明，可參考 Cassidy 2006。

36 大衛・賴布森電話受訪。

37 同上。

38 McClure et al. 2004, p. 504.

39 我用了《伊索寓言》的〈螞蟻與蚱蜢〉（http://en.wikisource.org/wiki/The_Ants_and_the_Grasshopper）的 Jacob 1894 年譯本，但流行的 de La Fontaine 版本（de La Fontaine 2004, p. 9）的語言更貼切經濟。蚱蜢告訴螞蟻：「我會還你的，絕不要怕。我是誠實的昆蟲，秋天到來之前，將連本帶利償還。」但該版本接著說：「螞蟻沒有的一個缺點，就是輕易放貸。」

40 McClure et al. 2004, p. 504.

41 同上，第 506 頁。

42 有關紐約大學的研究，參見 Kable and Glimcher 2007。

43 有關年齡和個性如何影響時間折扣，參見 Ainslie 2001, p. 34。

44 McClure et al. 2007；亦見 Lamy 2007。

45 史蒂芬・柯斯林 2008 年 8 月 4 日電話受訪。

46 Kable and Glimcher 2007, p. 1631，他們在此多次表示，他們的研究結果「證偽」了 McClure et al. 2004 的假說。亦參見 Glimcher, Kable, and Louie 2007，而支持多系統論的說法可參考 Sanfey and Chang 2008。

47 史蒂芬・柯斯林電話受訪。

48 Ainslie and Monterosso 2004, p. 421.

49 麥可・法蘭克 2008 年 4 月 15 日電話受訪。

50 Frank et al. 2007, p. 1309.

51 麥可・法蘭克電話受訪。

52 參見 Stevens, Hallinan, and Hauser

27 Glimcher et al. 2008；亦見 Judson 2008。

28 Ashraf, Camerer, and Loewenstein 2005, p. 136.

29 *Sports Business Daily*, September 6, 2007 (http://www.sportsbusinessdaily.com/article/114714).

30 Fehr 2008, p. 218.

31 同上；Knoch et al. 2006, p. 829。

32 Rooney 2007, p. 97 引述里夫斯的話。這場爭執的詳情和隨後的引述，見 Rooney 2007, pp. 95-100。

33 Sanfey et al. 2003.

34 Nowak 2006, p. 1560.

35 恩斯特・費爾個人受訪。

36 Quervain et al. 2004, p. 1254.

37 Fehr and Fischbacher 2003, p. 786.

38 羅伯・博伊德 2008 年 1 月 23 日電話受訪。

39 Quervain et al. 2004, p. 1254.

40 Knoch et al. 2006；亦見 Fehr 2008, pp. 223-24。

41 Hsu, Anen, and Quartz 2008.

42 同上，第 1092 頁。

43 同上，第 1095 頁。

44 Gürerk, Irlenbusch, and Rockenbach 2006.

45 當中原理的詳細說明可參考 Henrich 2006。

46 Gürerk, Irlenbusch, and Rockenbach 2006, p. 108.

47 Henrich 2006, p. 60.

48 同上。

49 Fehr and Fischbacher 2003, p. 786. 有關懲罰者本身沒有成功的最新發現，參見 Dreber et al. 2008; Milinski and Rockenbach 2008。

50 Kekes 1983, p. 283.

51 恩斯特・費爾個人受訪。

52 Plutarch 1960, p. 59.

53 同上，第 60 頁。

54 Confucius 2000, p. xvi.

55 同上。

56 恩斯特・費爾個人受訪。

57 所羅門建造王宮的情況，參見《列王紀上》第 7 章；關於上帝之怒和所羅門之死，參見《列王紀上》第 11 章。

58《列王紀上》11:11。

59《列王紀上》11:35。

60 Confucius 2000, p. 161.

## 第 10 章 耐心

1 Homer 1963, p. 214.

2 同上，第 210 頁。

3 Ainslie 2001, p. 33.

4 Elster 1979. 在《奧德修斯與塞王》第 36 頁，埃爾斯特精闢地指出，訴諸綁住自己這個手段說明「奧德修斯不是完全理性的，因為完全理性的人不必訴諸這種手段……他的困境——自知意志薄弱——說明人類需要一種關於不完全理性的理論，但幾乎所有哲學家和社會科學家都忽略了這一點。」自知意志薄弱（自我覺察）結合重視未來結果甚於眼前誘惑的行為策略（自我控制），提供了一個很好的智慧簡略版本。亦見 Elster 2009。

5 Ainslie 2001, p. 62.

6 David Laibson 2009 年 2 月 14 日電話受訪。

7 Frank 2007, p. vii.

8 納撒尼爾・道 2008 年 4 月 16 日於紐約個人受訪；彼得・達揚 2008 年 8 月 3 日電話受訪。

9 喬治・安斯利 2009 年 3 月 11 日於賓州科茨維爾個人受訪。

10 Ainslie 2001, p. 3.

11 喬治・安斯利 2008 年 8 月 18 日電話受訪；Ainslie 2001, p. x。

12 喬治・安斯利 2008 年 5 月 2 日電話受訪。

35 Chatterjee and Hambrick 2007, p. 354.

36 Exline 2008, p. 55；亦見 Exline and Geyer 2004。

37 Tangney 2000; Tangney 2002.

38 Exline 2008, p. 56.

39 Gandhi 1986, p. 20.

40 Templeton 1997, p. 162.

41 同上，第 30 頁。

42 Exline 2008, pp. 56-57.

43 Fischer 2007, p. 179.

44 同上，第 139 頁。

45 Montaigne 2003, pp. 111-12.

46 Meacham 1990, p. 187.

47 Sternberg 1985.

48 Fischer 2002, pp. 168-69.

49 Wills 1992, p. 38.

50 同上，第 39 頁。

51 林肯 1863 年 11 月 20 日寫給愛德華・埃弗里特的信，見 Lincoln 1989, p. 537。

## 第 9 章 利他

1 薇薇安・克萊頓 2007 年 3 月 27 日個人受訪。

2 所羅門王的故事涉及《聖經》中的幾本書，包括《列王紀上》1-11 章（內含主要的「生平」資料）、《申命記》(17:16-17，上帝在這裡界定了國王的規則)、《箴言》(編纂了所羅門王三千條箴言的一部分)，以及《所羅門之歌》（收集了他的愛情詩歌)。我敘述的所羅門生平，是基於《新牛津註解聖經》和《猶太研讀本聖經》(*Jewish Study Bible*)。

3 王位繼承故事見《列王紀上》1:1。

4《列王紀上》1:52。

5《列王紀上》1:1。關於亞多尼雅的要求和學者的理解，參見 *New Oxford Annotated Bible*, p. 492n 和 Jewish Study Bible, p. 675。

6《列王紀上》4:29。

7《列王紀上》3:5。上帝在夢中賜予所羅門智慧的過程見《列王紀上》3:5-10。

8 恩斯特・費爾 2008 年 1 月 11 日於紐約個人受訪。

9 Dugatkin 2006, pp. 1-11; Browne 1995, p. 203. Dugatkin (p. 5) 寫道：「達爾文極其關注不育動物的利他行為。這種行為根本不符合他設想的天擇運作方式，如他自己指出，不育的利他者的問題有時使他『快要瘋掉』。」

10 Darwin 2003, p. 721.

11 關於利他的生物學研究，Ridley 1996 和 Dawkins 1989 是面向大眾的好著作。

12 Curry 2006, p. 683.

13 Confucius 2000, pp. 86-87.

14 關於仁的含義，參見劉殿爵的《孟子》譯本引言（*Mencius* 1970, p. 12）。

15《路加福音》6:31。

16 Isocrates 1928, p. 111.

17 Confucius 2000, p. 96.

18 Smith 1976, p. 125. 有關亞當斯密在行為經濟學方面的睿智先見，Ashraf, Camerer, and Loewenstein 2005 的評論引人入勝。

19 Glimcher et al. 2008, p. 215.

20 Fehr 2004, p. 701. 這篇文章屬《自然》期刊的「轉折點」系列，很好地概括了費爾關於利他精神和利他懲罰的研究工作演變。

21 同上。

22 Bowles and Gintis 2002, p. 125; Fehr and Fischbacher 2003, p. 785.

23 Fehr and Fischbacher 2003, p. 785; Gintis 2000.

24 關於展現生殖吸引力，參見 Fehr and Fischbacher 2003, p. 789。

25 這個經典賽局及其歷史已有人詳盡闡述，包括出版專著，例如 Poundstone 1992。精簡的解釋可參考 Ridley 1996, pp. 53-57; Pfaff 2007, pp. 17-19。

26 Rilling et al. 2002.

54 迦列賽在哥倫比亞大學研討會上的講話。

55 迦列賽指出，鏡像神經元是「憐憫的必要條件，但不是充分條件」(2009 年 8 月 27 日與作者的個人通訊)。他並補充道，模仿既可以激發同理心，也可以導致暴力（見 Gallese 2009）。

56 Lutz et al. 2008.

57 Immordino-Yang et al. 2009.

58 Hutcherson, Seppala, and Gross 2008.

59 大衛森在紐約大學學術報告會上的講話。

60 馬修・李卡德個人受訪。

## 第 8 章 謙遜

1 Sulzberger and Chan 2009.

2 Fischer 1950, pp. 23-24; Gandhi 1960, pp. 69-70.

3 Fischer 2002, p. 4.

4 同上，第 6 頁。

5 同上，第 21 頁。

6 Fischer 1950, p. 24.

7 Fischer 2002, p. 28.

8 同上。

9 同上，第 24 頁。值得注意的是，甘地雖然說話猶豫，但書面著作之多令人難以置信。

10 Gandhi 1986, p. 20.

11 同上，第 146 頁。

12 金鼎的故事見 Plutarch 1960, pp. 46-47。

13 這個詞源可在《牛津英語詞典》找到。腐殖質那個意思則可以在包括維基百科的若干網站找到，但可能沒那麼可靠。

14 Ricard 2006, p. 211.

15 Greenberg 2005, p. 133.

16 本段相關引述來自 Sharon Ryan, "Wisdom," in *The Stanford Encyclopedia of Philosophy*, available online at http://plato.stanford.edu/。

17 Alter 2004, p. 742.

18 Connolly 1963, p. 13.

19《聖經》中的智慧文獻，特別值得參考的是《箴言》(「敬畏耶和華是知識的開端；愚妄人藐視智慧和訓誨」)，見 *The New Oxford Annotated Bible*, p. 905。

20 *The Catholic Encyclopedia* (1910), p. 543.（原始出處為 Aquinas, *Summa Contra Gentiles*, book IV, ch. LV。)《天主教百科全書》(*The Catholic Encyclopedia*) 特別明確地在宗教上貶低世俗美德；它將謙遜定義為「卑微或服從」，並指出，「如果用在人和事物上，它意味著卑賤、低下或狀況不佳，如我們一般所講的沒什麼價值」（第 543 頁)。另一方面，Norenzayan and Shariff 2008 認為，宗教習俗具有促進「親社會」行為——包括謙遜和利他——的作用。

21 Confucius 2000, p. 123 (「君子坦蕩蕩，小人長戚戚」)。

22 Gandhi 1986, p. 146.

23 Franklin 1969, p. 2.

24 Plutarch 1960, p. 169.

25 Ricard 2006, p. 213 引用這句話。

26 Chatterjee and Hambrick 2007. 這種研究方式的另一個例子涉及執行長住所的面積，參見 Maremont 2007。

27 Chatterjee and Hambrick 2007, p. 378.

28 同上。

29 唐納德・漢布里克 2008 年 10 月 20 日電話受訪。

30 Collins 2001a, p. 21.

31 Collins 2001b, p. 68.

32 同上，第 75 頁。

33 Lasch 1979, pp. 34-35. 有關 NPI 的開發，參見 Raskin and Hall 1979；關於 NPI 的流行敘述，參見 Rosenbloom 2008。

34 基斯・坎貝爾 2009 年 6 月 18 日電話受訪。

13 安東尼・魯茲 2008 年 6 月 3 日於威斯康辛州麥迪遜市個人受訪。

14 Lutz et al. 2004.

15 R. J. Davidson, "Order and Disorder in the Emotional Brain," Social Neuroscience Colloquium, Department of Psychology, New York University, March 13, 2008.

16 馬修・李卡德 2008 年 6 月 3 日於威斯康辛州麥迪遜市個人受訪。亦見 Ricard 2006, pp. 4-5。

17 安迪・法蘭西斯 2008 年 6 月 3 日於威斯康辛州麥迪遜市個人受訪。

18 理查・大衛森 2008 年 6 月 3 日於威斯康辛州麥迪遜市個人受訪。

19 Lutz et al. 2008.

20 馬修・李卡德個人受訪；馬修・李卡德 2009 年 3 月 17 日與作者的個人通訊。

21 Davidson and Harrington 2002, p. 107. 大衛森當時的研究生同學是 Daniel Goleman 和 Jon Kabat-Zinn（Flanagan 2007, p. 159）。

22 理查・大衛森 2008 年 2 月 18 日電話受訪。

23 Davidson and Harrington 2002, p. 107.

24 同上，第 98 頁。李卡德認為 *tsewa* 的另一含義是「溫柔」（馬修・李卡德 2008 年 6 月 6 日與作者的個人通訊）。

25 Davidson and Harrington 2002, p. 98.

26 理查・大衛森個人受訪。

27 Davidson and Harrington 2002, p. 108.

28 馬修・李卡德 2008 年 6 月 5 日與作者的個人通訊。

29 Hall 2003, p. 46.

30 Lutz et al. 2004, p. 16, 369.

31 理查・大衛森個人受訪。

32 同上。

33 Lutz et al. 2008; Slagter et al. 2007; Delgado, Gillis, and Phelps 2008; Schiller et al. 2008; Sokol-Hessner et al. 2009. 亦參見 Begley 2007。

34 Kabat-Zinn 1990.

35 Davidson et al. 2003.

36 Corcoran and Segal 2008.

37 Davidson and Harrington 2002, p. 99.

38 Iacoboni 2008.

39 迦列賽的這句話和所有其他引述均來自他 2006 年 3 月 24 日在紐約哥倫比亞大學舉行的「創造力與心智新生物學」（Creativity and the New Biology of Mind）研討會上的講話。

40 有關發現鏡像神經元的故事，我主要仰賴 Iacoboni 2008, pp. 7-11 和迦列賽在哥倫比亞大學研討會上的講話。

41 迦列賽在哥倫比亞大學研討會上的講話。

42 關於對社會神經科學的影響，參見 Gallese 2007; Gallese et al. 2009; Rochat et al. 2008; Caggiano et al. 2009。

43 迦列賽在哥倫比亞大學研討會上的講話。

44 同上。

45 Iacoboni 2008, p. 7.

46 雷蒙・多蘭在哥倫比亞大學研討會上的講話。康羅伊的那一段見 Joyce 1976, pp. 233-36。

47 Singer et al. 2004.

48 Dolan 2006, p. 85.

49 迦列賽在哥倫比亞大學研討會上的講話。

50 Darwin 1955. 例如他描述了與難為情、驚愕、意外、恐懼、笑、蔑視、「譏笑與藐視」，以及甚至冥想有關的肌肉組織和表情。有關冥想，他寫道：「這裡有另一個眼部運動與精神狀態有關的例子」（第 227 頁）。

51 Richerson and Boyd 2005.

52 同上，第 138 頁。

53 關於近年同理心的神經科學研究，參見 Singer 2006; Vignemont and Singer 2006。

新一般討論，以及這些實驗在當前研究中的角色，參見 Miller 2008a; Pinker 2008。

22 Haidt 2001.

23 Kass 1997; Kass 1999.

24 Kass 1997, p. 20.

25 Pinker 2008, p. 58.

26 Hume 1739/1978, p. 457.

27 Greene 2003.

28 資料來源為哈佛大學心理學系提供的約書亞・格林背景介紹，以及他 2007 年 12 月 10 日和 2008 年 8 月 7 日接受電話訪問。學術自傳可在 http://www.wjh.harvard.edu/~jgreene/ 找到。

29 Greene 2003, p. 847.

30 格林的博士論文可在前述網站下載。

31 甚至維基百科也有獨立的電車難題詞條，講述了它的早期歷史。根據格林的說法，福特在 1970 年代討論墮胎的倫理問題時引進這個思想實驗，但真正加以發展的是湯姆森。

32 Hauser et al. 2007; Cushman, Young, and Hauser 2006; Young et al. 2007.

33 哈佛大學心理學系的菲利・庫許曼 2009 年 3 月 17 日電話受訪。這些調查的結果見 Hauser et al. 2007。

34 Greene et al. 2001, p. 2105.

35 Greene et al. 2001; Greene et al. 2004.

36 約書亞・格林電話受訪；他也曾在他的一些論文中使用這個詞組。

37 Appiah 2008, p. 91.

38 格林某次受訪時表示，所有年齡組都得出類似的可靠發現。

39 Greene 2009.

40 同上，第 37-40 頁。

41 同上。

42 Kant 1996; Kant 1999.

43 Greene et al. 2004, p. 398.

44 Appiah 2008, pp. 96-98.

45 同上，第 98 頁。

46 Greene et al. 2004, p. 398.

47 Miller 2008a.

48 關於腹內側前額葉皮質的損傷，參見 Koenigs et al. 2007; Talmi and Frith 2007; Moll and de Oliveira-Souza 2007; Moll et al. 2005; Moll et al. 2007。

49 Hsu, Anen, and Quartz 2008.

50 達特茅斯學院哲學系的華特・西諾阿姆斯壯 2009 年 3 月 17 日電話受訪。

51 紐約哈斯汀中心主席湯瑪斯・莫瑞 2009 年 4 月 21 日個人受訪。

52 Greene 2009, p. 43.

53 Haidt 2006, p. xi.

54 強納森・海德特 2009 年 3 月 24 日電話受訪。

## 第 7 章 憐憫

1 圍攻魏恩斯貝格的過程和蒙田的評論見 Montaigne 2003, pp. 3-4。

2 Clayton 1982; Sternberg 1990; Sternberg and Jordan 2005.

3 Confucius 2000, p. 187；根據《路加福音》6 章 31 節，耶穌立了十二使徒後，隨即在猶太（Judea）向眾人講道時敘述了道德黃金律。

4 Pfaff 2007, p. 4. 普法夫最近道德黃金律的生物學著作，是關於這些親社會特質的神經生物學的絕佳背景參考資料。

5 Plato 2003, p. 119.

6 Stone 1988, p. 146 引述尼采。

7 Plato 2003, p. 119.

8 Lutz et al. 2008, p. 2.

9 Davidson and Harrington 2002, p. 20.

10 同上，第 18 頁。

11 關於計程車司機的神經科學研究，參見 Spiers and Maguire 2008；關於鋼琴演奏者，參見 Furuya and Kinoshita 2008。

12 相關描述和觀察是基於作者 2008 年 6 月 3 日訪問威斯康辛大學麥迪遜分校的韋斯曼神經科學中心。

讀數據，這種研究引來針對錯誤分析的批評。社會神經科學家尤其受到批評，因為在他們的 fMRI 分析中發現了「巫毒相關性」（voodoo correlations）。相關爭論的背景，可參考 Abbott 2009; Lakoff 2008, pp. 195-96。

5 Kable and Glimcher 2007, p. 1625.

6 關於強化學習的概述和最新的評價與決策的神經科學模型，參見 Glimcher 2008; Daw, Niv, and Dayan 2005; Dayan 2008; Montague 2006。關於多巴胺系統的科學概述，參見 Montague, Hyman, and Cohen 2004；關於多巴胺獎勵系統較為通俗的最新說明，參見 Lehrer 2008。

7 羅伯．拉特利奇 2009 年 6 月 24 日與作者的個人通訊。

8 Montague et al 2002; Shafir et al. 2008.

9 Yang et al. 2008.

10 Daw, Niv, and Dayan 2005.

11 關於無意識在決策中的作用，已經有大量的研究。這方面的兩種精彩見解來自 Dijksterhuis et al. 2006; Galdi, Arcuri, and Gawronski 2008。Dijksterhuis 論文（第 1005 頁）指出：「與傳統觀念相反，在作選擇之前進行徹底的有意識的思考並非總是有利的。」

12 Soon et al. 2008; Haynes et al. 2007; Haynes and Rees 2006.

13 約翰狄倫．海恩斯 2008 年 6 月 29 日與作者的個人通訊。

14 Dijksterhuis and Nordgren 2006, p. 108.

15 同上，第 96 頁。

16 Rosen 2008, p. 109.

17 James 1981, p. 401.

18 關於冥想和注意力瞬盲，參見 Slagter et al. 2007；關於注意力和任務表現另一方面的研究，參見 Hedden and Gabrieli 2006。

19 Jones 2007, p. 497.

20 Iyengar and Lepper 2000.

21 Frank et al. 2007.

22 Montague 2008.

## 第 6 章　道德推理

1 Alter 2004, p. 24.

2 同上，第 25 頁。

3 同上，第 24 頁。

4 *New Oxford Annotated Bible*, p. 14.

5 同上，第 9-10 頁。

6 Strathern 1999, p. 16 引述。

7 Haidt 2006, p. 155 引述。

8 Aristotle 1908, p. 73.

9 Hauser 2006, p. 2.

10 關於道德判斷的神經「語法」的說明：在他還是哲學研究生時，約翰．米蓋爾（John Mikhail）與麻省理工語言學家諾姆．喬姆斯基（Noam Chomsky）共事，當時他受喬姆斯基關於人類天生語言能力的理論啟發，開始思考人類是否有一種普遍的道德語法。米蓋爾的初步研究結果（哈佛大學的豪瑟團隊據此進一步研究）顯示，來自許多不同文化背景的人以類似的方式應對標準的道德困境；換句話說，他們是講相同的道德語言。另一方面，強納森．海德特的研究則顯示，道德推理很受文化因素影響。

11 Hauser 2006, p. xviii.

12 德國普朗克人類演化研究所的讓-雅克．胡布林 2007 年 10 月 7 日個人受訪。

13 參見 Wright 1994 與 Gazzaniga 2005。

14 Darwin 1955, p. 257.

15 Rozin, Haidt, and Fincher 2009; Chapman et al. 2009.

16 Darwin 2004, p. 120.

17 同上。

18 Haidt 2001, p. 814.

19 同上。海德特的道德判斷理論，在 Haidt 2007 和 Haidt 2006 中也有相當詳細的闡述。

20 Schnall et al. 2008.

21 Wheatley and Haidt 2005. 關於海德特有關內心厭惡影響道德判斷的實驗的最

14 James 1884.

15 Darwin 1955.

16 關於情緒的神經生物學的著作，可參考 Damasio 1994; LeDoux 1996; Haidt 2006。

17 Hall 1999a, p. 47 曾引述。

18「再評估」和情緒調節的其他方面，在 Gross 2008, pp. 497-512 有討論。亦參見 McRae et al. 2008; Ochsner and Gross 2008。

19 Gross 2008, p. 509.

20 Goldin et al. 2008.

21 葛羅斯 2009 年 6 月 11 日於史丹佛大學心理系接受電話訪問。

22 蘿拉・卡斯滕森個人受訪。

23 Baltes 2004, p. 27.

24 Kekes 1983, p. 282.

25 關於老年人與年輕人的差異，參見 Mather et al. 2004; Carstensen 2006。

26 Samanez-Larkin et al. 2008; Nielsen, Knutson, and Carstensen 2008.

27 Fung and Carstensen 2006.

28 Ainslie 2001, p. 34.

29 保羅・格萊齊 2008 年 7 月 2 日於紐約個人受訪。

30 Sokol-Hessner et al. 2009.

31 利斯貝斯・尼爾森 2008 年 9 月 5 日接受電話訪問。

32 Montaigne 2003, p. 660.

33 Blanchard-Fields, Mienaltowski, and Seay 2007.

34 Urry et al. 2006.

35 理查・大衛森 2007 年 3 月 15 日電話受訪。

36 Mather et al. 2004.

37 McRae et al. 2008.

38 Sharot et al. 2007. 亦見同一期的 *Nature*, "Making the Paper: Tali Sharot," p. xiii.

39 伊莉莎白・菲爾普斯 2007 年 11 月 14 日和 2008 年 8 月 20 日於紐約個人受訪。

40 Sharot et al. 2007, p. 104.

41 同上。

42 Carstensen and Lockenhoff 2003.

43 蘿拉・卡斯滕森個人受訪。

44 Darwin 2003, p. 600.

45 Hawkes 2004.

46 Carstensen and Lockenhoff 2003, p. 155.

## 第 5 章 知道什麼重要

1 除非另有註明，所有引述都是源自保羅・格萊齊 2008 年 7 月 2 日和 8 月 28 日於紐約個人受訪。

2 Churchland 1986, p. 481.

3 有關格萊齊的實驗室在決策和時間折扣（temporal discounting）方面的研究，可參考 Kable and Glimcher 2007; Glimcher, Kable, and Louie 2007。

4 關於大腦研究運用磁振造影（MRI）技術的說明：功能性磁振造影（fMRI）研究的科學原理，是造影機器利用一種結合有機分子內原子磁性和處理數據的精細電腦程式的複雜技術，找出受試者執行實驗任務時血流量增加的大腦區域（技術術語為「血氧濃度訊號」）。基本原理是執行認知任務的細胞需要更多能量，而滿足這種活躍的細胞代謝的原料（血液中的氧）供給，反映在大腦某些區域的血流量增加上。多數造影機器的精細程度，可以分辨小如米粒的腦組織的活動差異。

這種技術有若干固有局限，結果必須小心解讀。MRI 本質上是相關性的，也就是它找出受試者的行為與大腦某部分的活動的相關性（而不是因果關係），fMRI 研究的設計因此非常重要。fMRI 也比較慢，無法分析短於約四秒的活動；相對之下，利用電描記術記錄大腦的活動可以提供約十倍的時間解析度。此外，因為非常依賴複雜的電腦程式解

21 史密斯 2007 年 3 月 23 日接受電話訪問。

22 Clayton 1982, p. 320. 這則軼事最初是巴爾特斯的小組講述的，但它源自一項針對老年病人的研究，與智慧沒有明確的關係。

23 同上，第 316 頁。

24 Baltes and Staudinger 2000, p. 136. 類似「智慧困境」的其他例子由賈姬・史密斯 2007 年 5 月提供給本書作書。

25 Baltes and Smith 2008, p. 58.

26 Clayton 1982; Sternberg 1985.

27 Baltes and Staudinger 2000, p. 122.

28 Baltes 2004（評論見 Smith 2007）。

29 Baltes and Staudinger 2000, p. 122.

30 同上，第 130 頁。

31 Baltes 2004, pp. 12-15.

32 同上，第 46 頁。

33 同上，第 60 頁。

34 同上，第 12-13 頁。例如巴爾特斯指出，「人靠衣裝」（Clothes make the man）顯然與「不要以貌取人」（Don't judge a book by its cover）矛盾（第 13 頁）。

35 同上，第 22 頁。

36 同上，第 32 頁。

37 賈姬・史密斯接受電話訪問。

38 羅伯・史登堡接受電話訪問。

39 蘿拉・卡斯滕森個人受訪。柏林團隊後來比較重視情感的作用（Baltes and Kunzmann 2004）。

40 Baltes and Smith 2008, p. 58.

41 同上，第 59 頁。

42「克萊爾」生平細節，包括她說的話，資料來源為 Ardelt 2005b, pp. 11-17 以及「克萊爾」2007 年 3 月 15 日接受電話訪問。

43 Ardelt 2005b, pp. 8-9; Ardelt 2000.

44 莫妮卡・阿德爾特 2007 年 3 月 7 日接受電話訪問。

45 Ardelt 2005b, p. 7.

46 同上，第 7 頁。

47 同上，第 7-8 頁。

48「詹姆斯」生平細節，包括他說的話，資料來源為 Ardelt 2005b, pp. 11-17 以及「詹姆斯」2007 年 4 月 26 日接受電話訪問。

49 莫妮卡・阿德爾特接受電話訪問。若想稍微了解智慧定義的分歧，可參考 Ardelt 2004。

50 薇薇安・克萊頓個人受訪。

51 Haidt, Seder, and Kesebir 2008.

## 第 4 章 情緒調節

1 關於這些評估的描述和評論，源自南希・林恩・施密特 2007 年 3 月 26 日於加州史丹佛受訪，以及 2008 年 8 月 11 日的個人通訊。

2 Jan Post 2007 年 3 月 23 日於加州聖羅莎市接受電話訪問。

3 這是在講以一分至七分評估自己的情緒。

4 Heraclitus 2001, p. 71.

5 Franklin 1997, p. 1205.

6「呼叫器實驗」的原始結果可在 Carstensen et al. 2000 找到。2007 年數據蒐集期的初步結果在我撰寫本書時尚未公布，但與之前的研究發現「相當一致」（蘿拉・卡斯滕森 2008 年 9 月 9 日接受電話訪問）。

7 相關評論源自蘿拉・卡斯滕森 2007 年 3 月 26 日於加州史丹佛個人受訪。有關社會情感選擇理論，Carstensen 2007 提供了通俗易懂的解說，Cartensen 2006 則有比較學術性的說明。

8 有關約伯的故事，我參考的是 *New Oxford Annotated Bible*。

9 參見 Ginsberg 1967。

10 Job 21:4.

11 Job 32:9.

12 Job 27:6.

13 Job 5:2.

56 Baltes 2004, pp. 56, 75.

57 Rice 1958, p. 3.

58 Birren and Svensson 2005, p. 11 引述康德。

59 同上；Robinson 1990, p. 22。

60 Birren and Svensson 2005, p. 11.

61 Revel and Ricard 1999, p. 215.

62 Nozick 1989, p. 267.

63 有關白宮會議的資料來自 Goleman 1988; Erikson, 1959, p. 2。那個圖表最初發表於 Erikson, p. 166。

## 第 3 章 心與腦

1 這些生平細節的來源為薇薇安・克萊頓 2007 年 3 月 27 日於加州奧林達市接受訪問。

2 資料來源為作者親自訪問 Robert Sternberg（2007）、Jacqui Smith（2007）和 Monika Ardelt（2007）；亦見 Sternberg 1985, p. 609; Baltes 2004, pp. 194-95; Ardelt 2005a, pp. xi-xii。

3 Vaillant 1977, p. 201.

4 艾瑞克森早年至少有三本著作提到智慧這個概念，但幾乎完全不談定義或研究方法問題。在 1959 年的《認同與生命週期》（*Identity and the Life Cycle*）中，他講述了他參與 1950 年白宮兒童發展會議的背景；該書附錄收入一個顯示人的八個發展階段的圖，當中第八個階段的特徵是「智慧」（第 166 頁）。在 1968 年的《認同：青年與危機》中，他對智慧有一般性的進一步闡述，本書正文引用了他的議論（「有意義的晚年」和「在這裡，力量表現為……」，第 140-41 頁；感謝《紐約時報》讀者 Tom Frangicetto 使我注意到這個版本）。最後，在 1950 年著作《童年與社會》（*Childhood and Society*）的後期版本中，艾瑞克森為「人的八個時期」圖表加了一個腳註，在當中說智慧是人生最後的心理社會階段的「基本美德」（第 273-74 頁）。當然，艾瑞克森在他後來的著作中也談到智慧的問題；我在這裡關注的是早期出現的關於智慧值得成為嚴肅研究的課題的見解，而這正是艾瑞克森的主張。

5 有關老年學的偏差，資料來源為本書作者 2007 年 3 月 26 日於加州史丹佛訪問 Laura Carstensen。

6 關於比倫在推動研究老化的積極面向和老年心理學的大轉變方面的角色，資料來源主要是我與薇薇安・克萊頓和 Laura Carstensen 的多次訪談。亦見 Sternberg 1985。

7 Baltes 1999, pp. 7-26.

8 這裡和後面的引述源自 Clayton 1982。

9 Goleman 1995.

10 所羅門生平基本敘述可在《列王紀上》中找到；我用了 *New Oxford Annotated Bible*（新牛津註解聖經）。有關學者對所羅門的智慧提出的疑問，可參考 Baltes 2004, pp. 58-59。

11 有關希伯來智慧傳統，我參考了 Alter 2004; the *New Oxford Annotated Bible*; Telushkin 1994; Gribetz 1997; Wiesel 2003; *The Jewish Study Bible* 2004。

12 Alter 2004, p. 24.

13 同上，第 25 頁。

14 同上。

15 關於亞伯拉罕和年老與智慧的「等式」，參見 *Etz Hayim* 2001, pp. 130-31。

16 作者訪問薇薇安・克萊頓。

17 這段文字和關於 1974 年研究的其他細節，源自薇薇安・克萊頓 1974 年 12 月 20 日寫給研究參與者的信，由她提供給本書作者。

18 Clayton 1975; Clayton and Birren 1980; Clayton 1982. Clayton and Schaie 1979（未發表手稿；作者提供）概括了她的博士論文。

19 Clayton 1982, p. 315.

20 史登堡 2007 年 3 月 15 日接受電話訪問。亦見 Sternberg 1985, p. 609。

3 關於智慧的早期歷史和它在古代的各種表現形式，參見 Robinson 1990; Birren and Svensson 2005; Curnow 1999, pp. 10-117。
4 Plato 2003, p. 45.
5 同上，第 44 頁。
6 同上。
7 同上。
8 同上。
9 同上，第 45 頁。
10 同上。
11 同上，第 46 頁。
12 同上。
13 有關蘇格拉底的樣貌和人生，可參考 Jaspers 1962, pp. 5-6。在雅斯培筆下（第 5 頁）：「他是個醜陋的人，眼睛凸出。他粗鼻子，厚嘴唇，大肚子，矮胖的身材使人想起西勒諾斯（Silenus）或好色的薩梯（Satyr）。」
14 Plato 2003, p. 65.
15 Jaspers 2003, p. 99.
16 Plato 2003, p. 58.
17 Jaspers 1962, p. 93.
18 Armstrong 2001, pp. 135-39; Wallis 2007, p. xii.
19 Strathern 1999, pp. 42-43.
20 Montaigne 2003, p. 323.
21 Matson 1987a, pp. 6-7; Robinson 1990, pp. 13-14.
22 Matson 1987a, pp. 15-17.
23 同上，第 6-7 頁。
24 Heraclitus 2001, p. 27.
25 Pomeroy et al. 1999, pp. 215-45.
26 Plato 2003, p. 56.
27 Matson 1987a, p. 66.
28 Plato 2003, p. 127.
29 有關具身性的神經科學概念，參見 Dolan 2006。
30 Plato 2003, p. 129.
31 Birren and Svensson 2005, p. 8.
32 此處的孔子生平敘述是基於以下文獻：Confucius 2000, pp. xi-xxii, 7-11; Jaspers 1962, pp. 41-63; Strathern 1999。
33 Strathern 1999, p. 13 引述孔子。
34 Strathern 1999, p. 15.
35 關於仁這個概念，我參考了 Confucius 2000, pp. 21-23; Jaspers 1962, pp. 49-50。
36 Strathern 1999, p. 16 引述孔子。
37 Strathern 1999, p. 24.
38 同上，第 41 頁。
39 同上。
40 Strathern 1999, p. 48 引述孔子。
41 Confucius 2000, p. 83.
42 關於佛陀的生平，我主要參考 Strong 2001 and 2002；Armstrong 2001；Wallis 2007。
43 Strong 2001, p. 17.
44 Wallis 2007, p. xxxiii.
45 同上。
46 Birren and Svensson 2005, p. 8.
47 Jaspers 1962, p. 93.
48 Wallis 2007, p. xxxii.
49 同上，第 36 頁。
50 同上，第 44 頁。
51 同上。
52 同上，第 23 頁。
53 同上，第 25 頁。
54 有關 *sapientia* 與 *scientia* 的區別，參見 Birren and Svensson 2005, p. 7; Rice 1958, pp. 1-3。
55 坦伯頓基金會的網站（http://www.templeton.org）。有關宗教意圖的批評，參見 Horgan 2006; Carroll 2008; Dawkins 2006, pp. 151-54。（Horgan 引述物理學家 Sean Carroll 指坦伯頓基金會「試圖模糊科學和宗教之間的界限」，可參見 http://www.edge.org/3rd_culture/horgan06/horgan06_index.html）

# 註釋

## 第 1 章 什麼是智慧？

1 本書原著 2010 年初版，本節故事為 Hall 2001 的精華。

2 Jaspers 1962, pp. 49-50.

3 Montaigne 2003, p. 332.

4 Gewirtz 1996.

5 Baltes 2004, p. 23.

6 Hall 2007.

7 Sternberg 1990；亦見 Birren and Svensson 2005, p. 15。在 Sternberg 編輯的 1990 年出版的那本文集中提出智慧定義的心理學家包括 Mihaly Csikszentmihalyi 和 Kevin Rathunde，他們指智慧是「一種認知過程、一種行動指南，以及一種內在獎勵」（第 48 頁）；Gisela Labouvie-Vief，她形容智慧是「經驗的豐富性和流動性」與「邏輯內聚性和穩定性」之間「順利和相對平衡的交流」（第 53 頁）；Patricia Kennedy Arlin，她觀察到智慧「主要是疑問而非陳述」（第 230 頁）；以及 John A. Meacham，他認為「智慧的精髓在於抱持知識可能不可靠的態度，並努力在知與疑之間取得平衡」（第 181 頁）。

8 Sternberg 1990, p. 3.

9 Plutarch 1960, p. 165.

10 Paulhus et al. 2002.

11 Matson 1987a, pp. 18-21.

12 Jaspers 1962, p. 71.

13 "Worshiping Women: Ritual and Reality in Classical Athens," Onassis Cultural Center, New York, 2008. 亦參見 Murphy 1998 和 Buchmann and Spiegel 1994。Murphy 談到《聖經》中缺少「識字」女性時，追溯了一個標誌性的「有智慧女性」的出現（pp. 86-93, 101-3）。

14 Cotter 2008.

15 Csikszentmihalyi and Rathunde 1990, p. 37 引述蒙田的話；有關近年支持該觀點的神經科學證據，可參考 Sharot et al. 2007。

16 Franklin 1997, p. 1192.

17 Michaelis 2008, p. 245.

18 紐約大學 2008 年 1 月 11-13 日舉行的「神經經濟學：決策與大腦」會議。

19 這個類別的例子包括 Ariely 2008、Gladwell 2005、Lehrer 2009、Montague 2006，以及 Thaler and Sunstein 2008。基礎腦科學方面，我參考了 Carter 1998、Gazzaniga 2008、Pinker 2002，以及 Posner and Raichle 1997。

20 Vernon Smith, "Experimental Economics and Neuroeconomics," New York, January 12, 2008.

21 David Laibson, Harvard University, "Multiple Systems Hypothesis of Brain Organization," New York, January 12, 2008.

22 有關該計畫的更多資料，可參考 www.wisdomresearch.org；關於資助審核過程，資料來源為芝加哥大學認知與社會神經科學中心主任 John Cacioppo 2008 年 8 月 20 日接受電話訪問；亦見 "2008 Defining Wisdom Grant Competition: Award Announcements," press release, Arete Initiative, September 3, 2008。另參見 Cacioppo, Visser, and Pickett 2006。

23 柯斯林 2008 年 8 月 4 日接受電話訪問。

24 有關「框架」，可參考 Kahneman 2002。有關智慧與神經科學較明確的關聯，可參考 Meeks and Jeste 2009。

25 Medawar 1984, pp. 46, 53.

26 Baltes 2004, p. 5.

## 第 2 章 世上最有智慧的人

1 凱勒豐的故事，是蘇格拉底受審時講述的，參見 Plato 2003, pp. 43-44。

2 同上，第 43 頁。

Westen, Drew. 2007. *The Political Brain: The Role of Emotion in Deciding the Fate of the Nation.* New York: PublicAffairs.

Wheatley, T., and J. Haidt. 2005. "Hypnotic Disgust Makes Moral Judgments More Severe." *Psychological Science* 16:780–84.

Wiesel, Elie. 2003. *Wise Men and Their Tales: Portraits of Biblical, Talmudic, and Hasidic Masters.* New York: Schocken.

Wilde, Oscar. 1931. *The Writings of Oscar Wilde.* Vol. 5: *Social Reform.* New York: Wm. H. Wise.

Wills, Garry. 1992. *Lincoln at Gettysburg: The Words That Remade America.* New York: Simon & Schuster.

Wilson, Edward O. 1994. *Naturalist.* Washington, D.C.: Island Press/Shearwater Books.

Wright, Robert. 1994. *The Moral Animal: Why We Are the Way We Are: The New Science of Evolutionary Psychology.* New York: Pantheon.

Yang, C., P. Belawat, E. Hafen, L. Y. Jan, and Y. Jan. 2008. "Drosophila Egg-Laying Site Selection as a System to Study Simple Decision-Making Processes." *Science,* 319:1679–83.

Young, L., F. Cushman, M. Hauser, and R. Saxe. 2007. "The Neural Basis of the Interaction Between Theory of Mind and Moral Judgment." *Proceedings of the National Academy of Sciences* 104:8235–40.

Tang, A., B. C. Reeb, R. D. Romeo, and B. S. McEwen. 2003. "Modification of Social Memory, Hypothalamic-Pituitary-Adrenal Axis, and Brain Asymmetry by Neonatal Novelty Exposure." *Journal of Neuroscience* 23:8254–60.

Tangney, J. P. 2000. "Humility: Theoretical Perspectives, Empirical Findings and Directions for Future Research." *Journal of Social and Clinical Psychology* 19:70–82.

———. 2002. "Humility." In *Handbook of Positive Psychology* ed. C. R. Snyder and S. J. Lopez, pp. 411–19. Oxford: Oxford University Press.

Telushkin, Joseph. 1994. *Jewish Wisdom: Ethical, Spiritual, and Historical Lessons from the Great Works and Thinkers*. New York: William Morrow.

Templeton, John Marks. 1997. *Worldwide Laws of Life*. Philadelphia: Templeton Foundation Press.

Thaler, Richard H., and Cass R. Sunstein. 2008. *Nudge: Improving Decisions About Health, Wealth, and Happiness*. New Haven, Conn.: Yale University Press.

Thorn, John, and Pete Palmer, eds. 1989. *Total Baseball*. New York: Warner.

Tuchman, B. W. 1979. "An Inquiry into the Persistence of Unwisdom in Government." *Parameters: Journal of the U.S. Army War College* 10 (1):2–9.

Urry, H. L., J. B. Nitschke, I. Dolski, D. C. Jackson, K. M. Dalton, C. J. Mueller, M. A. Rosenkranz, C. D. Ryff, B. H. Singer, and R. J. Davidson. 2004. "Making a Life Worth Living: Neural Correlates of Well-being." *Psychological Science* 15:367–72.

Urry, H. L., C. M. van Reekum, T. Johnstone, N. H. Kalin, M. E. Thurow, H. S. Schaefer, C. A. Jackson, C. J. Frye, L. L. Greischar, A. L. Alexander, and R. J. Davidson. 2006. "Amygdala and Ventromedial Prefrontal Cortex Are Inversely Coupled During Regulation of Negative Affect and Predict the Diurnal Pattern of Cortisol Secretion Among Older Adults." *Journal of Neuroscience* 26:4415–25.

Vaillant, George E. 1977. *Adaptation to Life*. Boston: Little, Brown.

———. 1993. *The Wisdom of the Ego*. Cambridge, Mass.: Harvard University Press.

———. 2003. *Aging Well: Surprising Guideposts to a Happier Life from the Landmark Harvard Study of Adult Development*. New York: Little, Brown.

Vaillant, George E., J. Templeton, M. Ardelt, and S. E. Meyer. 2008. "The Natural History of Male Mental Health: Health and Religious Involvement." *Social Science & Medicine* 66:221–31.

Van Doren, Carl. 1938. *Benjamin Franklin*. New York: Viking.

Vignemont, F. de, and T. Singer. 2006. "The Empathic Brain: How, When and Why?" *Trends in Cognitive Sciences* 10:435–41.

Wallis, Glenn. 2007. *Basic Teachings of the Buddha: A New Translation and Compilation, with a Guide to Reading the Texts*. New York: Modern Library/Vintage.

Watson, T. L., and F. Blanchard-Fields. 1998. "Thinking with Your Head *and* Your Heart: Age Differences in Everyday Problem-Solving Strategy Preferences." *Aging, Neuropsychology, and Cognition* 5:225–40.

Weaver, I. C. G., N. Cervoni, F. A. Champagne, A. C. D'Alessio, S. Sharma, J. R. Seckl, S. Dymov, M. Szyf, and M. J. Meaney. 2004. "Epigenetic Programming by Maternal Behavior." *Nature Neuroscience* 7:847–54.

Smith, Adam. 1976. *The Theory of Moral Sentiments*. Ed. D. D. Raphael and A. L. Macfie. Oxford: Clarendon Press.
Smith, Jacqui. 2007. "The Allure of Wisdom." *Human Development* 50: 367–70.
Sokol-Hessner, P., M. Hsu, N. G. Curley, M. R. Delgado, C. F. Camerer, and E. A. Phelps. 2009. "Thinking Like a Trader Selectively Reduces Individuals' Loss Aversion." *Proceedings of the National Academy of Sciences* 106:5035–40.
Soon, C. S., M. Brass, H.-J. Heinze, and J.-D. Haynes. 2008. "Unconscious Determinants of Free Decisions in the Human Brain." *Nature Neuroscience* 11:543–45.
Spiers, H. J. and E. A. Maguire. 2008. "The Dynamic Nature of Cognition During Wayfinding." *Journal of Environmental Psychology* 28:232–49.
Staudinger, U. M. 1999. "Older and Wiser? Integrating Results on the Relationship Between Age and Wisdom-Related Performance." *International Journal of Behavioral Development* 23:641–64.
Staudinger, U. M., and P. B. Baltes. 1996. "Interactive Minds: A Facilitative Setting for Wisdom-Related Performance?" *Journal of Personality and Social Psychology* 71:746–62.
Staudinger, U. M., J. Domer, and C. Mickler. 2005. "Wisdom and Personality." In Sternberg and Jordan 2005, pp. 191–219.
Sternberg, R. J. 1985. "Implicit Theories of Intelligence, Creativity, and Wisdom." *Journal of Personality and Social Psychology* 49:607–27.
Sternberg, Robert J., ed. 1990. *Wisdom: Its Nature, Origins, and Development*. New York: Cambridge University Press.
Sternberg, Robert J., and Todd I. Lubart. 2001. "Wisdom and Creativity." In Schaie and Birren 2001, pp. 500–522.
Sternberg, Robert J., and Jennifer Jordan, eds. 2005. *A Handbook of Wisdom: Psychological Perspectives*. New York: Cambridge University Press.
Sternberg, R. J., A. Reznitskaya, and L. Jarvin. 2007. "Teaching for Wisdom: What Matters Is Not Just What Students Know, But How They Use It." *London Review of Education* 5:143–58.
Stevens, J. R., E. V. Hallinan, and M. D. Hauser. 2005. "The Ecology and Evolution of Patience in Two New World Monkeys." *Biology Letters* 1 (2):223–26.
Stix, G. 2008. "Of Survival and Science." *Scientific American*, October 6.
Stone, I. F. 1988. *The Trial of Socrates*. New York: Little, Brown.
Strathern, Paul. 1999. *Confucius in 90 Minutes*. Chicago: Ivan R. Dee.
Strong, John S. 2001. *The Buddha: A Short Biography*. Oxford: Oneworld.
———. 2002. *The Experience of Buddhism: Sources and Interpretations*. 2nd ed. Belmont, Calif.: Wadsworth/Thomson Learning.
Sulzberger, A. G., and S. Chan. 2009. "Despite Outcry, Gandhi's Meager Belongings Sell for $1.8 Million." *New York Times*, March 6, p. A1.
Surowiecki, James. 2004. *The Wisdom of Crowds*. New York: Doubleday.
Talmi, D., and C. Frith. 2007. "Feeling Right About Doing Right." *Nature* 446:865–66.

Samanez-Larkin, G. R., N. G. Hollon, L. L. Carstensen, and B. Knutson. 2008. "Individual Differences in Insular Sensitivity During Loss Anticipation Predict Avoidance Learning." *Psychological Science* 19 (4):320–23.

Sample, Susan. 2007. "A Nobel Effort." *Continuum: The Magazine of the University of Utah* 17(3); http://www.contiuum.utah.edu/2007winter/feature_3.html. (This is an updated version of a story that originally ran in the Winter 1997 issue of the *University of Utah Health Sciences Report.*)

Sanfey, A. G., and L. J. Chang. 2008. "Mutiple Systems in Decision Making." *Annals of the New York Academy of Sciences* 1128:53–62.

Sanfey, A. G., J. K. Rilling, J. A. Aronson, L. E. Nystrom, and J. D. Cohen. 2003. "The Neural Basis of Economic Decision-Making in the Ultimatum Game." *Science* 300:1755–58.

Schaie, K. Warner and James E. Birren, eds. 2001. *Handbook of the Psychology of Aging*. 5th ed. San Diego: Academic Press.

Schiller, D., I. Levy, Y. Niv, J. E. LeDoux, and E. A. Phelps. 2008. "From Fear to Safety and Back: Reversal of Fear in the Human Brain." *Journal of Neuroscience,* 28:11,517–25.

Schnall, S., J. Haidt, G. L. Clore, and A. H. Jordan. 2008. "Disgust as Embodied Moral Judgment." *Personality and Social Psychology Bulletin* 34:1096–1109.

Seneca. 1962. *Ad Lucilium epistulae morales.* Trans. Richard M. Gummere. Cambridge, Mass.: Harvard University Press.

Seymour, B., T. Singer, and R. Dolan. 2007. "The Neurobiology of Punishment." *Nature Reviews Neuroscience* 8:300–311.

Shafir, S., T. Reich, E. Tsur, I. Erev, and A. Lotem. 2008. "Perpetual Accuracy and Conflicting Effects of Certainty on Risk-Taking Behaviour." *Nature* 453:917–20.

Sharot, T., A. M. Riccardi, C. M. Raio, and E. A. Phelps. 2007. "Neural Mechanisms Mediating Optimism Bias." *Nature* 450:102–5.

Shenk, Joshua Wolf. 2005. *Lincoln's Melancholy: How Depression Changed a President and Fueled His Greatness.* Boston: Houghton Mifflin.

———. 2009. "What Makes Us Happy?" *The Atlantic,* June, pp. 36–53

Singer, T. 2006. "The Neuronal Basis and Ontogeny of Empathy and Mind Reading: Review of Literature and Implications for Future research." *Neuroscience and Biobehavioral Reviews,* 30:855–63.

Singer, T., B. Seymour, J. P. O'Doherty, H. Kaube, R. J. Dolan, and C. D. Frith. 2004. "Empathy for Pain Involves the Affective but Not Sensory Components of Pain." *Science* 303:1157–62.

Singer, T., B. Seymour, J. P. O'Doherty, K. E. Stephan, R. J. Dolan, and C. D. Frith. 2006. "Empathic Neural Responses Are Modulated by the Perceived Fairness of Others." *Nature* 439:466–69.

Slagter, H. A., A. Lutz, L. L. Greischar, A. D. Francis, S. Nieuwenhuis, J. M. Davis, and R. J. Davidson. 2007. "Mental Training Affects Distribution of Limited Brain Resources." *PloS Biology* 5:1228–35.

Plutarch. 1960. *The Rise and Fall of Athens: Nine Greek Lives*. Trans. Ian Scott-Kilvert. New York: Penguin.
Pojman, Louis P., ed. 1998. *Classics of Philosophy*. New York: Oxford University Press.
Pomeroy, Sarah B., Stanley M. Burstein, Walter Donlan, and Jennifer Tolbert Roberts. 1999. *Ancient Greece: A Political, Social, and Cultural History*. New York: Oxford University Press.
Posner, Michael I., and Marcus E. Raichle. 1997. *Images of Mind*. New York: Scientific American Library.
Poundstone, William. 1992. *Prisoner's Dilemma*. New York: Doubleday.
Quervain, D. J.-F. de, U. Fischbacher, V. Treyer, M. Schellhammer, U. Schnyder, A. Buck, and E. Fehr. 2004. The Neural Basis of Altruistic Punishment. *Science*, 305:1254-58.
Rachlin, Howard, and David I. Laibson, eds. 1997. *The Matching Law: Papers in Psychology and Economics by Richard J. Herrnstein*. Cambridge, Mass.: Harvard University Press.
Raskin, R. N., and C. S. Hall. 1979. "A Narcissism Personality Inventory." *Psychological Reports* 45:590.
Redish, A. D. 2004. "Addiction as a Computational Process Gone Awry." *Science* 306:1944–47.
Revel, Jean-François, and Matthieu Ricard. 1999. *The Monk and the Philosopher: A Father and Son Discuss the Meaning of Life*. Trans. John Canti. New York: Schocken.
Ricard, Mathieu. 2006. *Happiness: A Guide to Developing Life's Most Important Skill*. Boston: Little, Brown.
Rice, Eugene F., Jr. 1958. *The Renaissance Idea of Wisdom*. Westport, Conn.: Greenwood Press.
Richerson, Peter J., and Robert Boyd. 2005. *Not By Genes Alone: How Culture Transformed Human Evolution*. Chicago: University of Chicago Press.
Ridley, Matt. 1996. *The Origins of Virtue: Human Instincts and The Evolution of Cooperation*. New York: Viking.
Rilling, J. K., D. A. Gutman, T. R. Zeh, G. Pagnoni, G. S. Berns, and C. D. Kilts. 2002. "A Neural Basis for Social Cooperation." *Neuron* 35:395–405.
Robinson, D. N. 1990. "Wisdom Through the Ages." In Sternberg 1990, pp. 13–24.
Rochat, M. J., E. Serra, L. Fadiga, and V. Gallese. 2008. "The Evolution of Social Cognition: Goal Familiarity Shapes Monkeys' Action Understanding." *Current Biology* 18:1–6.
Rooney, Dan (as told to Andrew E. Masich and David F. Halaas). 2007. *Dan Rooney: My 75 Years with the Pittsburgh Steelers and the NFL*. New York: Da Capo.
Rosati, A. G., J. R. Stevens, B. Hare, and M. D. Hauser. 2007. "The Evolutionary Origins of Human Patience: Temporal Preferences in Chimpanzees, Bonobos, and Human Adults." *Current Biology* 17:1663–68.
Rosen, C. 2008. "The Myth of Multitasking." *The New Atlantis* 20:105–10.
Rosenbloom, S. 2008. "Generation Me vs. You Revisited." *New York Times*, January 17, p. G1.
Rowatt, W. C., C. Powers, V. Targhetta, J. Comer, S. Kennedy, and J. Labouf. 2006. "Development and Initial Validation of an Implicit Measure of Humility Relative to Arrogance." *Journal of Positive Psychology* 1 (4):198–211.
Rozin, P., J. Haidt, and K. Fincher. 2009. "From Oral to Moral." *Science* 323:1179–80.

Murphy, Cullen. 1998. *The World According to Eve: Women and the Bible in Ancient Times and Our Own*. Boston: Houghton Mifflin.
*New Oxford Annotated Bible (Augmented Third Edition)*. 2007. Ed. Michael D. Coogan. New York: Oxford University Press.
Nielsen, L., B. Knutson, and L. L. Carstensen. 2008. "Affect Dynamics, Affective Forecasting, and Aging." *Emotion* 8 (3):318–30.
Nocera, Joe. 2008. *Good Guys and Bad Guys: Behind the Scenes with the Saints and Scoundrels of American Business (and Everything in Between)*. New York: Portfolio/Penguin.
Norenzayan, A., and A. F. Shariff. 2008. "The Origin and Evolution of Religious Prosociality." *Science* 322:58–62.
Nowak, M. A. 2006. "Five Rules for the Evolution of Cooperation." *Science* 314:1560–63.
Nozick, Robert. 1989. *The Examined Life: Philosophical Meditations*. New York: Simon & Schuster.
Nuland, Sherwin B. 1994. *How We Die: Reflections on Life's Final Chapter*. New York: Knopf.
Ochsner, K. N., and J. J. Gross. 2008. "Cognitive Emotion Regulation: Insights From Social Cognitive and Affective Neuroscience." *Current Directions in Psychological Science* 17:153–58.
Parker, K. J., C. L. Buckmaster, K. R. Justus, A. F. Schatzberg, and D. M. Lyons. 2005. "Mild Early Life Stress Enhances Prefrontal-Dependent Response Inhibition in Monkeys." *Biological Psychiatry* 57: 848–55.
Parker, K. J., C. Buckmaster, A. F. Schatzberg, and D. M. Lyons. 2004. "Prospective Investigation of Stress Inoculation in Young Monkeys." *Archives of General Psychiatry* 61:933–41.
Parker, K. J., C. L. Buckmaster, K. Sundlass, A. F. Schatzberg, and D. M. Lyons. 2006. "Maternal Mediation, Stress Inoculation, and the Development of Neuroendocrine Stress Resistance in Primates. *Proceedings of the National Academy of Sciences* 103:3000–3005.
Pasupathi, M., U. M. Staudinger, and P. B. Baltes. 2001. "Seeds of Wisdom: Adolescents' Knowledge and Judgment About Difficult Life Problems." *Developmental Psychology* 37:351–61.
Paulhus, D. L., P. Wehr, P. D. Harms, and D. I. Strasser. 2002. "Use of Exemplar Surveys to Reveal Implicit Types of Intelligence." *Personality and Social Psychology Bulletin* 28 (7):1051–62.
Pausch, Randy, with Jeffrey Zaslow. 2008. *The Last Lecture*. New York: Hyperion.
Pfaff, Donald W. 2007. *The Neuroscience of Fair Play: Why We (Usually) Follow the Golden Rule*. New York: Dana Press.
Pinker, Steven. 2002. *The Blank Slate: The Modern Denial of Human Nature*. New York: Viking.
———. 2008. "The Moral Instinct." *New York Times Magazine*, January 13.
Plato. 2000. *Symposium and Phaedrus*. Trans. Tom Griffith. New York: Everyman's Library/Knopf.
———. 2003. *The Last Days of Socrates: Eythyphro, Apology, Crito, Phaedo*. Trans. Hugh Tredennick and Harold Tarrant. New York: Penguin.

———. 1987b. *A New History of Philosophy*. Vol. II: *Modern*. San Diego: Harcourt Brace Jovanovich.
———. 2006. *Uncorrected Papers: Diverse Philosophical Dissents*. Amherst, NY: Humanity Books.
McClure, S. M., K. M. Ericson, D. I. Laibson, G. Loewenstein, and J. D. Cohen. 2007. "Time Discounting for Primary Rewards." *Journal of Neuroscience* 27 (21):5796–804.
McClure, S. M., D. I. Laibson, G. Loewenstein, and J. Cohen. 2004. "Separate Neural Systems Value Immediate and Delayed Monetary Rewards." *Science* 306:503–7.
McEwen, Bruce S. 2006. "Protective and Damaging Effects of Stress Mediators: Central Role of the Brain." *Dialogues in Clinical Neuroscience* 8:367–81.
McGregor, J. 2007. "The Business Brain in Close-up." *BusinessWeek*, July 23.
McRae, K., K. N. Ochsner, I. B. Mauss, J. J. D. Gabrieli, and J. J. Gross. 2008. "Gender Differences in Emotion Regulation: An fMRI Study of Cognitive Reappraisal." *Group Processes & Intergroup Relations* 11 (2):143–62.
Meacham, J. A. 1990. "The Loss of Wisdom." In Sternberg 1990, pp. 181–211.
Medawar, Peter. 1984. *Pluto's Republic: Incorporating "The Art of the Soluble" and "Induction and Intuition in Scientific Thought."* New York: Oxford University Press.
Meeks, T. W., and D. V. Jeste. 2009. "Neurobiology of Wisdom." *Archives of General Psychiatry* 66 (4):355–65.
Mencius. 1970. *Mencius*. Trans. D. C. Lau. New York: Penguin.
Michaelis, David. 2007. *Schulz and Peanuts: A Biography*. New York: Harper.
Milinski, M., and B. Rockenbach. 2008. "Punisher Pays." *Nature* 452:297–98.
Miller, E. K., and J. D. Cohen. 2001. "An Integrative Theory of Prefrontal Cortex Function." *Annual Review of Neuroscience* 24:167–202.
Miller, G. 2008a. "The Roots of Morality." *Science* 320:734–27.
———. 2008b. "Growing Pains for fMRI." *Science* 320:1412–14.
Moll, J., and R. de Oliveira-Souza. 2007. "Response to Greene: Moral Sentiments and Reason: Friends or Foes?" *Trends in Cognitive Sciences*, 11 (8): 323–24.
Moll, J., R. de Oliveira-Souza, G.J. Garrido, I.E. Bramati, E. M. A. Caprelli-Daquer, M. L. M. F. Pravia, R. Zahn, and J. Graffman. 2007. "The Self as a Moral Agent: Linking the Neural Bases of Social Agency and Moral Sensitivity." *Social Neuroscience*, 2 (3):336–52.
Moll, J., R. Zahn, R. de Oliveira-Souza, F. Krueger, and J. Grafman. 2005. "The Neural Basis of Human Moral Cognition." *Nature Reviews Neuroscience* 6:799–809.
Montague, P. R. 2008. "Free Will." *Current Biology* 18 (4):R584–85.
Montague, P. R., P. Dayan, C. Person, and T. J. Sejnowski. 2002. "Bee Foraging in Uncertain Environments Using Predictive Hebbian Learning." *Nature* 377:725–28.
Montague, P. R., S. E. Hyman, and J. D. Cohen. 2004. "Computational Roles for Dopamine in Behavioural Control." *Nature* 431:760–67.
Montague, Read. 2006. *Why Choose This Book? How We Make Decisions*. New York: Dutton.
Montaigne, Michel de. 2003. *The Complete Works*. Trans. Donald Frame. New York: Everyman's Library/Knopf.
Morante, Elsa. 1977. *History: A Novel*. Trans. William Weaver. New York: Knopf.

Lamy, M. 2007. "For Juice or Money: The Neural Response to Intertemporal Choice of Primary and Secondary Rewards." *Journal of Neuroscience* 27 (45):12121–22.

Lao-Tzu. 1994. *Tao Te Ching*. Trans. D. C. Lau. New York: Everyman's Library/Knopf.

Lasch, Christopher. 1979. *The Culture of Narcissism: American Life in an Age of Diminishing Expectations*. New York: Norton.

Lattman, P., and J. Strasburg. 2008. "Bear's Fall Sparks Soul Searching." *Wall Street Journal*, March 18, p. C1.

Lawton, C. 2007. "Understanding What You Know: How Business Intelligence Has Come of Age. *Wall Street Journal*, October 23, p. B2.

LeDoux, Joseph. 1996. *The Emotional Brain: The Mysterious Underpinnings of Emotional Life*. New York: Simon & Schuster.

Lehrer, Jonah. 2008. "A New State of Mind." *Seed*, July/August, pp. 64–72.

———. 2009. *How We Decide*. Boston: Houghton Mifflin Harcourt.

Lehrer, Keith, B. Jeannie Lum, Beverly A. Slichta, and Nicholas D. Smith, eds. 1996. *Knowledge, Teaching and Wisdom*. Dordrecht: Kluwer Academic.

Lincoln, Abraham. 1989. *Speeches and Writings, 1859–1865: Speeches, Letters, and Miscellaneous Writings. Presidential Messages and Proclamations*. New York: Library of America.

Lomranz, J., ed. 1998. *Handbook of Aging and Mental Health: An Integrative Approach*. New York: Plenum.

Lutz, A., J. Brefczynski-Lewis, T. Johnstone, and R. J. Davidson. 2008. "Regulation of the Neural Circuitry of Emotion by Compassion Meditation: Effects of Meditative Expertise." *PloS One*, 3:e1897.

Lutz, A., L. L. Greischar, N. B. Rawlings, M. Ricard, and R. J. Davidson. 2004. "Long-Term Meditators Self-Induce High-Amplitude Gamma Synchrony During Mental Practice." *Proceedings of the National Academy of Sciences* 101:16,369–73.

Lyons, D. M., H. Afarian, A.-F. Schatzberg, A. Sawyer-Glover, and M. M. Moseley. 2002. "Experience-Dependent Asymmetric Variation in Primate Prefrontal Morphology." *Behavioral Brain Research* 136:51–59.

Mahncke, H. W., B. B. Connor, J. Appelman, O. N. Ahsanuddin, J. L. Hardy, R. A. Wood, N. M. Joyce, T. Boniske, S. M. Atkins, and M. M. Merzenich. 2006. "Memory Enhancement in Older Healthy Adults Using a Brain Plasticity-Based Training Program: A Randomized, Controlled Study." *Proceedings of the National Academy of Sciences* 103: 12,523–28.

Marcus Aurelius, 1992. *Meditations*. Trans. A. S. L. Farquharson. New York: Everyman's Library/Knopf.

Maremont, M. 2007. "Scholars Link Success of Firms to Lives of CEOs." *Wall Street Journal*, September 5, p. A1.

Mather, M., T. Canli, T. English, S. Whitfield, P. Wais, K. Ochsner, J. D. E. Gabrieli, and L. L. Carstensen. 2004. "Amygdala Responses to Emotionally Valenced Stimuli in Older and Younger Adults." *Psychological Science* 15:259–63.

Matson, Wallace I. 1987a. *A New History of Philosophy*. Vol. I: *Ancient & Medieval*. San Diego: Harcourt Brace Jovanovich.

Isocrates. 1928. *Isocrates, Vol. 1.* Trans. George Norlin. Cambridge, Mass.: Loeb Classical Library/Harvard University Press.

Iyengar, S. S., and M. R. Lepper. 2000. "When Choice Is Demotivating: Can One Desire Too Much of a Good Thing?" *Journal of Personality and Social Psychology* 79:995–1006.

James, William. 1884. "What Is an Emotion?" *Mind* 9:188–205.

———. 1981. *The Principles of Psychology*. Vols. I and II. Cambridge, Mass.: Harvard University Press.

Jaspers, Karl. 1962. *Socrates, Buddha, Confucius, Jesus: The Paradigmatic Individuals*. Trans. Ralph Manheim. San Diego: Harcourt Brace.

———. 2003. *Way to Wisdom: An Introduction to Philosophy*. 2nd ed. Trans. Ralph Manheim. New Haven, Conn.: Yale University Press/Nota Bene.

*The Jewish Study Bible*. 2004. Ed. Adele Berlin and Marc Zvi Brettler. New York: Oxford University Press.

Jones, R. 2007. "Learning to Pay Attention." *PloS Biology* 5:1188–89.

Joyce, James. 1976. *The Portable James Joyce*. Ed. Harry Levin. New York: Penguin.

Judson, O. 2008. "Feel the Eyes Upon You." *New York Times*, August 3.

Kabat-Zinn, Jon. 1990. *Full Catastrophe Living: Using the Wisdom of Your Body and Mind to Face Stress, Pain, and Illness*. New York: Delta.

Kable, J. W., and P. W. Glimcher. 2007. "The Neural Correlates of Subjective Value During Intertemporal Choice." *Nature Neuroscience* 10:1625–33.

Kahneman, Daniel. 2002. "Maps of Bounded Rationality: A Perspective on Intuitive Judgment and Choice." Nobel Prize lecture. Available at http://nobelprize.org.

Kant, Immanuel. 1996. *The Metaphysics of Morals*. New York: Cambridge University Press.

———. 1999. *Critique of Pure Reason*. Indianapolis: Hackett.

Kasparov, Garry. 2007. *How Life Imitates Chess: Making the Right Moves—from the Board to the Boardroom*. New York: Bloomsbury.

Kass, Leon R. 1997. "The Wisdom of Repugnance." *The New Republic*, June 2, pp. 17–26.

———. 1999. *The Hungry Soul: Eating and the Perfection of Our Nature*. Chicago: University of Chicago Press.

Kaufman, D., M. Banerji, I. Shorman, E. L. P. Smith, J. D. Coplan, L. A. Rosenblum, and J. G. Kral. 2007. "Early-Life Stress and the Development of Obesity and Insulin Resistance in Juvenile Bonnet Macaques." *Diabetes*, 56:1–5.

Kekes, J. 1983. "Wisdom." *American Philosophical Quarterly* 20:277–86.

Knoch, D., A. Pascual-Leone, K. Meyer, V. Treyer, and E. Fehr. 2006. "Diminishing Reciprocal Fairness by Disrupting the Right Prefrontal Cortex." *Science* 314:829–32.

Koenigs, M., L. Young, R. Adolphs, D. Tranel, F. Cushman, M. Hauser, and A. Damasio. 2007. "Damage to the Prefrontal Cortex Increases Utilitarian Moral Judgements." *Nature* 446:908–11.

Laibson, D. I. 1997. "Golden Eggs and Hyperbolic Discounting." *Quantitative Journal of Economics* 112:443–77.

Lakoff, George. 2008. *The Political Mind: Why You Can't Understand 21st-Century American Politics with an 18th-Century Brain*. New York: Viking.

———. 2001. *Sound and Shadow: September, 2001.* Brooklyn, N.Y.: Privately printed; see www.stephenshall.com.

———. 2003. "Is Buddhism Good for Your Health?" *New York Times Magazine*, Sept. 14.

———. 2007. "The Older-and-Wiser Hypothesis." *New York Times Magazine*, May 6.

Hauser, Marc D. 2006. *Moral Minds: The Nature of Right and Wrong.* New York: HarperCollins.

Hauser, Marc D., F. Cushman, L. Young, R. Kang-Xing Jin, and J. Mikhail. 2007. "A Dissociation Between Moral Judgments and Justifications." *Mind & Language* 22:1–21.

Hawkes, K. 2004. "The Grandmother Effect." *Nature* 428:128–29.

Haynes, J.-D., and G. Rees 2006. "Decoding Mental States from Brain Activity in Humans." *Nature Reviews Neuroscience* 7:523–34.

Haynes, J.-D., K. Sakai, G. Rees, S. Gilbert, C. Frith, and R. E. Passingham. 2007. "Reading Hidden Intentions in the Human Brain." *Current Biology* 17:323–28.

Hedden, T., and J. D. E. Gabrieli. 2004. "Insights into the Ageing Mind: A View from Cognitive Neuroscience." *Nature Reviews Neuroscience* 5:87–97.

———. 2006. "The Ebb and Flow of Attention in the Human Brain." *Nature Neuroscience* 9:863–65.

Henrich, J. 2006. "Cooperation, Punishment, and the Evolution of Human Institutions." *Science* 312:60–61.

Heraclitus. 2001. Fragments: *The Collected Wisdom of Heraclitus.* Trans. Brooks Haxton. New York: Viking.

Herrmann, B., C. Thoni, and S. Gachter. 2008. "Antisocial Punishment Across Societies." *Science* 319:1362–67.

Hesiod. 1959. *The Works and Days, Theogony, and The Shield of Herakles.* Trans. Richmond Lattimore. Ann Arbor: University of Michigan Press.

Homer. 1963. *The Odyssey.* Trans. Robert Fitzgerald. Garden City, N.Y.: Anchor/Doubleday.

Horace. *The Satires and Epistles of Horace.* 1959. Trans. Smith Palmer Bovie. Chicago: University of Chicago Press.

Horgan, J. 2006. "The Templeton Foundation: A Skeptic's Take." *Chronicle of Higher Education*, April 7.

Hsu, M., C. Anen, and S. R. Quartz. 2008. "The Right and the Good: Distributive Justice and Neural Encoding of Equity and Efficiency." *Science* 320:1092–95.

Hume, David A. 1978. *A Treatise of Human Nature.* 2nd ed. Ed. L. A. Selby-Bigge. Oxford: Oxford University Press.

Hutcherson, C. A., E. M. Seppala, and J. J. Gross. 2008. "Loving-Kindness Meditation Increases Social Connectedness." *Emotion* 8:720–24.

Iacoboni, Marco. 2008. *Mirroring People: The New Science of How We Connect with Others.* New York: Farrar, Straus and Giroux.

Immordino-Yang, M. H., A. McColl, H. Damasio, and A. Damasio. 2009. "Neural Correlates of Admiration and Compassion." *Proceedings of the National Academy of Sciences* 106:8021–26.

Isaacson, Walter. 2003. *Benjamin Franklin: An American Life.* New York: Simon & Schuster.

Goldin, P. R., K. McRae, W. Ramel, and J. J. Gross. 2008. "The Neural Bases of Emotion Regulation: Reappraisal and Suppression of Negative Emotion." *Biological Psychiatry* 63:577–86.

Goleman, Daniel. 1988. "Erikson, in His Own Old Age, Expands His View of Life." *New York Times*, June 14.

———. 1995. *Emotional Intelligence: Why It Can Matter More Than IQ*. New York: Bantam.

Greenberg, H. 2007. "How Values Embraced by a Company May Enhance That Company's Value." *Wall Street Journal*, Oct. 27–28, p. B3.

Greene, Joshua D. 2003. "From Neural 'Is' to Moral 'Ought': What Are the Moral Implications of Neuroscientific Moral Psychology?" *Nature Reviews/Neuroscience* 4:847–50.

———. 2009. "The Secret Joke of Kant's Soul." In *Moral Psychology*, Vol. 3: *The Neuroscience of Morality: Emotion, Disease, and Development*, ed. W. Sinnott-Armstrong, pp. 35–80, Cambridge, Mass.: MIT Press.

Greene, Joshua D., L. E. Nystrom, A. D. Engell, J. M. Darley, and J. D. Cohen. 2004. "The Neural Bases of Cognitive Conflict and Control in Moral Judgment." *Neuron* 44:389–400.

Greene, Joshua D., R. B. Sommerville, L. E. Nystrom, J. M. Darley, and J. D. Cohen. 2001. "An fMRI Investigation of Emotional Engagement in Moral Judgment." *Science* 293:2105-8.

Grenberg, Jeanine. 2005. *Kant and the Ethics of Humility: A Story of Dependence, Corruption, and Virtue*. Cambridge, U.K.: Cambridge University Press.

Gribetz, Jessica. 1997. *Wise Words: Jewish Thoughts and Stories Through the Ages*. New York: Quill.

Gross, James J. 2008. "Emotion Regulation." In *Handbook of Emotions*, 3rd ed., ed. Michael Lewis, Jeannette M. Haviland-Jones, and Lisa Feldman Barrett, pp. 497-512. New York: Guilford Press.

Gumbel, A. 2007. "Italian Street Urchin Who Led a Global Revolution in Medicine." *The Independent*, October 9.

Gürerk, O., B. Irlenbusch, and B. Rockenbach. 2006. "The Competitive Advantage of Sanctioning Institutions." *Science* 312:108–11.

Gwynne, P. 2008. "Leadership, Stability, and Social Responsibility." *Science* 322:283–90.

Haidt, Jonathan. 2001. The Emotional Dog and Its Rational Tail: A Social Intuitionist Approach to Moral Judgment." *Psychological Review* 108:814–34.

———. 2006. *The Happiness Hypothesis: Finding Modern Truth in Ancient Wisdom*. New York: Basic Books.

———. 2007. "The New Synthesis in Moral Psychology." *Science* 316:998–1002.

Haidt, Jonathan, J. P. Seder, and S. Kesebir. 2008. "Hive Psychology, Happiness, and Public Policy." *Journal of Legal Studies*, 37: pp. 113S–156S.

Hall, Stephen S. 1987. *Invisible Frontiers: The Race to Synthesize a Human Gene*. New York: Atlantic Monthly Press.

———. 1999a. "Fear Itself." *New York Times Magazine*, Feb. 28.

———. 1999b. "Journey to the Center of My Mind." *New York Times Magazine*, June 6.

Furuya, S., and H. Kinoshita. 2008. "Expertise-Dependent Modulation of Muscular and Nonmuscular Torques in Multi-joint Arm Movements During Piano Keystroke." *Neuroscience*, 156 (2):390–402.

Galdi, S., L. Arcuri, and B. Gawronski. 2008. "Automatic Mental Associations Predict Future Choices of Undecided Decision-Makers." *Science* 321:1100–2.

Gallese, V. 2008. "Mirror Neurons and the Social Nature of Language: The Neural Exploitation Hypothesis." *Social Neuroscience* 3:317–33.

———. 2009. "The Two Sides of Mimesis: Girard's Mimetic Theory, Embodied Simulation and Social Identification." *Journal of Consciousness Studies* 16 (3):21–44.

Gallese, V., M. Rochat, G. Cossu, and C. Sinigaglia. 2009. "Motor Cognition and Its Role in the Phylogeny and Ontogeny of Intentional Understanding." *Developmental Psychology* 45:103–13.

Gandhi, Mahatma. 1960. *Gandhi's Autobiography: The Story of My Experiments with Truth.* Trans. Mahadev Desai. Washington, D.C.: Public Affairs Press.

———. 1986. *The Moral and Political Writings of Mahatma Gandhi.* Vol. II: *Truth and Non-Violence.* Ed. Raghavan Iyer. Oxford: Clarendon Press.

Gazzaniga, Michael S. 2005. *The Ethical Brain.* New York: Dana Press.

———. 2008. *Human: The Science Behind What Makes Us Unique.* New York: Ecco.

Gewirtz, P. 1996. "On 'I Know It When I See It'." *Yale Law Journal* 105:1023–47.

Gibbon, Edward. 1932. *The Decline and Fall of the Roman Empire.* New York: Modern Library/Random House.

Gilbert, Daniel. 2005. *Stumbling on Happiness.* New York: Knopf.

Ginsberg, H. L. 1967. "Job the Patient and Job the Impatient." *Conservative Judaism* 21:12–28; reprinted in *Vetus Testamentum Supplements* 17 (1969):88–111.

Gintis, Herbert. 2000. "Strong Reciprocity and human sociality." *Journal of Theoretical Biology* 206:169–79.

———. 2008. "Punishment and Cooperation." *Science* 319:1345–46.

Gladwell, Malcom. 2005. *Blink: The Power of Thinking Without Thinking.* New York: Little, Brown.

Glimcher, P. W., J. Kable, and K. Louie. 2007. "Neuroeconomic Studies of Impulsivity: Now or Just as Soon as Possible?" *American Economic Association Papers and Proceedings*, May, pp. 142–47.

Glimcher, Paul W. 2009. "Neuroeconomics and the Study of Valuation." in *The Cognitive Neurosciences*, 4th ed., Michael S. Gazzaniga, pp. 1085–92. Cambridge, Mass.: MIT Press.

Glimcher, Paul W., Colin F. Camerer, Ernst Fehr, and Russell A. Poldrack, eds. 2008. *Neuroeconomics: Decision Making and the Brain.* Boston: Academic Press.

Goldberg, Elkhonon. 2001. *The Executive Brain: Frontal Lobes and the Civilized Mind.* New York: Oxford University Press.

———. 2005. *The Wisdom Paradox: How Your Mind Can Grow Stronger as Your Brain Grows Older.* New York: Gotham.

———. 1999. *Strong Feelings: Emotion, Addiction, and Human Behavior*. Cambridge, Mass.: MIT Press.
Emerson, Ralph Waldo. 1979. *The Essays of Ralph Waldo Emerson*. Cambridge, Mass.: Belknap Press/Havard University Press.
Epictetus. 1998. *Encheiridion*. Trans. Wallace I. Matson, in *Classics of Philosophy*, ed. Louis P. Pojman. New York: Oxford University Press.
Erikson, Erik H. 1950. *Childhood and Society*. New York: Norton.
———. 1959. *Identity and the Life Cycle: Selected Papers*. New York: International Universities Press.
———. 1968. *Identity: Youth and Crisis*. New York: Norton.
———. 1969. *Gandhi's Truth: On the Origins of Militant Nonviolence*. New York: Norton.
*Etz Hayim: Torah and Commentary*. 2001 Ed. David L. Lieber. New York: The Rabbinical Assembly.
Exline, J. J. 2008. "Taming the Wild Ego: The Challenge of Humility." In *Quieting the Ego: Psychological Benefits of Transcending Egotism*, ed. J. Bauer and H. Wayment, pp. 53–62. Washington, D.C.: American Psychological Association.
Exline, J. J., W. K. Campbell, R. F. Baumeister, T. Joiner, J. Krueger, and L. V. Kachorek. 2004. "Humility and Modesty." In *The Values in Action (VIA) Classification of Strengths*, ed. C. Peterson and M. Seligman, pp. 461–75. Cincinnati: Values in Action Institute.
Exline, J. J. and A. L. Geyer. 2004. "Perceptions of Humility: A Preliminary Study." *Self and Identity* 3:95–114.
Falkow, S. 2008. "I Never Met a Microbe I Didn't Like." *Nature Medicine* 14 (10):xxvii–xxxi.
Fehr, E. 2004. "The Productivity of Failures." *Nature* 428:701.
———. 2008. "Social Preferences and the Brain." In Glimcher et al. 2008, pp. 215-32.
Fehr, E., and U. Fischbacher. 2003. "The Nature of Human Altruism." *Nature* 425:785–91.
Fischer, Louis. 1950. *The Life of Mahatma Gandhi*. New York: Harper and Bros.
———, ed. 2002. *The Essential Gandhi: An Anthology of His Writings on His Life, Work, and Ideas*. New York: Vintage.
Fitts, Dudley, ed. 1947. *Greek Plays in Modern Translation*. New York: Dial.
Flanagan, Owen. 2007. *The Really Hard Problem: Meaning in a Material World*. Cambridge, Mass.: Bradford Books/MIT Press.
Frank, M. J., J. Samanta, A. A. Moustafa, and S. J. Sherman. 2007. "Hold Your Horses: Impulsivity, Deep Brain Stimulation, and Medication in Parkinsonism." *Science* 318: 1309–12.
Frank, Robert H. 2007. *Falling Behind: How Rising Inequality Harms the Middle Class*. Berkeley: University of California Press.
Franklin, Benjamin. 1969. *Autobiography and Selected Writings*. San Francisco: Rinehart.
———. 1997. *Autobiography, Poor Richard, and Later Writings*. New York: Library of America.
Fung, H. H., and L. L. Carstensen. 2006. "Goals Change When Life's Fragility Is Primed: Lessons Learned from Older Adults, the September 11 Attacks and SARS." *Social Cognition* 24 (3):248–78.

Darwin, Charles, 1955. *The Expression of the Emotions in Man and Animals*. New York: Philosophical Library.
———. 2003. *The Origin of Species and The Voyage of the Beagle*. New York: Everyman's Library/Knopf.
———. 2004. *The Descent of Man and Selection in Relation to Sex*. New York: Penguin.
Davidson, R. J., and N. A. Fox. 1989. "Frontal Brain Asymmetry Predicts Infants' Response to Maternal Separation." *Journal of Abnormal Psychology*, 98:127–31.
Davidson, Richard J., and Anne Harrington, eds. 2002. *Visions of Compassion: Western Scientists and Tibetan Buddhists Examine Human Nature*. New York: Oxford University Press.
Davidson, R. J., J. Kabat-Zinn, J. Schumacher, M. Rosenkranz, D. Muller, S. F. Santorelli, F. Urbanowski, A. Harrington, K. Bonus, and J. F. Sheridan. 2003. "Alterations in Brain and Immune Function Produced by Mindfulness Meditation." *Psychosomatic Medicine* 65:564–70.
Daw, N. D., Y. Niv, and P. Dayan. 2005. "Uncertainty-Based Competition Between Prefrontal and Dorsolateral Striatal Systems for Behavioral Control." *Nature Neuroscience* 8:1704–11.
Dawkins, Richard. 1989. *The Selfish Gene*. 2nd ed. New York: Oxford University Press.
———. 2006. *The God Delusion*. Boston: Houghton Mifflin.
Dayan, P. 2008. "The Role of Value Systems in Decision Making." In *Better Than Conscious? Decision Making, the Human Mind, and Implications for Institutions*, ed. Christoph Engel and Wolf Singer, pp. 51–70. Cambridge, Mass.: MIT Press.
Dayan, P., Y. Niv, B. Seymour, and N. Daw. 2006. "The Misbehavior of Value and the Discipline of the Will." *Neural Networks*, 19:1153–60.
De La Fontaine, J. 2001. *Fables*. New York: Everyman's Library/Knopf.
Delgado, M. R., M. M. Gillis, and E. A. Phelps. 2008. "Regulating the Expectation of Reward via Cognitive Strategies." *Nature Neuroscience*, published online 29 June 2008; doi: 10.1038/nn.2141.
Dijksterhuis, A., M. W. Bos, L. F. Nordgren, and R. B. van Baaren. 2006. "On Making the Right Choice: The Deliberation-Without-Attention Effect." *Science*, 311:1005–7.
Dijksterhuis, A., and L. F. Nordgren. 2006. "A Theory of Unconscious Thought." *Perspectives on Psychological Science* 1 (2):95–109.
Dobbs, Michael. 2008. *One Minute to Midnight: Kennedy, Khrushchev, and Castro on the Brink of Nuclear War*. New York: Knopf.
Dolan, Ray. 2006. "The Body in the Brain." *Daedalus*, Summer, pp. 78–85.
Dolci, Danilo. 1970. *The Man Who Plays Alone*. Garden City, N.Y.: Anchor.
Dreber, A., D. G. Rand, D. Fudenberg, and M. A. Nowak. 2008. "Winners Don't Punish." *Nature* 452:348–51.
Dugatkin, Lee Alan. 2006. *The Altruism Equation: Seven Scientists Search for the Origins of Goodness*. Princeton, N.J.: Princeton University Press.
Egelko, B., and B. Tansey. 2008. "Court Reduces Genentech Damages in Royalty Suit." *San Francisco Chronicle*, April 25.
Elster, Jon. 1979. *Ulysses and the Sirens: Studies in Rationality and Irrationality*. Cambridge, U.K.: Cambridge University Press.

Cicero. 1971. *Selected Works*. Trans. Michael Grant. New York: Penguin.
Clayton, V. 1975. "Erikson's Theory of Human Development as It Applies to the Aged: Wisdom as Contradictive Cognition." *Human Development* 18:119–28.
———. 1982. "Wisdom and Intelligence: The Nature and Function of Knowledge in the Later Years." *International Journal of Aging and Human Development* 15 (4):315–21.
Clayton, V., and J. E. Birren. 1980. "The Development of Wisdom Across the Life Span: A Reexamination of an Ancient Logic." In *Life-Span Development and Behavior, 3*, ed. P. B. Baltes and O. G. Brim, pp. 103–35. New York: Academic Press.
Clayton, V. and K. W. Schaie. 1979. "A Developmental Analysis of the Perception of Wisdom: A Multidimensional Approach." Unpublished ms.
Cohen, J. D. 2005. "The Vulcanization of the Human Brain: A Neural Perspective on Interactions Between Cognition and Emotion." *Journal of Economic Perspectives* 19:3–24.
Cohen, J. D., and K. I. Blum. 2002. "Reward and Decision." *Neuron* 36:193–98.
Cohen, J. D., S. M. McClure, and A. J. Yu. 2007. "Should I Stay or Should I Go? How the Human Brain Manages the Trade-off Between Exploitation and Exploration." *Philosophical Transactions of the Royal Society B* 362:933–42.
Collins, Jim. 2001a. *Good to Great: Why Some Companies Make the Leap ... and Others Don't.* New York: HarperCollins.
———. 2001b. "Level 5 Leadership: The Triumph of Humility and Fierce Resolve." *Harvard Business Review*, January, pp. 66–76.
Collins, L. M. 2007. "The Quiet Man—Capecchi Is Making a Big Splash in the Genetics Pool." *Deseret Morning News*, October 8.
Confucius. 2000. *The Analects*. Trans. Arthur Waley. New York: Everyman's Library/Knopf.
Connolly, Francis X. 1963. *Wisdom of the Saints*. New York: Pocket Books.
Corcoran, K. M., and Z. V. Segal. 2008. "Metacognition in Depressive and Anxiety Disorders: Current Directions." *International Journal of Cognitive Therapy* 1:33–44.
Cotter, H. 2008. "The Glory That Was Greece from a Female Perspective." *New York Times*, December 19, 2008, p. C27.
Csikszentmihalyi, M., and K. Rathunde. 1990. "The Psychology of Wisdom: An Evolutionary Interpretation." In Sternberg 1990, pp. 25–51.
Curnow, Trevor. 1999. *Wisdom, Intuition and Ethics*. Aldershot, U.K.: Ashgate.
Curry, O. 2006. "One Good Deed." *Nature* 444:683.
Curtis, W. J. and D. Cicchetti. 2003. "Moving Research on Resilience into the 21st Century: Theoretical and Methodological Considerations in Examining the Biological Contributors to Resilience." *Development and Psychopathology* 15:773–810.
Cushman, F., L. Young, and M. Hauser. 2006. "The Role of Conscious Reasoning and Intuition in Moral Judgment." *Psychological Science* 17:1082–89.
Damasio, Antonio. 1994. *Descartes' Error: Emotion, Reason, and the Human Brain*. New York: G. P. Putnam.
———. 2003. *Looking for Spinoza: Joy, Sorrow, and the Feeling Brain*. Orlando: Harcourt.
———. 2005. "Brain Trust." *Nature* 435:571–72.

Brooks, David. 2007. "Stop Making Sense." *New York Times Book Review*, August 26.
———. 2008. "How Voters Think." *New York Times*, January. 18, p. A21.
Browne, E. Janet. 1995. *Charles Darwin: A Biography*. New York: Knopf.
Buchmann, Christina, and Celina Spiegel, eds. 1994. *Out of the Garden: Women Writers on the Bible*. New York: Fawcett Columbine.
Buss, K. A., J. R. Malmstadt Schumacher, I. Dolski, N. H. Kalin, H. H. Goldsmith, and R. J. Davidson. 2003. "Right Frontal Brain Activity, Cortisol, and Withdrawal Behavior in 6-Month-Old Infants." *Behavioral Neuroscience* 117:11–20.
Cacioppo, John T., Penny S. Visser, and Cynthia L. Pickett, eds. 2006. *Social Neuroscience: People Thinking About Thinking People*. Cambridge, Mass.: Bradford Books/MIT Press.
Caggiano, V., L. Fogassi, G. Rizzolatti, P. Thier, and A. Casile. 2009. "Mirror Neurons Differentially Encode the Peripersonal and Extrapersonal Space of Monkeys." *Science* 324:403–6.
Camerer, C., G. Loewenstein, and D. Prelec. 2005. "Neuroeconomics: How Neuroscience Can Inform Economics." *Journal of Economic Literature* 43:9–64.
Capecchi, Mario R. 2007. "The Making of a Scientist." Howard Hughes Medical Institute, Chevy Chase, Maryland. Available at http://www.hhml.org/news/nobel20071008a.html.
———. 2008. "The Making of a Scientist II." Stockholm: Nobel Foundation. Available at http://capecchi.genetics.utah.edu/PDFs/163/ChemBioChem.pdf.
Carroll, R. T. 2008. "The Templeton Fundies." *The Humanist*, May/June.
Carstensen, L. L. 2006. "The Influence of a Sense of Time on Human Development." *Science* 312:1913–15.
———. 2007. "Growing Old or Living Long: Take Your Pick." *Issues in Science and Technology*, Winter, pp. 41–50.
Carstensen, L. L., and C. E. Lockenhoff. 2003. "Aging, Emotion, and Evolution: The Bigger Picture." *Annals of the New York Academy of Sciences* 1000:152–79.
Carstensen, L. L., M. Pasupathi, U. Mayr, and J. R. Nesselroade. 2000. "Emotional Experience in Everyday Life Across the Adult Life Span." *Journal of Personality and Social Psychology* 79: 644–55.
Carstensen, L. L., B. Turan, N. Ram, S. Schiebe, H. Ersner-Hershfield, G. Samanez-Larkin, K. Brooks, and J. Nesselroade. In press. "The Experience and Regulation of Emotion in Adulthood: Experience Sampling Across a 10-Year-Period in People Aged 18 to Over 90."
Carter, Rita. 1998. *Mapping the Mind*. Berkeley: University of California Press.
Cassidy, J. 2006. "Mind Games." *The New Yorker*, September 18.
*The Catholic Encyclopedia*. 1910. New York: Encyclopedia Press.
Chapman, H. A., D. A. Kim, J. M. Susskind, and A. K. Anderson. 2009. "In Bad Taste: Evidence for the Oral Origins of Moral Disgust." *Science* 323:1222–26.
Chatterjee, A., and D. C. Hambrick. 2007. "It's All About Me: Narcissistic CEOs and Their Effects on Company Strategy and Performance." *Administrative Science Quarterly* 52:351–86.
Churchland, Patricia Smith. 1986. *Neurophilosophy: Toward a Unified Science of the Mind-Brain*. Cambridge, Mass: Bradford Books/MIT Press.

Ayer, A. J., and Jane O'Grady, eds. 1992. *A Dictionary of Philosophical Quotations*. Malden, Mass.: Blackwell.

Bai, Matt. 2005. "The Framing Wars." *New York Times Magazine*, July 17.

Baltes, Paul B. 1999. "Autobiographical Reflections: From Developmental Methodology and Lifespan Psychology to Gerontology." In *A History of Geropsychology in Autobiography*, ed. J. E. Birren and J. J. F. Schroots, pp. 7–26. Washington, D.C.: American Psychology Association.

———. 2004. "Wisdom as Orchestration of Mind and Virtue," unpublished ms. posted on the Web site of the Max Planck Institute for Human Development, Berlin, http://library.mpib-berlin.mpg.de/ft/pb/PB_Wisdom_2004.pdf; (accessed Jan. 2, 2009).

Baltes, Paul B., and U. Kunzmann. 2004. "The Two Faces of Wisdom: Wisdom as a General Theory of Knowledge and Judgment About Excellence in Mind and Virtue vs. Wisdom as Everyday Realization in People and Products. *Human Development* 47:290–99.

Baltes, Paul B., and J. Smith. 2008. "The Fascination of Wisdom: Its Nature, Ontogeny, and Function." *Perspectives on Psychological Science* 3:56–64.

Baltes, Paul B., and U. M. Staudinger. 2000. "Wisdom: A Metaheuristic (Pragmatic) to Orchestrate Mind and Virtue Toward Excellence." *American Psychologist* 55:122–36.

Barinaga, M. 1999. "Genentech, UC Settle Suit for $200 Million." *Science* 286:1655.

Barnes, Julian. 2008. *Nothing to Be Frightened Of.* London: Jonathan Cape.

Barry, C., and P. Foy. 2007. "Story of Nobelist's Past Is Inconsistent with Data." *Washington Post*, November 7, p. A16.

Begley, Sharon. 2007. *Train Your Mind, Change Your Brain: How a New Science Reveals Our Extraordinay Potential to Transform Ourselves*. New York: Ballantine.

Bateson, M., D. Nettle, and G. Roberts. 2006. "Cues of Being Watched Enhance Cooperation in a Real-World Setting." *Biology Letters* 2:412–14.

Birren, J. E., and C. M. Svensson. 2005. "Wisdom in History." In Sternberg and Jordan 2005, pp. 3–31

Blanchard-Fields, F. 1998. "The Role of Emotion in Social Cognition Across the Adult Life Span." In *Annual Review of Gerontology and Geriatrics, Vol. 17: Focus on Emotion and Adult Development*, ed. K.W. Schaie and M.P. Lawton, pp. 238-65. New York: Springer.

———. 2007. "Everyday Problem Solving and Emotion: An Adult Developmental Perspective." *Current Directions in Psychological Science* 16:26–31.

Blanchard-Fields, F., A. Mienaltowski, and R. B. Seay. 2007. "Age Differences in Everyday Problem-Solving Effectiveness: Older Adults Select More Effective Strategies for Interpersonal Problems." *Journal of Gerontology* 62B:P61–P64.

Blanchard-Fields, F., R. Stein, and T. L. Watson. 2004. "Age Differences in Emotion-Regulation Strategies in Handling Everyday Problems." *Journal of Gerontology* 59B:P261-P269.

Bowles, S., and H. Gintis. 2002. *"Homo reciprocans." Nature* 415:125–27.

Brefczynski-Lewis, J. A., A. Lutz, H. S. Schaefer, D. B. Levinson, and R. J. Davidson. 2007. "Neural Correlates of Attentional Expertise in Long-Term Meditation Practitioners." *Proceedings of the National Academy of Sciences* 104:11483–88.

Abbott, A. 2009. "Brain Imaging Studies Under Fire." *Nature* 457:245.

Ainslie, George. 1975. "Specious Reward: A Behavioral Theory of Impulsiveness and Impulse Control." *Psychological Bulletin* 82:463–96.

———. 1989. "Freud and Picoeconomics." *Behaviorism* 17:11–18.

———. 1992. *Picoeconomics: The Strategic Interaction of Successive Motivational States Within the Person*. Cambridge: Cambridge University Press.

———. 2001. *Breakdown of Will.* Cambridge, U.K.: Cambridge University Press.

Ainslie, George, and John Monterosso. 2004. "A Marketplace in the Brain?" *Science* 306:421–23.

Alter, A. 2007. "Reading the Mind of the Body Politic." *Wall Street Journal*, December 14.

Alter, A. L., D. M. Oppenheimer, N. Epley, and R. N. Eyre. 2007. "Overcoming Intuition: Metacognitive Difficulty Activates Analytic Reasoning." *Journal of Experimental Psychology: General* 136:569–76.

Alter, Robert. 2004. *The Five Books of Moses: A Translation with Commentary*. New York: Norton.

Amodio, D. M., J. T. Jost, S. L. Master, and C. M. Yee. 2007. "Neurocognitive Correlates of Liberalism and Conservatism." *Nature Neuroscience* 10:1246–47.

Andrews-Hanna, J. R., A. Z. Snyder, J. L. Vincent, C. Lustig, D. Head, M. E. Raichle, and R. L. Buckner. 2007. "Disruption of Large-Scale Brain Systems in Advanced Aging." *Neuron* 56:924–35.

Appiah, Kwame Anthony. 2008. *Experiments in Ethics*. Cambridge, Mass.: Harvard University Press.

Ardelt, M. 2000. "Antecedents and Effects of Wisdom in Old Age." *Research on Aging* 22:360–94.

———. 2004. "Where Can Wisdom Be Found? A Reply to the Commentaries by Baltes and Kunzmann, Sternberg, and Achenbaum." *Human Development* 47:304–7.

———. 2005a. Foreword to Sternberg and Jordan 2005, pp. xi–xvii.

———. 2005b. "How Wise People Cope with Crises and Obstacles in Life." *ReVision* 28: 7–19.

Ariely, Dan. 2008. *Predictably Irrational: The Hidden Forces That Shape Our Decisions*. New York: HarperCollins.

Aristotle. 1908. *Nicomachean Ethics*. Trans W. D. Ross. Oxford: Clarendon Press.

———. 1984. *The Complete Works of Aristotle (The Revised Oxford Translation)*. 2 vols., Ed. Jonathan Barnes. Princeton, N.J.: Princeton University Press.

———. 2004. *The Nicomachean Ethics*. Rev. ed. Trans. J. A. K. Thomson. New York: Penguin.

Armstrong, Karen. 2001. *Buddha*. New York: Penguin.

Ashraf, N., C. F. Camerer, and G. Loewenstein. 2005. "Adam Smith, Behavioral Economist." *Journal of Economic Perspectives* 19: 131–45.

Associated Press. 2008. "Nobel Prize Helps Scientist Find Lost Sister." June 6.

Augustine. 1847. *Seventeen Treaties of S. Augustine, Bishop of Hippo*. Oxford: J. H. Parker.

———. 2001. *The Confessions*. Trans. Philip Burton. New York: Everyman's Library/Knopf.

科學人文84

# 智慧之源：從哲學到神經科學的探索

作者—史蒂芬・霍爾（Stephen S. Hall）
譯者—許瑞宋
主編—何秉修
校對—吳小微
企劃—陳玉笈
封面設計—張巖
總編輯—胡金倫
董事長—趙政岷
出版者—時報文化出版企業股份有限公司
一〇八〇一九台北市和平西路三段二四〇號七樓
發行專線—（〇二）二三〇六六八四二
讀者服務專線—〇八〇〇二三一七〇五
（〇二）二三〇四七一〇三
讀者服務傳真—（〇二）二三〇四六八五八
郵撥—一九三四四七二四時報文化出版公司
信箱—一〇八九九臺北華江橋郵局第九九信箱
時報悅讀網—http://www.readingtimes.com.tw
時報文化臉書—https://www.facebook.com/readingtimes.fans
法律顧問—理律法律事務所　陳長文律師、李念祖律師
印刷—家佑印刷有限公司
初版一刷—二〇二二年十二月二日
定價—新台幣四四〇元


時報文化出版公司成立於一九七五年，
並於一九九九年股票上櫃公開發行，二〇〇八年脫離中時集團非屬旺中，
以「尊重智慧與創意的文化事業」為信念。

智慧之源：從哲學到神經科學的探索 / 史蒂芬．霍爾
(Stephen S. Hall) 著；許瑞宋譯. -- 初版. -- 臺北市：
時報文化出版企業股份有限公司, 2022.12
面；　公分. -- (科學人文；84)
譯自：Wisdom : from philosophy to neuroscience
ISBN 978-626-353-186-4(平裝)

1.CST: 智慧 2.CST: 生理心理學

172.1　　　　111018652



ISBN 978-626-353-186-4
Printed in Taiwan